面向物联网消费者需求的末端物流配送路径优化问题研究

MIANXIANG WULIANWANG XIAOFEIZHE XUQIU DE MODUAN WULIU PEISONG
LUJING YOUHUA WENTI YANJIU

王建新／著

知识产权出版社
全国百佳图书出版单位
——北京——

图书在版编目（CIP）数据

面向物联网消费者需求的末端物流配送路径优化问题研究 / 王建新著 . — 北京：知识产权出版社，2024.4

ISBN 978-7-5130-9333-0

Ⅰ.①面… Ⅱ.①王… Ⅲ.①物资配送—车辆调度—最优化算法—研究 Ⅳ.①F252.1

中国国家版本馆 CIP 数据核字（2024）第 063975 号

内容提要

本书以网络购物模式中的末端物流配送车辆路径为研究对象，以前端物流、中端物流、末端物流为应用背景，分析了不同消费者需求变化、区域划分机制及负载均衡策略对物流配送任务造成的可能性影响，剖析了不同阶段物流配送网络的特征及运转机制，并针对不同阶段不同场景中的物流配送车辆路径优化问题建模及求解思路进行了探讨。

本书进一步拓展了面向消费者需求的物流配送问题的研究视角，促进了物联网与物流配送的集成融合，可为消费者行为特征、物流配送网络优化等领域的研究学者和从业人员提供参考与借鉴。

责任编辑：阴海燕　　　　　　　　　　　　　责任印制：孙婷婷

面向物联网消费者需求的末端物流配送路径优化问题研究

王建新　著

出版发行：知识产权出版社有限责任公司	网　　址：http:// www.ipph.cn
电　话：010—82004826		http:// www.laichushu.com
社　址：北京市海淀区气象路 50 号院	邮　编：100081
责编电话：010—82000860 转 8693	责编邮箱：laichushu@cnipr.com
发行电话：010—82000860 转 8101	发行传真：010—82000893
印　刷：北京中献拓方科技发展有限公司	经　销：新华书店、各大网上书店及相关专业书店
开　本：720mm×1000mm　1/16	印　张：13
版　次：2024 年 4 月第 1 版	印　次：2024 年 4 月第 1 次印刷
字　数：260 千字	定　价：68.00 元

ISBN 978-7-5130-9333-0

前　言

　　2020年我国提出构建国内国际双循环的新发展格局及推动智能汽车、物联网（Internet of Things，IoT）等新型产业发展的战略举措，通过贯通生产、流通、消费各环节的"需求侧改革"促进运输产业转型升级。在新经济增长及技术变革环境下，物流业保持稳中有增态势；与此同时，消费者动态需求趋于个性化、多元化、专业化，因此对动态车辆路径问题（Dynamic Vehicle Routing Problem，DVRP）提出严峻挑战。在IoT架构下，消费者动态需求信息被及时传输至云端，而有效结合动态需求制定科学的动态调度方案，以快速、低成本的方式响应消费者是降低物流运作成本、提升消费者满意度和企业核心竞争力的关键所在。然则，动态车辆路径优化过程是一项复杂的系统工程，所涉及要素间具有高度的动态相关性与复杂的非线性关系。因此，面向消费者动态需求，构建一套系统的车辆路径优化方法体系是当前亟待解决的关键科学问题之一。

　　基于此，本书以网购物流前端、中端、末端为应用场景，系统地对末端物流车辆路径优化问题展开研究。全书共分为7个章节，第1章主要论述了本书的研究背景、国内外研究现状、研究目的与意义以及研究结构；第2章主要对面向物联网消费者需求的末端物流配送问题进行了总体研究，为后续章节研究内容奠定了基础；第3-6章分别对适用于不同情境下的末端物流配送问题优化进行了探讨与分析；第7章主要介绍了本书的研究结论、创新之处及未来展望。

　　本书中涉及的部分研究工作是笔者在重庆大学机械与运载工程学院攻读硕士/博士学位期间完成的，本书的出版离不开指导教师的悉心指导，在此向指导教师林明锦教授及杨育教授表示衷心的感谢。此外，笔者还要向所在工作单位太原理工大学经济管理学院的各位领导及同事表示由衷的感谢，感谢各位领导及同事在本书撰写及日常科研生活学习中提供的各种指导与帮助。

　　本书的出版得到国家自然科学基金青年项目"基于区域-负载均衡的智慧物流主动响应式异质车辆路径问题研究"（项目编号：72201189）、山西省基础研究计划自由探索类青年项目"基于区域及负载特征的陆港型国家物流枢纽两级车辆路径优化方法研究"（项目编号：202103021223049）和山西省哲学社会科学规划课题"数字经济时代下山西省物流产业高质量发展研究"（项目编号：2022YD035）的资助，在此表示由衷的感谢。

此外,在撰写本书过程中引用了大量国内外学者的研究成果,在此对他们表示衷心的感谢。由于笔者水平及能力有限,书中难免存在不足之处,恳请读者批评指正。希望本书能够起到抛砖引玉的作用,供相关领域的研究学者参考。

目　录

第1章 绪 论

1.1 研究背景及国内外研究现状

1.1.1 研究背景

随着全球经济发展格局的深刻变革,以及物联网、人工智能等为代表的新一代技术的不断发展与成熟,大力发展智能汽车产业已上升为国家重大战略需求计划[1-3]。国家发展和改革委员会等11部委于2020年2月10日联合印发的《智能汽车创新发展战略》(发改产业〔2020〕202号)提出:到2025年,中国标准智能汽车的技术创新、产业动态、基础设施法规标准、产品监督和网络安全体系基本形成。智能汽车通常又称为智能网联汽车、自动驾驶汽车等,被广泛应用于物流交通运输领域[4,5],智能汽车关键技术的突破对于我国加速汽车产业结构转型升级、提升经济稳健增长新动能、降低物流运输成本具有重要的战略意义。

在国家战略需求引导下,智能重、中、小型汽车已成为未来产业发展的重要战略方向。从技术发展层面来看,汽车正由人工操控的机械产品逐步向电子信息系统控制的智能产品转变[6]。从产业发展层面来看,汽车与相关物流运输产业全面融合,呈现出智能化、网络化发展特征[7]。从应用发展层面来看,汽车将由单纯的运输工具逐渐转变为智能移动空间和应用终端,成为新兴业态的重要载体[8]。在以IoT技术为支撑的智慧物流应用场景下,消费者、网络平台、零售商、运输车辆等核心要素间的协同将更加紧密,要素间的动态信息交付将更加频繁即时[9-11]。然而,物流运送车辆作为推动经济内循环中产品转移的重要运输工具,在执行物流运输任务过程中存在着些许不足,以智能重、中型车辆运输产品的场景为例,消费者需求的不确定性进一步增加了物流运输车辆动态调度的难度及复杂度,而现有物流运输车辆调度系统难以面向消费者动态需求做出及时动态的调整。其中,消费者动态需求包括从事物流运输工作人员在驾驶车辆执行物流任务过程中,由于新消费者产生的新订单、原有消费者追加或取消订单、原有消费者要求配送位置变化等原因造成工作人员所服务整体消费者的需求出现的动态变更,包括消费者数量、位置以及需求量的动态变化等等。

面向物联网消费者需求的末端物流配送路径优化问题建模和求解算法属于智能物流车辆调度系统的核心大脑,是物流车辆智能系统取得重大突破的核心与难点所在,对降低我国物流运输成本具有重要作用。车辆路径问题(Vehicle Routing Problem,VRP),亦有文献称之为车辆调度问题(Vehicle Scheduling Problem,VSP),本书采取统一称法,将车辆调度与车辆路径问题统称为VRP,最早由丹茨格(Dantzig)和拉姆泽(Ramser)于1959年提出[12,13]。VRP是指有一定数量的消费者有不同的需求,调度中心负责为执行任务的车辆规划出若干条能够访问所有消费者的行驶路线,其目标是在满足消费者需求及车辆容量装载约束条件下,使得车辆的行驶距离、使用数量等成本实现最小化[14-16]。在一个由 n 个消费者所组成的物流配送网络中,共有 $n(n-1)/2$ 条边,从该网络起点出发遍历所有节点后返回起点共有 $(n-1)!$ 种不同的路径,而从这些路径中快速找出满足既定目标的最优解是一项极具有挑战性和复杂性的工作,它涉及众多学科,涵盖运筹学、应用数学、计算机、物流科学、图论等学科[17]。相比VRP问题,求解带时间窗的车辆路径问题(VRP with Time Windows,VRPTW)更加复杂,而基于IoT技术的智能物流场景对车辆响应消费者动态需求的敏捷性和准时性提出了更高的要求,现有研究成果多属静态VRPTW范畴,难以有效满足消费者的动态需求。因此,如何综合考虑消费者的静态需求与动态需求特征,构建一套系统的末端物流配送网络优化方法体系,以适应不同的应用场景,已成为当前物流领域亟待解决的一项关键科学问题与工程技术难题。

基于上述对国家战略要求、行业发展需求、现存问题及理论不足的分析,本书提出了面向消费者需求的末端物流配送问题研究,旨在通过对适应于不同消费者需求特征、不同应用场景下的末端物流配送网络优化建模和求解方法进行深入全面研究,以完善面向消费者需求的末端物流配送网络优化相关基础理论,为提升我国智能物流车辆运输调度系统水平、提高物流运输效益、降低物流运输成本提供优化方法与技术支撑。

1.1.2　国内外研究现状

由于在基于IoT等技术支撑的智能物流车辆执行运输任务场景中,当消费者出现动态需求时,会导致与其相关联的物流车辆所执行的派送任务发生变更。因此,对消费者的动态需求做出快速、准确的响应是智能物流车辆调度系统的核心所在,而配送网络优化方法是支撑智能物流车辆调度系统的关键所在。基于此,在研究面向消费者需求的末端物流配送问题研究中,需明晰基础VRP及其相关动态优化的相关理论方法与研究现状。

VRP最早可追溯至1959年丹茨格和拉姆泽在《车辆调度问题》(*The Truck Dispatching Problem*)一文中所提出的车辆调度问题[12]。随着生产实际的需求以及学者对该类型问题研究的不断深入,围绕VRP衍生出了多种分支问题[18,19],包括带有容量约束限制的VRP问题(Capacitated VRP,CVRP)[20]、具有多种车型可供选择的VRP问题(Heterogeneous VRP,HVRP)[21]、带随机需求的VRP问题(Stochastic VRP,SVRP)[22]、带时间窗约束的VRP问题

(VRPwithTimeWindows, VRPTW)[23,24]、具有时间依赖型的 VRP 问题(Time-dependentVRP, TDVRP)[25]、具有多车场的 VRP 问题(Multi-depotVRP, MDVRP)[26]、具有同时集送货需求的 VRP 问题(VRPwithPickupandDelivery, VRPPD)[27]、两阶段 VRP 问题(Two-echelon VRP, 2E-VRP)[28]、绿色 VRP 问题(Green-VRP, GVRP)[29]等。

VRP 问题已经被证明属于经典的 NP-Hard 组合优化难题,该问题可被看成装箱问题(Bin Packing Problem, BBP)与多商旅问题(Multiple Travelling Salesman Problem, M-TSP)的融合问题[30]。其中,BBP 问题是指如何将一定数量的物品放入容量相同的一些箱子中,使得每个箱子中的物品大小之和不超过箱子容量并使所用的箱子数目最少的组合优化问题[31],M-TSP 问题则指涉及多个旅行推销员拜访城市的问题[32],即旅行推销员从出发点出发,在不重复拜访城市的约束下,如何以最短的旅行具体拜访完所有成本,并最终返回起点。VRP 问题的数学描述为:在一个无向连通的网络图 $G = (V, A)$ 中,节点集合为 $V = \{0,1,2, \cdots, n\}$(0 表示配送中心标号,1~n 表示消费者标号),边集合为 $A = \{(i,j) \mid i, j \in V, i \neq j\}$,车辆遍历两节点的成本 c_{ij} 为两个节点间边距离值 $\mathrm{Arc}(i,j) \in A$ 的问题中,求解遍历完所有节点所需的最小成本为多少的问题[33,34]。其中,基础 VRP 问题的数学模型如公式(1-1)~公式(1-7)所示。

$$\min \sum_{i \in V} \sum_{j \in V} c_{ij} x_{ij} \tag{1-1}$$

$$\sum_{i \in V} x_{ij} = 1, \forall j \in V \setminus \{0\} \tag{1-2}$$

$$\sum_{j \in V} x_{ij} = 1, \forall i \in V \setminus \{0\} \tag{1-3}$$

$$\sum_{j \in V} x_{io} = K \tag{1-4}$$

$$\sum_{i \in V} x_{io} = K \tag{1-5}$$

$$\sum_{i \notin S} \sum_{j \in S} x_{ij} \geq r(S), \forall S \in V \setminus \{0\}, S \neq \varnothing \tag{1-6}$$

$$x_{ij} \in \{0,1\}, \forall i, j \in V \tag{1-7}$$

在上述公式中,$x_{ij} \in \{0,1\}$ 表示决策变量,当有车辆经过两节点时取值为 1,否则取值为 0;K 表示有额定装载量限制的可用车辆数量,在执行配送任务过程中,由配送中心派出的车辆数量不能够超过可用车辆数量;$r(S)$ 表示访问完所有节点所需要的最小车辆数。公式(1-1)表示最小化旅行距离成本目标函数,采用距离累计求和进行表示;公式(1-2)~公式(1-3)表示入度(in-degree)与出度(out-degree)中边的唯一性约束,即任意消费者节点只能由唯一的车辆为其提供配送服务,当完成服务后车辆必须驶离该节点,并前往下一节点;公式(1-4)~公式(1-5)表示驶出与驶入车辆数一致性约束,即在服务某一消费者节点时,驶入该节点的车辆与驶离该节点的车辆数量保持一致;公式(1-6)表示路径连通性约束。通过文献检索、阅读、分析、总结得知,国内外关于 VRP 问题研究的关键事件/时间节点如图 1-1 所示。

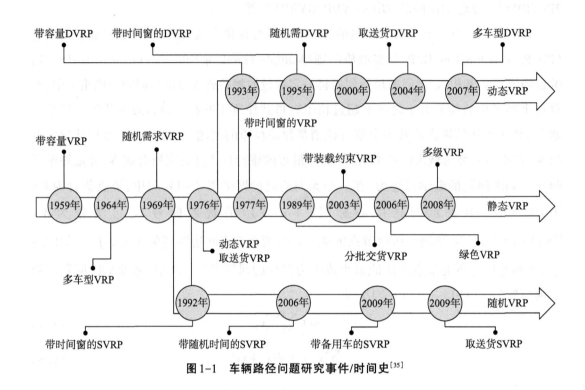

图 1-1 车辆路径问题研究事件/时间史[35]

由图 1-1 可知,按照研究时间顺序关系,关于 VRP 问题的研究可分为静态 VRP、随机 VRP(Stochastic VRP,SVRP)和动态 VRP(Dynamic VRP,DVRP)问题三个主流分支。VRP是一个已知的、确定的问题,不随时间变化而变化,其优化目标是找到一个相对最优的车辆路径解,使得车辆在给定的时间内访问所有消费者,并满足其他一些约束条件,如车辆容量限制、时间窗口等。SVRP 中虽然起点和终点是已知的,但车辆在访问消费者时可能会遇到一些随机事件,如交通事故、天气问题等,这些事件会影响车辆的行驶时间和路线。因此,在解决 SVRP 时,需要考虑这些随机事件对车辆路径的影响。DVRP 则是一个相对复杂的问题类型,在 DVRP 中,起点、终点和其他消费者的位置可能会随着时间而变化。此外,路况、交通信息、天气情况等也可能发生变化。因此,在解决 DVRP 时,需要不断更新车辆的行驶路径,以确保车辆能够准时到达所有消费者。接下来,本书基于中国知网(CNKI),网络版科学引文索引(Web of Science)、工程索引数据库(Engineering Village)、斯高帕斯数据库(Scopus)、谷歌学术数据库(Google Scholar)等数据库的检索结果,对VRP、SVRP 和 DVRP 三个方面的国内外研究现状进行深入的分析与综述。

①静态车辆路径问题研究现状。

求解 VRP 问题的最优解是一个非常复杂的过程,在 VRP 问题中,可行解的数量随节点数量的增加而呈现指数增加的特征,对于一个拥有 15 个节点的 VRP 问题,可行解的数量高达 10^{12} 个[17]。因此,国内外对求解 VRP 问题的精确式算法的研究占据少数,常见的精确式求解算法包括分支定价法(Branch and Price)[36,37]、割平面法[38]、动态规划法[39]。其中,分支定价法可看成分支定界法与列生成算法的组合,其核心思想是通过列生成算法求解节点松弛模型的最优解,以确定节点的下界,进而实现减少决策变量规模、简化问题求解复杂度的目的[40]。针对分支定价法,秦虎等[41]基于车辆流量模型与布景模型,研究了可分开交付的 VRP 问题,并用 252 个随机生成的实例在 CPLEX 平台上对所设计的分支定价法进行了测试。割平面法则是指通过将整数问题线性松弛为非整数线性问题,以实现对原有问题的求解,成果包括 Efrain 等[42]采用割平面法求解了由 30 个节点组成的 VRP 问题的最优解。动态规划法与分治算法类似,其思想是将待解问题拆分成若干个子问题,进而通过逐渐求解子问题的方式求得原问题的解[43]。

在求解 VRP 问题时,除精确式算法之外,还包括启发式算法、元启发式算法及混合优化算法[44]。研究成果包括,柬(Minh)等[45]研究了节点对车辆数量与服务时间双重约束条件下的 VRP 问题,设计了用于求解约束规划模型的自适应大邻域搜索算法(Adaptive Large Neighborhood Search,ALNS),并以 25 个节点构成的小规模算例对所构建的模型及算法进行了测试与分析,论证了所构建方法的有效性;古达尔齐(Goodarzi)等[46]考虑了取货与交货订单可拆分因素,研究了车辆在服务供应商与零售商时的调度问题,构建了以运营成本、最大提前期和拖延期之和最小化的优化模型,设计了用于求解该混合整数非线性规划模型的并行元启发式算法;余炜等[47]从算法与模型的复杂性角度,研究了以总成本最小化为优化目标的 VRP 问题,提出了基于树度量的近似算法;周艳杰等[48]研究了同时取送货且带有时间窗的 VRP 问题,构建了以减少车辆数量为主要目标,以减少运输距离为次要目标的数学模型,设计了可变邻域与禁忌混合的两阶段算法,并对算法的性能进行了分析。此外,"最后一公里"配送在物流中占据着重要的地位,在消费者对物流配送要求的提高以及基础设施的不断完善背景下,如何打通"最后一公里"配送成为物流配送中的难点问题之一,针对该类型问题的研究成果包括,杨飞等[49]对"最后一公里"中的合作配送模式进行了研究,提出了基于信息融合系统与订单系统的合作 VRP 问题,指出信息系统融合与算法驱动协同优化对于支撑智能物流运作具有可行性;林肯加西亚(Rincon-garcia)等[50]在求解 VRPTW 问题过程中,构建了大型邻域搜索算法,将所设计的模型及算法应用于送货上门的场景,揭示了时间窗长度、消费者密度、拥堵及政策法规对成本和环境的影响;刘云飞等[51]针对出口汽车零部件集货运输中的车辆路径问题,构建了以运输成本最小化为优化目标的混合整数规划模型,并设计了求解该模型的双层遗传算法。由此可见,国内外已有大量的学者对静态VRP问题展开了相关的研究,并针对不同的应用场景取得了一系列的成果,关于求解静态VRP问题的常见方法及年份分布如表1-1所示。

表1-1 求解静态VRP问题的常见方法及年份分布[52]

类别	方法	年份											
		2010	2011	2012	2013	2014	2015	2016	2017	2018	2019	2020	合计
C1	精确方法	2	2	1	5	2	2	2	4	4	6	2	32
C2	Con	8	6	5	4	7	9	9	3	7	10	2	70
C2	T-P	1	0	0	0	0	1	1	0	0	1	0	4
C2	LI	6	1	4	5	2	12	5	2	2	9	0	48
C3	SA	1	0	0	2	2	6	3	3	1	1	1	20
C3	TS	4	2	1	1	4	1	1	5	2	3	1	25
C3	VNS	2	1	2	1	5	5	3	3	4	10	4	40
C3	ILS	2	0	1	1	2	6	1	1	1	3	2	20
C3	ALNS	1	1	1	0	1	5	9	2	1	5	2	28
C3	GLS	1	0	0	0	0	0	0	0	0	0	0	1
C3	GRASP	0	0	0	0	0	2	0	1	0	0	0	3
C3	OLSA	1	1	1	0	0	1	0	2	1	0	1	8
C4	GA	3	1	0	3	4	6	0	3	4	5	2	33
C4	MA	1	0	0	0	0	1	0	1	0	1	2	1	7
C4	OEA	2	0	1	1	1	4	2	1	3	2	1	18
C4	ACO	1	2	1	2	2	2	4	2	2	2	2	21
C4	PSO	0	1	2	2	0	2	1	3	2	2	0	15
C4	OSIA	0	0	0	0	1	2	1	2	1	3	1	11
C4	SS	1	0	0	0	0	1	0	0	0	0	0	2
C5	混合方法	2	1	3	4	4	11	5	4	7	8	4	53

注:C1表示精确式类;C2表示启发式类;C3表示元启发式局部搜索类;C4表示元启发式全局搜索类;C5表示混合搜索类;Con表示构造算法(Construction);T-P表示两阶段算法(Two-phase);LI表示局部改进算法(Local improvements);SA表示模拟退火算法(Simulated annealing);TS表示禁忌搜索算法(Tabu search);VNS表示变邻域算法(Variable neighborhood search);ILS表示迭代局部搜索算法(Iterated local search);ALNS表示自适应大邻域搜索算法(Adaptive large neighborhood search and large neighborhood search);GLS表示引导式本地搜索算法(Guided local search);GRASP表示贪婪自适应随机搜索算法(Greedy randomized adaptive search procedure);OLSA表示其他局部搜索算法(Other local search algorithms);GA表示遗传算法(Genetic algorithms);MA表示文化基因算法(Memetic algorithm);OEA表示其他

演化算法（Other evolutionary algorithms）；ACO 表示蚁群算法（Ant colony optimization）；PSO 表示粒子群优化算法（Particle swarm optimization）；OSIA 表示其他群体智能算法（Other swarm intelligence algorithms）；SS 表示散射搜索法（Scatter search）。

由表 1-1 可知，在所统计的研究成果中，共有 252 篇文献采用元启发式算法对 VRP 问题进行求解，该方法成为求解 VRP 问题的主流方法。元启发式算法主要是通过模仿自然群体智能特征，来构造求解组合优化问题中可行解的方法[53,54]，其特点是获得的可行解与最优解的偏差一般不可被预计。因此，在关于 VRP 问题的研究成果中，研究学者将多个文献中给出最好的解作为当前学术领域的最好解，并形成算法性能分析的对标文献[55,56]。求解 VRP 问题的启发式算法主要包括禁忌搜索算法（Tabu Search，TS）、遗传算法（Genetic Algorithms，GA）、蚁群算法（Ant Colony Optimization，ACO）[57]、ALNS 等。其次是启发式算法，共有 122 篇文献使用到了该方法，由于元启发式算法是启发式算法的改进，关于对元启发式算法的研究要多于启发式算法的研究。而由于被求解问题的复杂性，开发启发式算法和元启发式算法成为当前研究求解 VRP 问题的主流[58-60]。

②随机车辆路径问题研究现状。

SVRP 指的是消费者需求、数量、位置等输入数据呈现随机分布特征的 VRP 问题[61,62]，相比假设车辆的行驶速度、消费者需求固定的 VRP 问题而言，考虑天气、交通等随机因素的 SVRP 更加贴近实际情况。为此，有学者假定车辆平均速度在每个弧上服从正态分布，研究了以车辆耗油和行驶距离成本为优化目标的 SVRP 问题[63]。由于受到技术水平限制，各个商场、超市库存中的动态不确定数据不能够及时传输至调度中心，因此，SVRP 也常被应用到超市、商场等补货场景中[64,65]。其中，基于随机不确定信息的随机车辆路径优化问题示意图如图 1-2 所示。

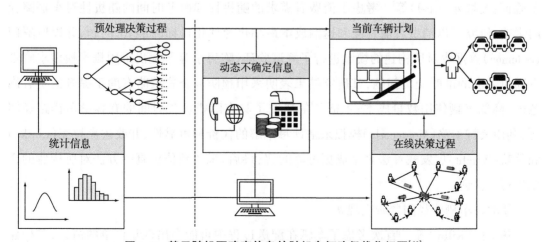

图 1-2　基于随机不确定信息的随机车辆路径优化问题[66]

SVRP问题自被提出已被应用于多种不同的应用场景,包括补货、交货、自然灾害、"最后一公里"等场景中,并取得了不同层次的研究成果。如杨(Yang)等[22]研究了补货场景中消费者需求不确定的车辆路径问题,提出了采用启发式算法求解以车辆行驶距离成本最小化为路径优化目标的方法;雷洪涛等[67]针对具有随机需求和分批交货的车辆路径问题,提出了成对车辆追溯策略,设计了用于数值仿真的ALNS算法,结果表明当预期需求在车辆容量的51%~70%时,能够降低分批交货模式的成本;钟绍鹏等[68]针对火灾、地震、洪水等灾害造成严重的人员伤亡和巨大经济损失问题,设计了随机需求下救灾设施选址和车辆路径的风险规避优化模型,实现了灾害发生情景下车辆的快速调度;何彦东等[69]研究了考虑具有随机配送地点和服务时间的"最后一公里"配送问题,设计了随机选择贪婪插入算法(RSGI)、带路径再优化和模拟退火(Simulated Annealing,SA)的混合迭代贪婪算法(HIGRR-SA),结果表明在考虑随机信息的情况下,可以显著减少期望行程时间,减小随机信息对已有车辆路径的破坏。

针对SVRP问题的求解方法,不同学者从不同的角度对其展开了研究,包括厄尔默(Ulmer)等[70]在马尔科夫(Markov)决策过程中融入了VRP优化方法,研究了带有随机需求信息的车辆动态服务节点顺序的决策问题,解决了SVRP集成建模框架难的问题;梅尔(Mehrjerdi)等[71]将机会约束规划和多目标规划概念融入车辆路径问题中,研究了SVRP模型的构建问题,并采用Fortran语言编写的交互式计算机程序验证了所提出方法的有效性;杜拉比侯赛因(Doulabihossein)等[72]研究了具有随机行程和服务时间的车辆路径问题,采用L形算法和分支切割法解决了所构建的两阶段随机整数规划模型,以家庭医疗调度为案例对模型进行了验证,结果表明分支切割算法能较好地解决15个患者和10%~30%同步就诊的随机家庭医疗调度问题;王炜等[73]研究了随机时间干扰的电动车辆路径优化问题,采用近似动态规划算法求解了最短路问题,并用仿真实例的方式对模型及方法进行了验证;戈埃尔(Goel)等[74]考虑了消费者需求的随机性和服务时间的随机性对车辆路径的影响,研究了以消费者满意度和运输成本最小化为优化目标的SVRP问题,并以所罗门(Solomon)数据集对所构建的模型进行了测试验证;陈碧宇等[75]提出采用概率模型求解带有随机需求的准时交货问题,其研究结果表明采用预防性补货策略有助于提升消费者满意度,降低车辆使用数量成本;王征[76]等研究了具有随机行程时间的有容量车辆路径问题,利用蒙特卡洛(Montecarlo)模拟来估计每个解的代价和可靠性,并改进克拉克(Clarke)和莱特(Wright)启发式算法来生成更可靠的解,最后,采用数值仿真的方法对所构建的模型进行了验证。

③动态车辆路径问题研究现状。

基尔比(Kilby)等[77]首次考虑了车辆在配送过程中可能会出现新订单的情景,并构建了基于工作日划分准则的DVRP优化模型。尽管DVRP概念的提出已有近30年的历史，但到目前为止，学术界尚未对其形成统一的定义。就DVRP的定义而言，谢秉磊等[78]从系统信息与车辆路径协调更新的角度，将DVRP定义总结为，在系统信息实时更新的环境中，实时对车辆的行驶路径进行动态的更新；普萨拉夫蒂斯（Psaraftis）等[79]从消费者需求具有不确定的角度，将DVRP总结为根据动态消费者实时需求安排车辆的路径。虽然关于DVRP的定义侧重点有所不同，但都强调车辆行驶路径的动态性。为进一步明确DVRP问题的基本概念，本书在借鉴现有成果的基础上，将DVRP问题总结为：调度中心根据已知的信息对车辆路径进行规划，在车辆执行任务过程中，实时接收消费者动态需求等信息，并根据动态信息及车辆的位置对车辆行驶路径进行动态更新。其中，DVRP问题具有三个特征，一是系统能够实时地接受到消费者的动态信息；二是车辆的行驶路径是基于消费者动态需求调整的；三是车辆的路径对动态信息具有快速的响应性[80-82]。

DVRP包括考虑消费者动态需求的DVRP问题，考虑实时交通信息的DVRP问题，考虑消费者动态需求与实时交通信息的DVRP问题[83-85]。在DVRP问题中，阿卜杜拉（Abdallah）等[86]研究了带有车辆容量约束的DVRP问题，其核心解决思路是根据时间段，将动态需求的VRP问题转化为一系列的静态VRP问题；皮拉克（Pillac）等[87]从场景池的视角研究了DVRP问题，将消费者的需求看作不同的场景，将不同时间段内的场景组合为一个场景池，通过删除过时场景增加动态场景的方式，来对场景池内的车辆路径进行优化，以实现对车辆路径的动态优化；阔（Kuo）等[88]针对具有服务时间不确定性的DVRP问题，构建了以消费者等待车辆的平均时间最小化，以及服务消费者数量最大化为优化目标的数学模型，采用模糊理论将其转化为带时间窗约束的DVRP问题。此外，针对多动态因素，李兵等[89]研究了同时考虑老消费者地址变化与新消费者两种动态因素的DVRP优化问题，构建了以总成本最小化为优化目标的数学模型，在模型求解过程中，引入了虚拟节点的概念，按照时间段将DVRP问题退化为VRP问题；张文博等[90]提出了将动态需求转化为多个瞬时静态的策略，构建了同时考虑新增消费者、时间窗变更及订单取消三种动态因素的DVRP数学模型；瓦迪（Ouaddi）等[91]基于VRP算法研究设计了求解DVRP问题的文化基因算法（Memetic Algorithm）；万（Van）等[92]考虑到不同的动态度对DVRP优化有着较大的影响，研究并设计了衡量动态度的指标，这对采用差异化策略求解不同动态度的车辆路径问题提供了较好的参考作用；张兴义等[93]构建了以车辆行驶距离成本为最小化的DVRP优化模型，并基于蚁群算法设计了求解DVRP问题的算法。综上，针对DVRP的求解算法，主要分为以分支界定法为主的精确式算法，以及以遗传算法[94]、蚁群算法[95,96]、SA算法[97]、TS算法[98]为代表的启发式算法。

总体而言，DVRP优化问题可归结为在缺乏随机信息的情况下，对车辆路径进行动态优化,难点在于关键信息随着时间的推移而逐渐暴露出来[99]。因此,不论是精确式算法还是启发式算法,均只能求解出车辆在当前状态的一个最好解,而不能保证当前解在新的信息出现时的延续适应性与最优性[98]。在求解 DVRP 问题时,当前文献的主流优化方法包括周期性再优化(Periodic Reoptimization,PR)和连续再优化(Continuous Reoptimization,CR)两类。沙夫提斯(Psaraftis)首次提出采用 PR 方法来求解 DVRP 问题[100],PR 的核心在于将一个工作日划分为若干个时间切片,在初始时刻根据已知的信息给出初始化的车辆行驶路线,当出现动态信息或到达一定周期时,对车辆路径进行再次优化。其中,时间切片(Time Slice)指的是将一个工作日的长时间区间划分为若干个连续的短时间区间,每一个短时间区间称之为一个时间切片,例如一个工作日为8个小时,将8小时在连续的数轴上等分为16份,则每0.5小时称之为一个时间切片。

基于 PR 思想,陈(Chen)等[101]研究了车辆路径与动态信息同步更新的 DVRP 问题,将每次动态信息的出现看成一个决策窗口,将 DVRP 转化为在多个决策窗口决策的问题;基尔比(Kilby)等[77]则引入时间片的概念,将一个工作日化为若干个时间切片,在每个一个时间切片内,根据当前的已知信息对当前车辆的路径进行优化,进而将 DVRP 转换为在若干个相同时间切片长度内的 VRP 问题,这一研究方法得到了后续文献的广泛认可[93,102];杨健等[103]研究了响应动态点到点的运输请求问题,并设计了用于求解响应动态需求的线性规划模型,该成果的局限性在于假设车辆每次只能处理一个请求,并不能够同步响应多个动态节点;陈(Chen)等[101]提出了采用动态列生成的方法响应动态节点,基于上一个决策时段的列集合构造下一阶段的动态生成列,并采用所罗门(Solomon)基准测试集,对所构建的模型及算法进行了验证;何彦东等[104]设计了用于求解带有双重业务的 DVRP 问题的两阶段算法,第一阶段为采用启发式算法求解已知信息的车辆路径,第二阶段为采用动态规划的方法对局部路径进行调整,以适应于消费者的动态需求;索尔斯(Soares)等[105]设计了求解 DVRPTW 的框架,该框架主要分为服务静态节点与服务动态节点两个部分,首先根据静态信息对车辆路径进行优化,其次,在下一个优化周期内不断地对带有新节点的路网进行优化,以达到满足消费者动态需求的目标;李静等[106]以联合收割机在农田收割谷物后将其运输至仓库作为研究对象,构建了考虑仓库动态性的两级车辆路径优化模型,采用混合整数线性规划模型求解了两级车辆路径优化问题,并采用构造的案例对模型及算法进行了测试;胡(Hu)等[107]在处理 DVRP 问题时,提出基于先验准则的两阶段优化方法,第一阶段为根据预计值生成先验车辆路线,第二阶段为检验先验路线是否与动态节点相容,若出现不相容情况,则对先验路线进行优化更新,以生成新的解。

1.1.3 研究现状总结

纵观国内外现有文献研究成果,关于满足消费者需求的VRP及其扩展问题是众多企业亟待解决的难题,进而引起了学术界的广泛关注,并逐渐成为热点研究问题,为此大量学者对该问题展开了一系列研究并取得了一定的成果。而今,在双循环经济持续升级、智能汽车产业持续向好、IoT技术持续推广、网络经济模式持续普及、交通基础设施不断完善的新环境下,对满足消费者动态需求的车辆路径优化方法提出了更高的新需求。但是,由于研究问题的复杂性,当前大多成果针对某个局部问题展开研究,且多属于考虑消费者需求固定的情景下的研究成果,尚未形成一套系统的面向消费者需求的末端物流配送网络优化方法与理论体系。结合上述问题,对国内外研究现状可总结为以下四个方面:

①消费者动态需求在物流运输过程中难以避免,且绝大多数的动态需求会对路径方案产生一定的影响,现有调度中心较少考虑消费者动态需求,常以工作日为调度单位定期制定路径计划,易造成产品运输效率不高、响应消费者动态需求不及时等问题,根本原因在于现有优化方法不能够较好支撑动态车辆路径的实现。

从图1-3中能够看出,近年来国内外关于面向消费者需求的VRP研究成果逐步增多,而新成果的不断涌现表明针对该问题的研究尚未完善,仍存在一些关键问题亟待解决。深入分析发现,在现有VRP问题中,学者常假设原材料供应商、生产制造中心、服务商及消费者等关键节点的位置信息及需求信息是确定的,所给出的VRP方案是静态的。然而,在实际原材料、半成品、产成品及废旧产品运输过程中,受主生产计划调整、供应商库存水平变化、供应商选择变更、消费者动态需求等不可控因素的影响,车辆所服务的关键节点存在着的不确定性,进而导致车辆难以响应消费者动态需求,更加难以支撑智能物流体系下对产品交付的及时性和准确性,导致这一现象存在的根本原因是DVRP优化理论体系尚未被完善。

②随着内循环经济模式助力物流业务量持续增长,越来越多的从业人员参与到物流运输过程中,执行任务人员与区域不匹配易导致配送效率低下的现象难以避免,其原因在于制定VRPTW方案时未能充分考虑人员与区域的最佳匹配策略。

现有文献在对VRPTW进行研究时,更多关注调度车辆自身的使用、行驶成本等,而忽略了驾驶车辆的工作人员对区域的熟悉程度。其中,区域熟悉度指的是工作人员在执行任务过程中对所在工作区域的熟悉程度,工作人员对区域的熟悉度越高,完成指定任务的工作效率越高;相反,对所在区域的熟悉程度越低,完成指定任务的工作效率越低。执行任务的人员对不同的区域具有不同的熟悉度是普遍存在的现象,从人因工程学角度讲,在熟悉的区域范围内执行任务能够极大地提高工作效率。然而,在以车辆行驶距离成本最小化作为优化目标时,所得到的车辆行驶路径方案往往是跨区域的,这就容易导致任务执行效率不高、成本上升等问题。

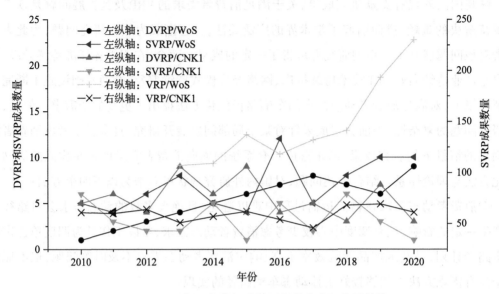

图1-3　2010年以来车辆路径问题学术成果收录统计

注：英文源于 WoS 数据库，仅统计 SCI 和 SSCI 收录的期刊文章；中文源于 CNKI 数据库，仅统计 EI、CSSCI、CSCD、核心期刊收录的文章。统计日期为 2020 年 12 月 31 日。

③随着 IoT 与智慧物流的不断融合，以及前置仓为代表的两阶段配送模式的应用，消费者动态需求波及一二阶段调度计划现象日益突出，提升 2E-DVRPTW 效益已成为企业所面临的难题，现有成果难以较好地支撑这一目标的实现。

2E-DVRPTW 指的是对由消费者与中转站，以及由中转站与分拨中心组成的两阶段车辆路径网络进行优化的过程，第一阶段网络中的节点由消费者与中转站所组成，第二阶段网络中的节点由中转站与分拨中心所组成。虽然有文献针对 2E-VRP 进行了研究，然而现有文献对两阶段车辆路径进行优化时，假设第一阶段配送网络中的消费者可被任意的中转站所服务，第二阶段配送网络中的中转站可被任意的分拨中心所服务，忽略了执行任务人员对区域的熟悉度、中转站间负载均衡及两阶段配送网络中消费者的动态需求。然而，在实际的生产过程中，由于各种不确定因素，各消费者存在动态性，工作人员对不同区域存在着不同的熟悉度的现象较为普遍存在。

④随着智能汽车产业的发展，越来越多的车辆以共享的方式参与到物流运输行业中，以共享经济模式促进物流成本降低的方式得到了国内外学者的普遍认可，然而在尽可能提升两阶段共同配送效率的同时，保证满足消费者动态需求的路径方案的全局最优性方面仍鲜有有价值的研究成果。

虽然国内外学者们针对 2E-VRP 展开了研究，但多数是基于消费者需求固定的假设对其展开相关研究，考虑消费者动态需求的较少。此外，在各大城市内对大型货车限行政策的陆续试点实施下，由大型货车与第三方小型共享货车共同配送的模式逐步得到了应用，共享车辆参与的配送模式能够显著提升社会整体车辆的利用率，降低对环境的污染。然而，中转站的数量与位置选择对于共享车辆参与的共同配送效率及成本具有重要影响。在此条件下，如何从中转站数量及位置最优选择视角实现 2E-DSVRPTW 的全局最优性是一项值得深入研究的问题。

1.2　研究问题的提出

消费者动态需求是末端物流配送车辆调度过程中必须面临的一个根本问题，满足消费者的动态需求是推动双循环经济稳健增长、提高物流周转效率和消费者满意度的关键所在。特别是在以条形码、无线射频识别、互联网、智能设备等 IoT 技术，以及共享经济等推动网络经济模式快速发展的背景下，消费者的动态需求信息传输、交互更加快捷，一旦消费者动态需求出现时，企业更需对消费者的动态需求做出科学的快速响应，否则极易引起消费者不满在网络上的不良连锁传播反应。然而，根据消费者动态需求制定车辆路径计划是一项非常复杂的系统工程，具体表现在：消费者动态需求的产生具有随机不确定性，车辆行驶状态以及可用装载量同样具有动态性，在响应消费者动态需求过程中，企业需要结合动态车辆的实际所在位置以及可用装载量等动态因素，对车辆的调度方案进行动态调整，并给出调整后的车辆路径方案。此外，动态调整后的车辆路径有何变化？车辆装载率有何变化？配送成本如何变化？何时为动态消费者和静态消费者提供服务等一系列问题亦需要在响应消费者动态需求时明晰。因此，如何综合考虑消费者的静态需求与动态需求特征，面向消费者需求构建一套系统的末端物流配送网络优化方法体系已上升为一项关键科学问题。

事实上，末端物流配送网络的工程应用场景不是单一不变的，而在不同物流阶段的应用场景中，响应消费者动态需求需考虑的因素亦存在着差异性。因此，在面向消费者需求设计一套系统的末端物流配送网络优化方法时，需兼顾不同应用场景的特征，并针对具体的应用场景给出更加针对性的解决方案。为此，本书基于研究背景及国内外研究现状的不足分析，结合第二章研究结果，从实际出发，面向物流前端、中端、末端不同的应用场景，提出构建一套系统的末端物流配送网络优化方法体系，本书所研究的四个问题在不同维度上的内在联系如图 1-4 所示。

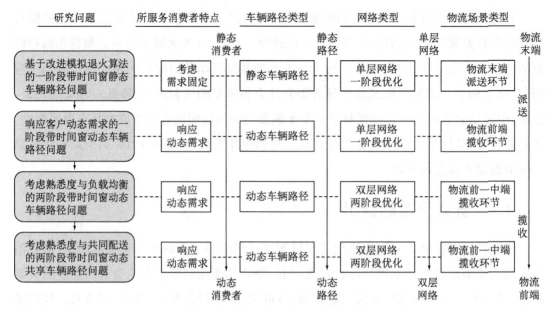

图1-4 本书主要研究的四个问题之间的内在联系

图1-4中展示本书考虑消费者动态需求特征,所构建的一套系统的末端物流配送网络优化方法体系过程中,需解决的四个关键问题描述如下:

①在考虑消费者需求固定的情境下,针对末端派送环节,如何科学构建一阶段带时间窗的静态车辆路径优化数学模型,并对优化模型进行高效求解?

第一个关键问题即VRPTW问题。随着物流企业之间竞争的日益加剧,在以一阶段派送为主的末端物流环节中,满足消费者个性化的时间及效率需求成为提升企业核心竞争力的有效方法之一。在考虑消费者需求固定的VRPTW问题中,企业不仅需要快速地将消费者所需的产品送达,还需要在消费者指定的时间区间内为其提供服务,相比VRP问题而言,VRPTW问题考虑了消费者的时间窗约束,其求解过程更为复杂。为保证企业成本及消费者时间满意度的双重优化,有必要对VRPTW建模及求解方法进行研究,但如何快速、高质量地求解出VRPTW问题的解是近年来从事运筹学领域的学者,以及从事物流运输行业的实践者所关心的问题之一。因此,如何准确地构建VRPTW优化模型,并对其进行快速高质量求解,是本书要解决的关键问题之一。

②在考虑消费者动态需求情景下,针对揽收环节,响应消费者动态需求后,如何对配送中心和商家所组成的一阶段带时间窗的动态车辆路径进行优化?

第二个关键问题即DVRPTW问题。在以一阶段规划为主的前端揽收物流网络中,车辆按照优化路线执行揽收任务的过程中,若出现新的消费者动态需求,消费者动态需求会通过网络传递至商家,进而引起商家发货量的动态变化,此时,原有静态车辆路径不再能够满足消费者的动态需求。在此过程中,如何对车辆的行驶路径进行动态优化更新,以提升企业对消费者动态需求的响应速度,降低车辆的行驶成本及使用数量成本,是物流企业面临的现实难题之一,也是提升配送效率及车辆利用率的关键方法之一。然而,DVRPTW优化问题的求解相比VRPTW优化问题而言更为复杂耗时,当前文献针对DVRPTW优化的研究成果相对较少。因此,如何构建一阶段带时间窗的动态车辆路径优化模型,并给出相应的求解方法成为本书拟解决的又一关键问题。

③在响应消费者动态需求的情景下,针对前、中端揽收环节,如何考虑两阶段车辆路径中工作人员及中转站特点,实现对两阶段车辆路径的动态优化?

第三个关键问题即2E-DVRPTW问题。在执行2E-DVRPTW任务过程中,消费者所需要的产品先经小型车辆由商家仓库运输至各个中转站,再由大型车辆经各中转站转运至分拨中心。由于不同工作人员对各自的揽收区域具有一定的熟悉度,商家/消费者所在的位置具有一定的聚集性,因此在2E-DVRPTW优化中,企业如何综合考虑工作人员对工作区域的熟悉度,并对每个中转站的负载能力进行均衡,以实现车辆路径的科学优化,是提升物流运输效率、降低物流运输成本过程中所面临的现实难题。此外,在两阶段动态车辆路径优化问题中,亦存在着消费者动态需求,动态需求会进一步造成商家发货量以及位置的动态不确定性,这使得求解2E-DVRPTW问题的复杂度急剧增加。所以,如何对2E-DVRPTW优化问题进行求解,是本书要解决的关键问题之一。

④在响应消费者动态需求情境下,针对前端、中端揽收环节,如何进一步考虑共享车辆参与,对考虑熟悉度与共同配送的两阶段动态共享车辆路径进行优化?

第四个关键问题即2E-DSVRPTW问题。在共享车辆参与的2E-DSVRPTW过程中,消费者所需的产品先由三方企业或个体采用小型共享车辆将消费者所需的产品由商家仓库揽收至指定中转站,再由物流企业采用自有大型车辆将中转站中的产品运输至分拨中心,在这一过程中,中转站数量与位置对于2E-DSVRPTW的成本有着较大的影响。此外,在共享车辆参与的2E-DSVRPTW优化过程中,同样存在着区域熟悉度以及响应消费者动态需求的问题。因此,如何将最佳中转站数量及位置选择策略融入2E-DSVRPTW建模中,构建2E-DSVRPTW优化模型,并对其进行快速、高质量的求解,不仅是企业物流运营过程中面临的实际问题之一,同样也是本书要解决的关键问题。

1.3 研究目的与意义

1.3.1 研究目的

在智慧物流运营环境中,供应商、生产制造中心、销售商、消费者等关键节点均可看成物流企业所服务的一个智能节点,各个节点均具备及时发送与接收信息的功能。在以车辆为载体促进原材料、半成品、产成品等实物在各个节点间流通的过程中,各节点的动态需求是车辆路径规划过程中不可避免且时常发生的一个根本性问题。因此,在智慧物流场景中,提升车辆对各个关键节点动态需求的响应是保障整个物流供应链系统稳定的关键途径,也是提升企业效益和市场竞争力的重要手段。然而,网络节点具有分层级、分区域的特征,节点数量众多且动态需求变更具有关联性,同一阶段内遍历节点的车辆具有同质性,遍历不同阶段间的车辆具有异质性,导致同一阶段内静态车辆路径优化难以科学优化、响应节点动态需求的一阶段、两阶段车辆路径更新不及时、两阶段物流中车辆利用率不高等关键问题。为此,本书针对上述关键问题,以物流前端、中端、末端不同运输环节为场景对其逐一进行深入研究,期望面向消费者动态需求建立一套较为系统的车辆路径优化方法体系。通过本书的研究,期望实现以下四个目标:

①建立 VRPTW 优化模型,设计 I-PSA 算法用于求解考虑消费者需求固定的 VRPTW 问题,以完善 VRPTW 优化基础理论。

②构建响应消费者动态需求的 DVRPTW 模型,设计用于求解 DVRPTW 的策略,以实现车辆对消费者动态需求的及时与准确响应。

③分析消费者动态需求对不同阶段路径的影响,构建 2E-DVRPTW 模型,完善考虑区域熟悉度及中转站负载均衡的 2E-DVRPTW 求解方法。

④给出考虑区域熟悉度及共享车辆参与的 2E-DSVRPTW 求解方法,揭示中转站变化对优化结果的影响关系,提升车辆对消费者动态需求的响应速度。

1.3.2　研究意义

随着全球经济发展格局的变化、市场竞争的加剧以及 IoT 技术的发展,在物流运输过程中,提升对消费者动态需求的响应能力是提升企业核心竞争力和运输效益的有效途径。鉴于此,期望通过本书的系统性研究,进一步丰富面向物联网消费者需求的末端物流配送路径优化问题领域的理论研究成果,同时提升企业对消费者动态需求的响应能力,以降低消费者动态需求对车辆路径的影响。具体理论意义与实践意义如下:

①在理论方面,本书围绕面向物联网消费者需求的末端物流配送路径优化问题进行的系统性研究,有望进一步丰富车辆路径领域的基础理论知识。车辆路径问题属于 N-hard 难题,多年来受到运筹学及物流领域学者的持续关注,在本书的研究中,首先,对如何提升 VRPTW 问题的求解质量进行研究,设计用于求解该问题的 I-PSA 算法,并以通用案例对模型及算法进行了初步验证;其次,综合考虑不同区域消费者的聚集特征,不同阶段工作人员对配送区域的熟悉度,以及中转站位置与数量对共同配送的影响,将聚类方法及

贝叶斯条件思想应用于动态车辆路径优化过程中,面向消费者动态需求的不同应用场景,进一步对 DVRPTW、2E-DVRPTW、2E-DSVRPTW 问题建模及求解方法进行深入研究,并给出具体的数学模型及求解策略,研究有望完善 IoT 不同场景中动态路径优化的基础理论。

②在实践方面,本书所研究的一套系统方法体系有助于提升企业响应消费者动态需求的速度,提高物流运输及周转效率,降低物流运输成本,有望产生一定的经济价值。本书紧紧围绕物流运输的前端、中端、末端实际应用场景,对车辆路径问题展开了较为系统的研究,本书基于主从并行思想及 I-PSA 构建的 VRPTW 求解方法为科学制定物流末端派送计划提供理论支撑;本书设计基于上一时间切片内部分路径生效前提下,对下一时间切片内未生效路径进行动态优化的方法为企业在物流前端对消费者动态需求进行科学优化决策提供指导和依据。本书在响应消费者动态需求下,面向物流前端、中端所构建的考虑熟悉度与负载均衡的 2E-DVRPTW,以及考虑熟悉度与共同配送的 2E-DSVRPTW 模型,为企业在两阶段运输过程中响应消费者动态需求、制定科学的优化方案提供理论指导。

综上,本研究对于提高物流企业协同效率有很大帮助,并且有利于提升企业快速响应消费者 IoT 动态需求能力。此外,动态车辆路径优化是智能物流的重要研究内容,对其进行相关研究在促进智能物流发展方面同样具有重要的实际意义,对推动我国物流产业转型升级、实现可持续发展具有重要的理论意义和应用价值。

1.4 研究思路与章节安排

1.4.1 研究思路

以研究满足消费者动态需求的车辆路径问题求解为主线,面向物流前端、中端、末端不同环节的不同的应用场景,将贝叶斯条件优化机理、时间切片策略、K 均值聚类算法(K-means)、中转站负载均衡等融合到车辆路径问题求解过程中,针对不同类型的车辆路径问题设计对应的求解方法。首先,考虑消费者需求固定,构建基于 I-PSA 算法的 VRPTW 优化模型,以达到降低物流运输成本、提高运作效率的目标;其次,考虑消费者的动态需求特征,提出响应消费者动态需求的 DVRPTW 优化求解方法,实现物流运输车辆以快速、低成本的方式响应消费者动态需求的目标;然后,在考虑消费者动态需求特征的情境下,将 DVRPTW 问题拓展到 2E-DVRPTW 应用场景中,进一步研究考虑工作人员对区域熟悉度以及中转站负载均衡的 2E-DVRPTW 优化建模问题,提出求解 2E-DVRPTW 的方法,实现工作效率与成本的双重优化;最后,在 2E-DVRPTW 中进一步考虑共享经济,引入共享车辆,分析中转站数量及位置变更对优化结果的影响,提出考虑区域熟悉度与共同配送的2E-DSVRPTW问题建模及求解方法,旨在提高不同类型车辆协同运输效益和节能减排的贡献度。

　　本书的研究思路为:从实际问题出发,以解决科学问题为导向,以完善面向消费者动态需求的车辆路径优化基础理论体系为目标,首先基于研究背景及国内外研究现状提出本书要解决的关键科学问题,并对所研究问题的理论与实际意义进行论证。其次,对IoT中的车辆路径问题的流程、消费者动态需求的类型、车辆路径问题的主要应用场景进行深入的研究分析,在此基础上构建面向物联网消费者需求的末端物流配送路径优化问题研究总体框架,遵循以物流前端、中端、末端环节的实际应用场景为载体,从层层递进的逻辑关系视角,依次提出VRPTW、DVRPTW、2E-DVRPTW、2E-DSVRPTW四个问题的关键技术以及内在逻辑关系。然后,分别对四个层次递进的科学问题进行深入的研究,给出相应的模型构建方法、求解方法及应用效果,以进一步完善面向消费者动态需求的车辆路径优化基础理论及方法体系。本书的研究思路如图1-5所示。

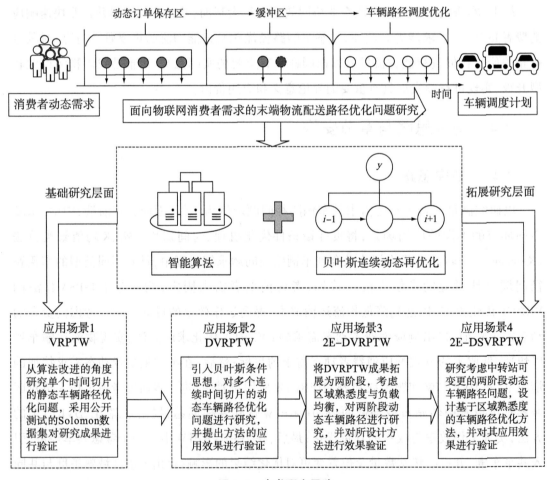

图1-5　本书研究思路

图1-5中基础研究层面是支撑面向消费者动态需求中车辆路径优化的关键所在,在基础研究层面成果的基础上,本书依次提出对DVRPTW、2E-DVRPTW、2E-DSVRPTW问题进行研究。在DVRPTW问题中,基于贝叶斯条件思想,将连续DVRPTW优化问题转换为在部分路径生效下的连续VRPTW优化问题,并将方法分别应用于考虑及时动态优化与不考虑及时动态优化的情景。其中,基于贝叶斯条件思想的DVRPTW优化指的是借鉴贝叶斯条件概率理论中关于"事件A发生的情况下事件B发生的概率"基本定义,所定义的在上一时间切片内部分路径生效的前提下,对下一时间切片内未生效车辆路径进行优化,以实现车辆路径的动态优化。在2E-DVRPTW问题中,考虑到消费者的聚集特性以及工作人员对区域的熟悉度,采用聚类方法对网络中的消费者进行聚类,将两阶段动态连续的车辆路径优化转化为两个相关的一阶段车辆路径优化问题,并与连续优化进行对比分析;之后将所提方法分别应用于是否考虑区域熟悉度、负载均衡及动态车辆路径优化的情景中,并进行对比分析。在2E-DSVRPTW问题中,考虑中转站数量及位置变更对路径优化结果的影响,研究共享车辆参与的2E-DSVRPTW优化问题,给出基于最佳中转站数量及位置选址策略的2E-DSVRPTW优化方法。

1.4.2　章节安排

依据上述研究思路,本书的内容共分为七章,其中,各个章节的研究内容及相互间的关联关系如图1-6所示。

本书各个章节的研究内容如下:

第1章为绪论,主要介绍本书的研究背景及国内外研究现状、研究问题的提出、研究目的与意义、研究思路与章节安排、课题来源等。

第2章为面向物联网消费者需求的末端物流配送路径优化问题总体研究。首先对IoT场景中的车辆路径问题的主体与流程、消费者动态需求类型及车辆路径问题的主要应用场景进行深入分析;在此基础上,给出面向物联网消费者需求的末端物流配送路径优化问题基本内涵,提出车辆路径问题的研究框架及关键技术,并对解决各个关键问题时所采用的关键技术进行深入分析研究。

第3章为基于I-PSA算法的一阶段带时间窗的静态车辆路径问题研究。本章研究VRPTW问题的优化建模及求解方法,设计求解VRPTW的I-PSA算法,并以Solomon数据集为测试基准,对I-PSA算法进行测试,对求解VRPTW问题的不同算法进行对比分析,对算法之间的差异性进行双样本假设检验实验,为后续第4章、第5章、第6章中研究考虑时间窗情景的动态车辆路径优化问题奠定基础。

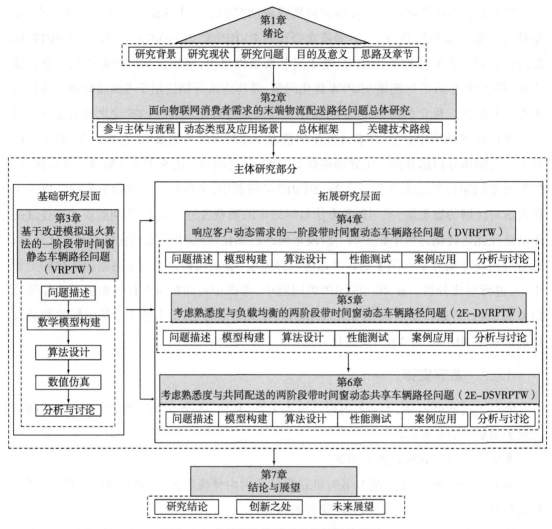

图1-6 本书各章节研究内容及相关关系

第4章为响应消费者动态需求的一阶段带时间窗的动态车辆路径问题研究。本章提出基于贝叶斯条件优化机理的动态车辆路径优化方法,将一个连续工作日拆分为若干个具有时间相关性的时间切片,提出在上一时间切片内部分路径生效的前提下,对下一时间切片内未生效车辆路径优化的方法。针对考虑动态和不考虑动态情景进行测试,分别讨论不同场景下方法的可行性,并对参数进行敏感性分析。

第5章为响应消费者动态需求下,考虑区域熟悉度及负载均衡的两阶段带时间窗的动态车辆路径问题研究。本章在第4章研究的基础上,进一步将聚类方法应用于工作人员对区域熟悉度的划分中,研究区域划分与中转站负载能力均衡策略,以及响应消费者动态需求的车辆路径方法,分析动态度这一因素对车辆路径优化结果的敏感性,分别将两阶段动态车辆路径优化方法应用于是否考虑区域熟悉度、负载均衡及动态优化等不同情景,对方法的可行性进行验证。

第6章为响应消费者动态需求情景下,考虑区域熟悉度与共同配送的两阶段带时间窗的动态共享车辆路径问题研究。本章在第5章研究的基础上,进一步分析中转站数量及位置变更对两阶段车辆路径结果的影响,引入共享车辆,提出基于最佳中转站数量及位置选择的两阶段动态车辆路径优化方法,并以某企业作为案例,对不同方案及车辆路径优化结果进行对比分析。

第7章为结论与展望。本章提炼本书研究取得的相关结论,介绍本书的创新之处,并提出未来研究的重点方向。

1.5 本章小结

本章首先阐述了本书的研究背景、针对末端物流配送优化问题的国内外研究现状及存在的不足,基于宏观背景需求和国内外研究的不足提出了本书所要研究的具体问题,即面向物联网消费者需求的末端物流配送优化问题;其次,论证了本书的研究目的和意义;再次,展示了本书的研究思路与章节安排;最后,对本章做了小结。

第2章 面向物联网消费者需求的
末端物流配送问题总体研究

本章节在基于第1章所提面向物联网消费者需求的末端物流配送优化问题及研究思路的基础上,首先,分析IoT场景中参与车辆路径问题的主体以及基于IoT结构的车辆路径优化流程;其次,分析消费者动态需求类型以及车辆路径问题的主要应用场景;然后,给出面向物联网消费者需求的末端物流配送路径优化问题的基本内涵与研究框架;最后,针对研究框架中的四个关键问题的关键技术,从VRPTW、DVRPTW、2E-DVRPTW、2E-DSVRPTW四个方面进行深入的研究。后续第3章VRPTW、第4章DVRPTW、第5章2E-DVRPTW、第6章2E-DSVRPTW均是本章的深入与展开。

2.1 引言

面向物联网消费者需求的末端物流配送路径建模及求解对完善我国智能物流领域基础理论体系,助力物流企业以低成本的途径快速响应消费者动态需求,降低物流成本,实现落实国家发展和改革委员会、交通运输部2020年《关于进一步降低物流成本实施意见的通知》的目标具有极为重要的现实意义。因此,有必要对IoT场景中车辆调度的主体与流程、消费者动态需求类型及车辆路径问题的应用场景、面向物联网消费者需求的末端物流配送路径优化问题基本内涵与研究框架、车辆路径建模及求解的关键技术路线等进行深入的研究。

根据国内外研究现状可知,已有学者对车辆路径建模、响应消费者动态需求的策略、两阶段车辆路径优化及共享车辆路径展开了相关的研究,并取得了一定的研究成果。但是,当前国内外研究学者对以上关键技术的研究仍然存在不深入、不系统的问题,由此限制了IoT场景中物流车辆快速响应消费者动态需求的应用效果。因此,面向IoT领域核心应用场景,设计一套系统的响应消费者动态需求的车辆路径优化方法,最大程度地降低面向消费者动态需求的柔性物流运输成本,提升物流运输效率是当前亟待解决的重要课题。

为此,本章对面向消费者动态需求的车辆路径进行总体研究。首先,深入分析IoT场景中车辆路径的主体以及流程。其次,给出消费者动态需求的类型,阐述VRPTW、DVRPTW、2E-DVRPTW、2E-DSVRPTW的主要应用场景。再次,对本书所提出的关键问题进行深入分析,提出面向消费者动态需求的车辆路径基本内涵及总体研究框架。最后,在此基础上，分别提出考虑消费者需求固定下基于I-PSA算法的VRPTW建模、响应消费者动态需求的DVRPTW动态更新、响应消费者动态需求下考虑区域熟悉度和中转站负载均衡的2E-DVRPTW动态配置、响应消费者动态需求下考虑区域熟悉度与共同配送的2E-DSVRPTW动态求解四个关键问题的关键技术，为形成一套系统的动态车辆路径优化方法体系奠定基础。

2.2　物联网场景中车辆路径问题的主体与流程

2.2.1　物联网场景中车辆路径问题的主体

车辆路径问题贯穿于整个物流活动过程，提升车辆路径技术水平对于降低物流活动成本具有重要的作用[17,108]。物流活动自古便有之，直到20世纪初期，伴随着产业的发展和商品的流通才得到了广泛重视，并逐渐发展成为一门独立的学科[109-111]。物流作为连接各个经济单元的桥梁和纽带，对提升生产制造业竞争力的作用不言而喻[112]。据相关统计资料表明，就单个企业而言，物流成本一般占销售总额的5%~35%，物流管理的有效实施可使企业总成本下降20%左右，按时交货率提高15%以上，订货到生产的周期时间缩短20%~30%，生产率提高15%以上[113]。因此，现代生产制造企业的竞争已经转变为物流运输能力的竞争，这一点已经成为共识，每个独立企业最终能否成功取决于管理层对该公司复杂商业关系处理的综合能力，以及对遍历各个供应商间车辆的科学调度能力。

从产品全生命周期过程视角来看，原材料、半成品首先被运输至生产制造中心进行加工，被加工所得到的产成品被运输到消费端，而消费端所产生的废旧品再次被运输到再制造中心或大自然进行二次加工处理[114]。从这一过程可知，IoT场景中参与车辆路问题的主体同样包括供应商、制造商、服务商分销、消费者。按照原材料、半成品、产成品的流动方向可以分为正向物流和逆向物流，正向流动包括部分原材料、零部件从供应商流动到制造商，制造商生产出来的产成品又经服务商流动到消费者所在地。而其中信息的反向传递（例如需求信息）和物料的反向流动（包括容器、包装物回收，产成品退返等）构成了逆向物流的基本要素。其中，IoT场景中参与车辆路径问题的主体以及关联关系如图2-1所示。

根据图2-1可知，车辆路径问题可抽象为车辆遍历供应商、生产制造中心、服务商、消费者等关键节点的最佳路径选择问题，而各个节点的需求不确定性及动态性是普遍存在的现象[115]。随着以智能手机、互联网、传感、通信等IoT基础技术的不断发展，各个节点之间的动态需求信息传输更加便捷，此时，需根据节点的动态信息作出适当的响应。例如，当车辆在执行揽收任务过程中，消费者发出了新的订单，此时车辆需根据自身的容量及位置情况作出是否响应消费者需求的决策,作出动态响应决策之后便需根据当前状态对现有的车辆计划进行动态调整。

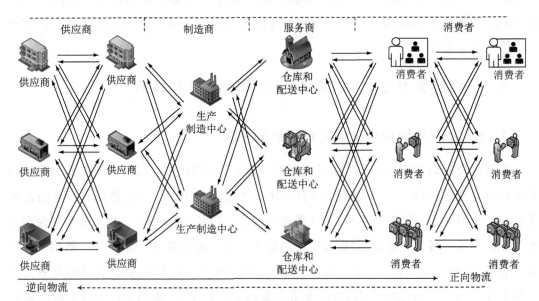

图2-1　IoT场景中参与车辆路径问题的主体及其关联关系

2.2.2　物联网场景中车辆路径问题的流程

受到技术水平的限制,在传统的车辆路径优化过程中,各个节点之间的信息流通响应存在一定的滞后性,导致DVRPTW问题退化为VRPTW问题。而IoT技术的出现与成熟为打破各个节点间信息传输壁垒提供了全新的思路与保障,在IoT技术架构下,消费者的动态需求能够更加快速地反馈给商家,这对动态车辆路径优化方法提出了新的需求。IoT是指通过各种传感器、射频识别技术、全球定位系统、红外感应器、激光扫描器等技术工具,实时采集任何需要监控、连接、互动的物体或过程,包括声、光、热、电、力学、化学、生物、位置等各种信息,通过互联网技术实现物与物、物与人的泛在连接,实现对物品和过程的智能化感知、识别和管理[116-119]。IoT已经被应用于各行各业,IoT的基本结构如图2-2所示。

由图2-2可知,IoT结构中主要包括智能设备层、感知层、传输层、云优化层、应用层五个部分,而负责云端优化的云层是整个IoT的核心,是整个架构实现优化运作的关键所在。IoT结构能够为解决面向物联网消费者需求的末端物流配送路径优化问题提供新的解决思路,具体表现为:首先通过各类网络、传感器实现供应商、制造商、消费者等节点的互联互通,并将节点中的关键信息存储于云端,当节点信息发生变更时,将变更后的信息实时传输至云端。根据现有文献给出的IoT架构[120-123],本书所构建的面向消费者动态需求的车辆路径调度流程如图2-3所示。

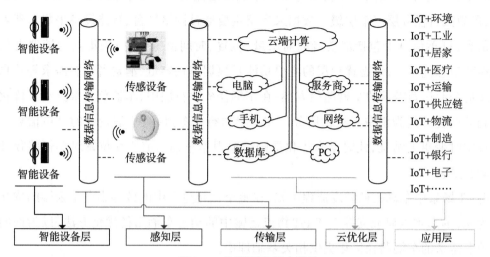

图2-2 物联网的基本结构

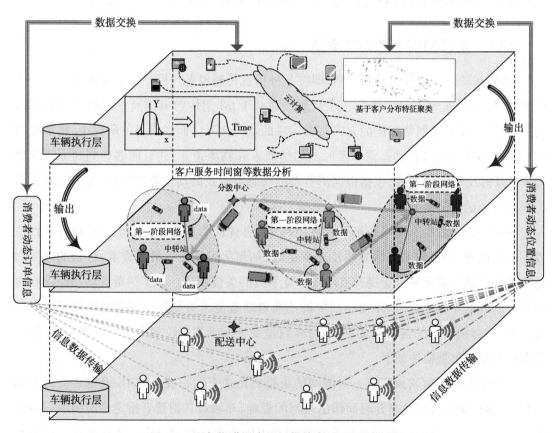

图2-3 面向物联网应用场景的车辆路径调度流程

由图2-3可知,在基于IoT技术的车辆路径调度流程中主要包括数据采集层、动态优化层、车辆执行任务层三个层级。数据采集层主要通过网络平台、智能设备采集消费者的订单信息,订单信息中包括消费者的需求量、位置、时间窗等信息;采集到的消费者信息被传输至动态优化层,动态优化层的主要功能是根据车辆容量、消费者动态需求等信息制定出满足企业运营需求的车辆路径方案;在车辆任务执行层中,车辆负责根据动态优化层所得到的调度计划为消费者提供服务。在车辆执行任务过程中,消费者的订单信息可能会出现实时变更的情况,此时动态优化层则需要根据车辆当前所在位置对车辆路径计划进行动态更新。

由IoT场景中车辆路径调度流程可知,在整个优化过程中的核心难点是云端的优化方法。为此,本书重点研究支撑基于IoT物流运输中的动态车辆路径优化方法,以为面向消费者动态需求的车辆路径优化提供相关基础理论。

2.3 物联网消费者需求类型及车辆路径问题应用场景

2.3.1 物联网消费者需求类型

IoT是互联网的延伸和扩展网络,即将各种信息传感设备与网络结合起来而形成一个巨大的网络,以实现人、机、物的互联互通。在基于IoT架构的供销商业活动中,消费者、商家、物流企业通过网络交流的方式实现信息的及时交互。而在本书的研究中,将消费者界定为能够通过网络将动态需求及时发送给商家和物流企业,并且能够得到商家以及物流企业及时反馈的消费者,包括根据消费者的动态需求及时动态调度车辆,为消费者提供揽货、发货、送货等服务。

在面向消费者动态需求车辆的调度过程中,消费者动态需求会对车辆路径有效性造成一定的扰动,当消费者需求发生动态变更时,如何尽可能地以最小成本、最快的速度满足消费者的动态需求是企业提升市场核心竞争力的关键所在。除了消费者动态需求在时间轴上造成的不确定之外,本书所研究的消费者动态需求类型还适用于消费者要求时间窗变更、原有消费者的需求量变更、消费者数量变更及消费者位置变更四种类型,不同消费者动态需求类型描述如下:

①消费者时间窗约束变更。时间窗约束指的是在车辆行驶过程中,消费者会对车辆的到达时间、服务时间及离开时间作出适当的规定,车辆需在消费者指定的时间段内为其提供服务。在初始阶段,企业通常会根据消费者的个性化时间窗约束要求作出最佳的车辆路径方案,而一旦消费者时间窗变更,则原有调度方案可能面临失效。出现时间窗变更的类型主要包括消费者要求的最早车辆达到时间的提前、延迟,最晚车辆达到时间的提

前、延迟，以及服务时间的变更。

②消费者需求量变更。消费者的需求量可能会随着时间的变化而出现变更，包括增加新的订单及在原有订单的基础上继续增加需求量。需求量的变更直接影响着车辆的剩余容量，一旦原有车辆路径计划的容量约束不满足变更后消费者的需求量，原有车辆路径方案则失效，此时，需要根据车辆当前的位置状态以及装载状态对车辆路径方案进行动态变更，以满足车辆对消费者动态需求的响应。

③消费者数量变更。在车辆调度过程中，消费者的数量并不是固定不变的。在车辆执行任务的过程中，原有消费者取消订单、新的消费者发出订单都会导致消费者数量的变更，当消费者数量发生变更时，原有的车辆路径方案便无法满足新的消费者需求。此时，企业需要根据车辆当前的位置状态及容量状态等约束对原有调度方案作出动态调整，以尽可能地满足所有消费者的需求，进而实现企业利润的最大化。

④消费者位置变更。由于各种原因可能会导致消费者的位置发生变更，包括消费者出差、工作等原因，当消费者位置发生变更后，原有车辆的访问目的地地址将失效，如果不对车辆路径进行动态更新，将导致车辆执行任务失败。因此，当消费者位置发生变更时，企业需要针对动态变更位置及时准确地对车辆路径方案进行更新，以保证车辆执行物流任务过程中对消费者动态需求的及时响应。

2.3.2　车辆路径问题的应用场景

由于我国国土面积广阔，零部件供应商、生产制造商、销售服务商、消费者等关键节点分布存在着不均衡的特点，车辆在执行产品运输任务过程中，需经过不同阶段的中转，跨越不同的地区，方能够实现零部件、半成品、产成品等在零部件供应商、生产制造商、销售服务商及消费者之间的流通[124,125]。此外，在车辆执行运输任务的过程中，受到消费者需求量、地址、数量、时间窗等动态需求不确定因素的影响，导致供应商的供货量及供货时间等存在着不确定性，进而导致车辆在访问各个存在需求的消费者的过程中亦存在着动态不确定性[126]。

我国产品运输网络在空间内呈现出了分层次、跨区域的复杂特征，消费者所需产品需经过不同阶段的中转方能够由始发地被运往目的地。此外，随着 IoT 技术及网络经济模式快速推广与发展，进一步促进了我国物流运输行业的发展，而在物流运输过程中，按照产品流通方向可分为前端、中端、末端三个环节，在不同的配送环节中又呈现出了不同的特征，其中，我国产品的运输流程及车辆路径问题类型划分如图2-4所示。

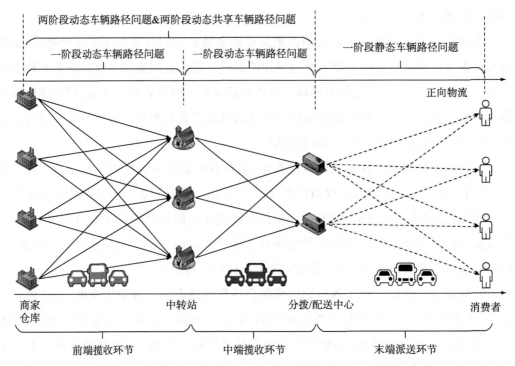

图2-4 网络经济模式下产品的运输流程及车辆路径问题类型划分

结合图2-4可知,当消费者通过网络平台向商家下单之后,企业首先需派遣车辆遍历各个商家仓库揽收消费者所需的产品,并将产品全部转运至前端中转站;其次,再派遣车辆由分拨中心出发,依次访问各个前端中转站,将消费者所需的产品由前端中转站转运至分拨中心;最后,派遣车辆由分拨中心出发,将消费者所需的产品由分拨中心转运至派送端消费者。在整个车辆调度过程中,消费者动态需求的出现具有不确定性与随机性,当消费者动态需求出现后,直接影响到商家的发货量以及在遍历商家过程中的车辆路径方案。而从产品的流动过程可分为由派送端或中转端所形成的VRPTW应用场景,由揽收端所形成的DVRPTW应用场景,以及由中转端、揽收端所组成的2E-DVRPTW、2E-DSVRPTW应用场景。

考虑到在派送过程中,车辆由配送中心出发前便装载好了消费者所需的产品,在派送阶段不再接受消费者的动态需求订单,而在揽收过程中,车辆可根据自身容量变化及位置特征接受消费者的动态需求订单,因此车辆路径问题又可分为VRPTW和DVRPTW。基于此,本书从系统完整性的角度,依次提出由分拨/配送中心与消费者形成的VRPTW应用场景、由中转站与商家形成的DVRPTW应用场景、由分拨中心/中转站/商家所形成的2E-DVRPTW应用场景,以及有共享车辆参与的2E-DSVRPTW四个应用场景,并对四个应用场景中的车辆调度优化方法展开研究。其中,四个应用场景的总结描述如下:

①一阶段带时间窗的静态车辆路径问题应用场景。

由分拨/配送中心与消费者所形成的 VRPTW 问题属于末端派送环节,该阶段的主要任务是将消费者所需的产品由配送中心派送到消费者所指定在位置,在该阶段的配送网络中主要包括配送中心与消费者两种类型的节点。由于派送过程属于产品的末端派送环节,当车辆从配送中心出发时便装满了消费者所需的产品,整个派送过程相当于车辆卸货问题与商旅问题的组合,在该阶段消费者的动态需求变动较小,消费者的派送时间及地点变更并不会导致车辆初始装载量的变化,此阶段的车辆调度更加符合 VRPTW 问题。此外,由于不同的消费者具有不同的时间窗,因此本书在该应用场景下主要解决的是 VRPTW 问题。除此之外,VRPTW 的应用场景在现实中还大量存在,如外卖员从商家取货给消费者派送的过程,以及商家给各个零售商补货的过程等均属于 VRPTW 应用场景,所以,研究 VRPTW 问题具有广泛且重要的实践意义。

②一阶段带时间窗的动态车辆路径问题应用场景。

由中转站与商家所形成的 DVRPTW 问题属于前端揽收环节,该阶段的主要任务是将消费者所需的产品由商家仓库运输至中转站,在该阶段的配送网络中主要包括中转站与商家仓库两种类型的节点。由于揽收过程属于物流的前端揽收环节,执行揽收任务的车辆从中转站出发时属于空载状态,而车辆在揽收过程中,消费者可通过网络平台向商家实时下单,消费者的动态需求直接导致商家发货量及位置数量等具有动态性,此阶段的车辆调度属于 DVRPTW 问题。此外,由于不同的商家具有不同的时间窗,而消费者期望商家尽可能快速地发货,因此,本书在该应用场景下主要解决的问题是响应消费者动态需求的 DVRPTW 问题。除此之外,DVRPTW 应用在现实生活中亦大量存在,例如,工作人员上门揽收过程、外卖员到商家提取实物及产品、销售商向合约超市及商店补货的过程等均属于 DVRPTW 应用场景,所以,研究 DVRPTW 问题同样具有重要的现实意义。

③两阶段带时间窗的动态车辆路径问题应用场景。

由商家仓库、中转站及分拨中心所形成的 2E-DVRPTW 问题属于中间揽收环节,在第一个阶段,车辆由中转站出发依次遍历商家仓库,将消费者所需求的产品由商家仓库所在位置运输到分拨中心;在第二个阶段,车辆由分拨中心出发依次遍历中转站,将消费者所需的产品由中转站转运至分拨中心。在整个 2E-DVRPTW 过程中,消费者通过网络传递的动态需求不仅会波及第一阶段的 DVRPTW 计划,还会波及第二阶段的 DVRPTW 计划,因此在该场景下的 2E-DVRPTW 属于动态问题。此外,由于不同的商家具有不同的时间窗,不同的工作人员对区域具有不同的熟悉度,消费者则期望能够快速收到产品,因此本书在该应用场景下主要解决的问题是考虑区域熟悉度与负载均衡的 2E-DVRPTW 问题。除此之外,2E-DVRPTW 应用在现实中同样大量存在,例如在前置仓库模式中,企业先将消费者所需的产品运输至前置仓库,再将前置仓库的产品运输到消费者所在位置,以及共同配送模式等均属于2E-DVRPTW应用场景,因此研究2E-DVRPTW亦具有重要的实践价值。

④两阶段带时间窗的动态共享车辆路径问题应用场景。

随着共享经济及共享车辆产业的快速发展,共享车辆已不断渗透到由商家仓库、中转站及分拨中心所组成的2E-DSVRPTW过程中,其中,共享车辆的参与对2E-DVRPTW的影响较大。在第一个阶段,第三方企业/个人采用共享车辆将消费者所需的产品由商家仓库所在位置运输至中转站;在第二个阶段,由物流公司采用自由车辆将消费者所需的产品由中转站转运至分拨中心。在整个过程中,共享车辆与自有车辆共同配送的交接中转站对2E-DSVRPTW成本及效率具有重要的影响,因此,中转站的最佳数量及位置选址策略是2E-DSVRPTW成本优化的关键所在,此外,消费者的动态需求同样会波及一二阶段的动态揽收网络。基于此,本书在该场景下主要解决的问题是考虑区域熟悉度与共享车辆参与的情景下,如何将揽收端中转站的最佳数量及位置选址策略融合到2E-DSVRPTW中,并对其进行求解的问题。除此之外,2E-DSVRPTW的应用在现实中亦大量的存在,包括从事主线与干线物流的共同配送模式、大型货车与小型共享货车的共同配送模式、火车与共享汽车的共同配送模式等,因此,研究2E-DSVRPTW问题同样具有重要的实践与应用价值。

2.4 面向物联网消费者需求的车辆路径问题内涵与研究框架

2.4.1 面向物联网消费者需求的车辆路径问题基本内涵

面向物联网消费者需求的末端物流配送路径优化问题研究的基本内涵为:以支撑IoT场景下的车辆路径对消费者动态需求响应的优化方法为研究主线,以响应消费者需求为目标,从前端、中端、末端物流配送的视角出发,面向IoT中VRPTW、DVRPTW、2E-DVRPTW、2E-DSVRPTW四个应用场景,深入分析不同场景中车辆路径问题的特点,在满足消费者及企业经营目标的条件下,设计响应消费者动态需求的车辆路径问题数学模型及求解方法,旨在为完善面向消费者动态需求的车辆路径优化方法及理论体系提供支撑。其中,面向物联网消费者需求的末端物流配送路径优化问题应用场景间的关联关系及各个场景中所研究的内容如图2-5所示。

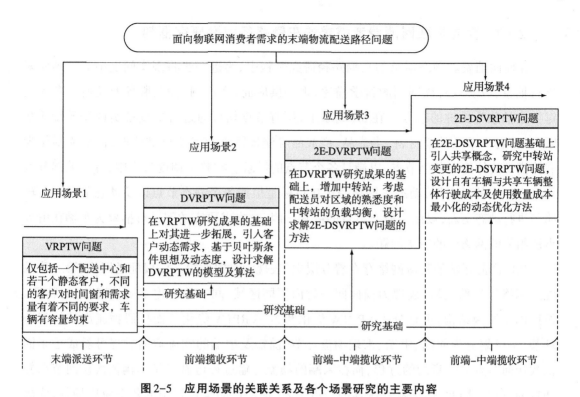

图2-5　应用场景的关联关系及各个场景研究的主要内容

其中,第一个应用场景属于末端派送环节,可看成在一个由消费者、销售商、物流企业所组成的系统中,消费者向销售商下达订单需求之后,由物流企业负责将消费者所需产品送达至消费者端,消费者的订单中包括需求量、时间窗约束、地址等信息,所解决的问题为当消费者的需求出现时,车辆如何在满足自身容量约束的条件下以快速、低成本的方式将消费者所需的产品由配送中心运输到消费者指定的地点。第二个应用场景属于前端揽收或中端揽收环节,在该环节,车辆的主要任务是访问各个商家仓库或中转站,并揽收消费者需求的产品,该场景下所解决的问题为当消费者动态需求出现时,车辆如何在满足自身容量约束条件下及时地响应消费者动态需求,并快速调整车辆遍历商家的行驶路径方案。第三个应用场景属于中转站与分拨中心所组成的两阶段车辆路径场景,在该场景中包括两个揽收网络,分别为由商家和中转站,以及中转站和分拨中心所组成的两阶段网络,所解决的问题是在两阶段车辆路径优化过程中,如何快速、低成本地响应消费者动态需求。第四个应用场景为在第三个应用场景中引入共享车辆,在自有与共享车辆所服务的两阶段物流中,对如何以低成本、快速的方式响应消费者动态需求展开进一步研究。

2.4.2 面向物联网消费者需求的车辆路径问题研究框架

在面向消费者动态需求的车辆路径研究过程中,为进一步将现实问题中的关键要素进行抽象,以实现对该问题的科学描述,现将供应商、生产制造商、服务商及消费者等关键要素抽象为关键的节点。在IoT场景下,所有节点均可通过智能设备实现在云端的互联互通,各个节点的原材料、半成品、产成品等流体需求信息均可被获取,而车辆则作为载体携带流体遍历各个节点,以满足各个节点的需求。在整个调度过程中,各个关键节点均具有一定的动态性,动态车辆路径优化目标是根据各个静态节点以及动态节点对车辆路径进行动态更新,以满足所有节点的需求。因此,本书研究的问题可抽象为车辆在由节点所组成的网络中的遍历问题。

我国产品运输的物流网络存在着分层次(表现为纵向的第一阶段配送网络、第二阶段配送网络等)、跨区域(表现为横向同一省内不同区域、同一地区内不同社区等)的特征。按照网络层级结构,可划分为VRPTW优化和2E-VRPTW优化。而按照物流产品的配送环节,又可划分为前端、中端、末端物流环节,前端及中端的物流运输过程可看成是车辆依次访问节点并装货的的过程,而在末端的物流运输过程可看成是车辆依次访问节点并卸货的过程。因此,本书从系统性的角度出发,面向产品全过程中的各个应用场景,依次提出基于改进并行模拟退火算法的VRPTW、响应消费者动态需求的DVRPTW、考虑区域熟悉度及负载均衡的2E-DVRPTW及考虑区域熟悉度及共同配送的2E-DSVRPTW四个关键技术,其中,四个关键技术的相关关系及其所对应的应用场景如图2-6所示。

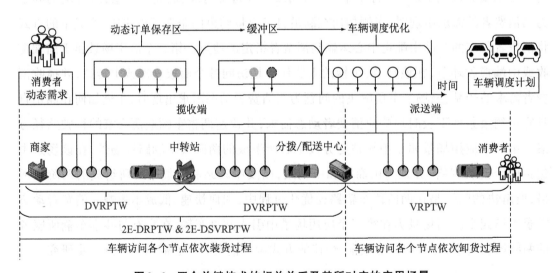

图2-6　四个关键技术的相关关系及其所对应的应用场景

在图2-6中,面向四个应用场景所研究的四个关键问题的关系为:考虑消费者需求固定的 VRPTW 是研究基础,属于物流末端派送环节中的一阶段路径优化问题,在该部分所要解决的问题是在满足消费者时间窗及派送需求的要求下,如何使得车辆派送成本实现最小化。VRPTW 的研究可看成单个时间切片内的静态车辆路径优化问题,是基于时间切片及贝叶斯条件实现车辆路径动态响应消费者动态需求的基础。响应消费者动态需求的 DVRPTW 是本书研究的核心内容,属于物流前端揽收环节中的一阶段车辆路径优化问题。在该阶段,当消费者发出订单需求时,商家需根据消费者的需求安排发货,而物流企业需派遣车辆依次访问商家,将消费者所需的产品揽收至中转站,在车辆执行揽收任务过程中,会有新的消费者发出新的动态需求,调度中心需对车辆路径方案进行动态更新,故 DVRPTW 的研究能够为执行任务的车辆响应消费者动态需求提供科学决策依据;考虑熟悉度与负载均衡的 2E-DVRPTW,以及考虑熟悉度与共同配送的 2E-DSVRPTW 是响应消费者动态需求的进一步拓展研究,属于物流前端、中端环节中的两阶段路径优化问题。而 VRPTW、DVRPTW、2E-DVRPTW、2E-DSVRPTW 四个部分的研究对应于产品从发货到收货的全过程,对这四个相互关联而又层次递进的问题进行研究旨在为我国零部件、半成品、产成品等物流运输环节提供科学理论指导与决策方法支持。本书中所提出的面向物联网消费者需求的末端物流配送路径优化问题的研究框架如图 2-7 所示。

图 2-7 展示了面向物联网消费者需求的末端物流配送路径优化问题研究框架,包括所解决的关键问题、研究目的、研究内容及研究方法。除了图 2-7 展示的研究方法之外,为解决本书所提关键问题,达到本书的研究目的,文献分析法、实验法、统计分析法、定量分析法等多种方法亦被应用于本书的各个章节中。

①文献研究法。文献研究法指的是利用检索工具对现有文献成果进行检索,并分析现有文献成果的内容、特点、规律、不足等,以达到对研究对象的科学和客观认识[127]。本书使用文献分析法对面向消费者动态需求的车辆路径建模及求解方法进行了系统性的研究,包括对静态车辆路径问题、随机车辆路径问题、动态车辆路径问题、K-means 聚类法等均进行了深入、系统性的研究,同时结合定量与定性研究法,在总结现有文献研究不足的基础上,结合研究背景,借鉴现有文献先进研究成果,提出了本书所要研究的关键科学问题。

②实验法。实验法是指通过控制变量、样本统计分析等方法来探索研究对象所固有的内在规律,或者研究对象之间的关联性,以达到一定的认识[128]。本书在研究 VRPTW 问题的时候,使用控制变量的方式,设置了不同的实验组与对照组,采用双样本检验法、回归分析法,深入探讨了求解 VRPTW 的各类方法,分析了各类参数对优化结果的敏感性,给出了一些具有指导意义的结论。在研究动态车辆路径优化问题时,运用统计方法分析了动态度变化与优化结果之间的相关性关系,采用双样本假设检验的方法,研究了优化结果对动态度这一因素的敏感性。

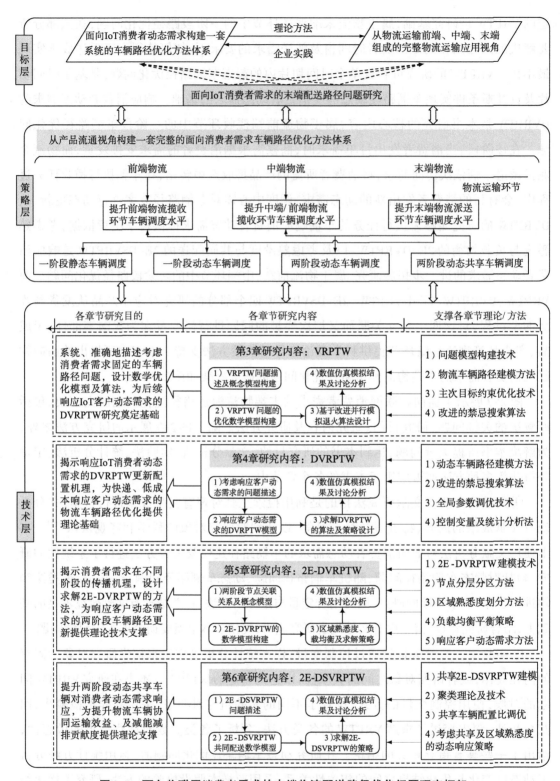

图2-7 面向物联网消费者需求的末端物流配送路径优化问题研究框架

③统计分析法。统计分析法是指通过对研究对象的范围、程度、规模等数量关系进行统计分析,揭示各类统计数据之间的相关关系、变化规律,以达到对研究对象的正确认知[129]。在研究过程中,统计分析法被本书大量地采用,如对国内外文献研究成果的统计分析,在算法参数调优、不同算法之间的性能差异性、敏感性分析过程中对优化结果进行的统计分析等。

④定量分析法。定量分析法是指应用数学、统计学、概率论等知识对研究对象的数量特征、数量关系及数量变化规律进行深入系统分析的方法[130]。在研究过程中,定量分析法被本书大量地使用,例如对算法参数对优化结果影响分析过程中,采用数值回归方法定量表述了参数对优化结果的影响关系,以及动态度变化对车辆距离及使用数量成本的影响。

此外,除上述研究方法被应用于本书的研究之外,多种科研工具也被本书所采用,包括:2020年6月面向 Java 开发人员出版的由 IBM 公司推出的 Eclipse Java 开发者集成开发环境(IDE)、Sun 公司提供的 Java JDK(Java 开发工具包)-8u251版、Sun 公司提供的 Netbeans 集成开发环境(IDE)7.4 版(一个流行的开源 Java IDE)、Math Works 公司提供的 Matlab R2014b 版(一种用于数值计算的编程环境和交互式环境)、IBM 公司提供的 IBM SPSS Statistics v26(一款统计软件包)、OriginLab 公司提供的 2018 年 64 位软件(一款广泛使用的科学绘图和数据分析软件)、微软公司提供的 Microsoft Office(包括 Excel、Project、Visco)2016 版。

2.5　面向物联网消费者需求的车辆路径问题关键技术路线

由前文研究框架及对四个关键问题的分析可知,在面向物联网消费者需求的末端物流配送路径优化问题研究过程中,需解决的第一个问题即考虑消费者需求固定的 VRPTW 问题。而当消费者动态需求出现之后,车辆需及时响应消费者动态需求并对行驶路径作出动态更新,即需研究响应消费者动态需求的 DVRPTW 问题。此外,消费者动态需求不仅会影响第一阶段配送网络,还会波及第二阶段配送网络,为此,需研究面向消费者动态需求的 2E-DVRPTW 问题。另外,2E-DVRPTW 问题中常会涉及共同配送模式,那共享车辆的参与会对 2E-DVRPTW 有何影响? 为此,需研究面向消费者动态需求的 2E-DSVRPTW 问题。

综上所述,本节依次提出了基于改进并行模拟退火算法的 VRPTW、响应消费者动态需求的 DVRPTW、考虑区域熟悉度及负载均衡的 2E-DVRPTW、考虑区域熟悉度及共同配送的 2E-DSVRPTW 问题的关键技术。

2.5.1　基于改进并行模拟退火算法的 VRPTW 关键技术路线

基于前文分析,在物流末端的产品派送过程中,提升 VRPTW 方案的生成质量和时间是本书的研究基础,对于研究基于连续时间切片的 DVRPTW 计划生成以响应消费者动态需求具有重要的意义。然而,在产品的派送过程中,消费者数量众多,不同消费者之间所组成的路网结构复杂,各个消费者对产品派送具有一定的时间要求,这使得在复杂路网中快速、准确地生成 VRPTW 方案变得异常困难。

SA 算法作为求解 VRPTW 问题的常见方法之一,最早由梅特罗波利斯(Metropolis)于 1953 年提出[131],柯克帕特里克(Kirkpatrick)于 1983 年将 SA 成功应用于组合优化领域[132]。 SA 算法源于统计物理学,是对固体退火过程的模拟。退火过程分为三个阶段:加温阶段, 将固体物质加热至熔化,随着温度的升高,固体内部粒子运动增加,粒子由固体有序状态变为液体无序状态,固体的内能增大;平衡阶段,遵循热力学定律,退火过程中的系统在每一温度下都要达到平衡状态;冷却阶段,随着温度降低,粒子运动减弱并逐渐趋于有序,最终达到固体基态,内能减为最小[133,134]。在退火过程中,系统状态的分布满足一定的概率分布,即在温度 T 下,系统达到平衡态后,粒子停留在状态 r 满足玻尔兹曼 (Boltzmann)概率分布,如公式(2-1)所示。

$$P_r\{\overline{E} = E(r)\} = \frac{1}{Z(T)} \exp\left(-\frac{E(r)}{k_B T}\right) \tag{2-1}$$

上式中,$E(r)$ 为状态 r 时刻的能量,$k_B > 0$ 表示玻尔兹曼常数,$\overline{E}$ 为粒子能量的一个随机变量,T 为温度,$\exp(-E(r)/k_B T)$ 为玻尔兹曼因子,$Z(T)$ 为概率分布的标准化因子,D 为状态空间的集合。其中,概率分布的标准化因子如公式(2-2)所示。

$$Z(T) = \sum_{s \subset D} \exp\left(-\frac{E(s)}{k_B T}\right) \tag{2-2}$$

在温度 T 下,假设粒子初始状态 i 为当前状态,该状态所对应的能量为 E_i,然后对其进行随机扰动,得到一个新的状态 j,新状态所对应的能量为 E_j。若 $E_j < E_i$,则接受新的状态 j 为当前状态;若 $E_j > E_i$,则根据概率 p 来判定是否将状态 j 进化为当前状态。其中,状态概率函数如公式(2-3)所示。

$$p = \exp\left(\frac{E_i - E_j}{k_B T}\right) \tag{2-3}$$

若概率 p 的值大于 $[0,1)$ 区间内的随机数,则状态 j 进化为当前状态,否则仍以状态 i 作为当前状态。不断地重复上述步骤进行大量的迭代之后,系统整体趋于能量较低的状态, 而以概率的方式接受状态的准则称为 Metropolis 准则,以上状态产生过程的 Metropolis 准则的定义如公式(2-4)所示。

$$p = \begin{cases} 1, & E_j < E_i \\ \exp\left(\dfrac{E_i - E_j}{k_B T}\right) & E_j > E_i \end{cases} \quad (2\text{-}4)$$

　　作为提升大型复杂问题求解速度的架构,并行计算在提升求解VRPTW解的速度和质量方面体现出了明显的优势[135],为快速、高质量地解决产品配送过程中的VRPTW问题提供了全新的思路。基于此,本书将并行计算与SA算法进行融合,并对PSA算法进行改进,提出了I-PSA算法,用于快速、高质量地求解任意时间切片之内的VRPTW问题。求解VRPTW问题的关键技术如图2-8所示。

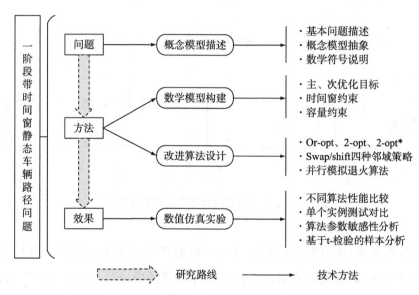

图2-8　基于I-PSA算法的VRPTW问题的关键技术路线图

　　在求解VPRTW时,采用了以问题为导向的原则。首先,分析了VRPTW问题所涉及的关键因素,给出了VRPTW问题的概念模型,基于概念模型构建了以车辆使用数量成本作为主要优化目标、车辆行驶距离成本作为次要优化目标的数学优化模型;其次,在PSA算法框架下融合了Or-opt、2-opt、2-opt*、Swap/shift四种邻域搜索策略,对求解VRPTW问题的PSA算法进行了改进;最后,采用Solomon给出的公开测试数据,对所构建的模型及设计的算法进行了数值仿真分析,采用控制变量法及双样本假设检验法,对不同算法之间性能差异性进行了分析,实现了对VRPTW问题的高质量求解。

2.5.2　响应消费者动态需求的DVRPTW关键技术路线

　　在车辆调度过程中,消费者的动态需求信息首先通过网络传输至商家,再由商家将变更的信息传输给物流企业的车辆调度中心,车辆调度中心根据车辆的状态作出是否响应消费者动态需求的判断。由于消费者动态信息的变更使得原有 VRPTW 的实用性能下降，车辆在执行任务过程具有动态性，这进一步增加了动态车辆对消费者动态需求及时响应的难度，使得求解动态车辆问题的难度增加。然而，提升车辆对消费者动态需求的响应能力对于提升企业市场竞争力、提高消费者满意评价具有重要的意义[136-138]。因此，研究 DVRPTW 问题对于面向 IoT 应用场景的车辆调度具有重要的支撑意义。其中，基于单辆车的动态路径优化过程如图 2-9 所示。

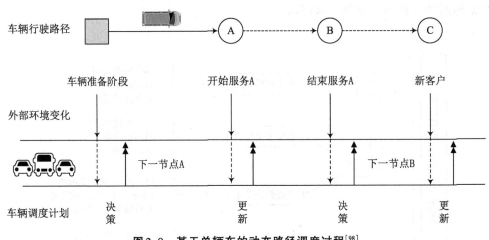

图 2-9　基于单辆车的动态路径调度过程[98]

现有文献在求解 DVRPTW 问题时，多将已经服务过的消费者抽象为虚拟消费者，采用局部修复的策略，对遭受消费者动态需求破坏的路径段进行局部修复[139-141]，无法充分考虑局部消费者动态需求破坏对整个网络的影响，导致难以对 DVRPTW 网络进行全局优化。针对这一问题，本书提出了基于上一时间切片内的部分车辆路径生效的前提下，对下一时间切片内考虑消费者动态需求的动态车辆路径优化法方法。求解 DVRPTW 的关键技术如图 2-10 所示。

首先，在分析消费者动态需求对 DVRPTW 网络的影响关系的基础上，构建 DVRPTW 问题的概念模型，基于贝叶斯条件思想构建适用于 DVRPTW 问题的条件优化数学模型；其次，基于上一时间切片内部分路径生效的前提下，对下一时间切片内未生效路径进行动态优化的策略，设计用于求解 DVRPTW 问题的 TS 算法；然后，采用控制变量法对算法参数进行调优，采用文献对比的方法对求解单个时间切片内车辆路径优化的算法进行性能测试；最后，基于算例与案例研究相结合的方式，对响应消费者动态需求的 DVRPTW 和不响应消费者动态需求的 VRPTW 进行对比分析，对动态度对车辆距离及使用数量成本的敏感性进行分析，实现对面向 IoT 场景车辆路径的动态优化。

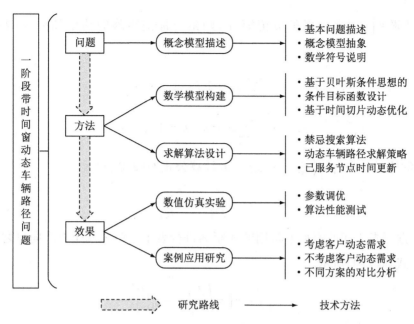

图2-10　响应消费者动态需求的DVRPTW问题的关键技术路线图

2.5.3　考虑熟悉度与负载均衡的2E-DVRPTW关键技术路线

区别于DVRPTW问题,在2E-DVRPW问题中,存在由郊区分拨中心与中转站组成的车辆路径网络,以及由中转站与消费者组成的路径网络,受到交通道路及政策的限制,在不同的网络中只能使用不同规格的车辆执行任务。此外,不同的消费者具有不同的动态需求,而不同的工作人员对地域的熟悉程度不同,这进一步增加了求解2E-DVRPTW问题的复杂度;不同中转站间处理能力是否均衡直接影响着车辆的使用数量成本,当各个中转站处理任务不均衡时可能会导致车辆使用数量成本的增加,因此,如何考虑区域熟悉度及负载均衡,以尽可能地降低2E-DVRPTW的成本是响应消费者动态需求的关键问题。

尽可能地将相近区域内的消费者分配给同一工作人员是提升区域熟悉度的关键所在,亦是提高任务执行效率的有效举措。因此,本书提出了基于聚类分析的区域划分策略,将随机分布在空间内的消费者划分为若干个区域,并指定工作人员以区域为单位执行任务。其中,聚类分析的核心是将一个包括n个数据元素$\{x_i, i = 1,2,\cdots,n\}$的整体划分为$K$个不同的类别[142,143],每个数据元素可以用D维向量进行表示:$\boldsymbol{x}_i = \left(x_{i1},x_{i2},\cdots,x_{iD}\right)^{\mathrm{T}}$。其中,对于参数$i = 1,2,\cdots,n$和$k = 1,2,\cdots,K$的基本定义如公式(2-5)所示。

$$w_{ik} = \begin{cases} 1, & \text{如果第}i\text{个元素属于第}k\text{类} \\ 0, & \text{如果第}i\text{个元素不属于第}k\text{类} \end{cases} \quad (2-5)$$

在进行聚类时,要求每个数据元素恰好属于一个类,并且每个类别中至少包含一个数据元素。用 $W = [w_{ik}]$ 表示聚类标记矩阵，则聚类标记矩阵的约束如公式（2-6）~公式（2-7）。

$$\sum_{k=1}^{K} w_{ik} = 1, i = 1, 2, \cdots, n \qquad (2-6)$$

$$1 \leqslant \sum_{i=1}^{n} w_{ik} < n, \ k = 1, 2, \cdots, K \qquad (2-7)$$

第 k 类的聚类中心 $c_k = (c_{k1}, c_{k2}, \cdots, c_{kD})^T$ 的计算公式如（2-8）所示。

$$c_k = \sum_{i=1}^{n} w_{ik} X_i / \sum_{i=1}^{n} w_{ik} \qquad (2-8)$$

不同数据元素之间的距离通常用欧式距离进行表示，其中，两个 D 维向量之间的欧式距离计算公式如（2-9）所示。

$$\| y - z \| = \left(\sum_{i=1}^{D} \left| y_i - z_i \right|^2 \right)^{1/2} \qquad (2-9)$$

聚类分析的评价指标包括分离指数（S）[144]、均方误差（MSE）[142]和 Xie-Beniindex（XB）[145]。其中，采用分离指数的评价函数定义如公式（2-10）所示。

$$S = \frac{1}{\sum_{k,j=1; k \neq j}^{K} |C_k| |C_j|} \sum_{k,j=1; k \neq j}^{K} |C_k| |C_j| \| c_k - c_j \| \qquad (2-10)$$

在采用分离指数对聚类结果进行评价时，S 值越大表示聚类的效果越好。而采用均方误差的平均函数定义如公式（2-11）所示。

$$\text{MSE} = \frac{1}{n} \sum_{k=1}^{K} \sum_{i=1}^{n} w_{ik} \| x_i - c_k \|^2 \qquad (2-11)$$

采用均方误差评价指标对聚类效果进行评价时，MSE 值越小聚类效果越好。XB 评价法是在 MSE 上的进一步拓展，其中 XB 评价函数如公式（2-12）所示。

$$\text{XB} = \frac{\text{MSE}}{d_{\min}} \qquad (2-12)$$

其中，$d_{\min}$ 表示类中心之间的最短距离，其值越大表明聚类效果越好，而 MSE 值越小聚类效果越好，因此，XB 的值越小聚类效果越好。

本书在设置初始化聚类数量时，将其值设置为与中转站数量一致的值，以确保聚类所得到的数量与中转站数量保持一致，然而，由于聚类所得到的聚类中心与中转站存在不吻合的问题，因此，本书提出了聚类中心与中转站匹配的策略。此外，由于聚类之后，各个中转站所处理的任务量不同，可能导致各个中转站之间车辆整体装载率不高的问题，为此，本书提出了以车辆总体装载率最大化为目标的中转站间负载能力均衡策略。基于此，本书提出了如图 2-11 所示的考虑区域熟悉度及负载均衡的 2E-DVRPTW 问题的关键技术路线,其核心思想是在两阶段带时间窗的动态车辆路径优化中植入了K-means聚类及中转站负载均衡策略,旨在满足消费者动态需求的前提下,实现任务执行效率与成本的双重优化。

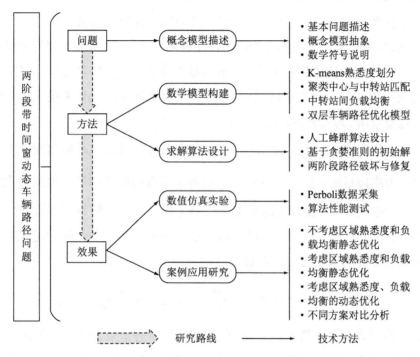

图2-11　考虑区域熟悉度与负载均衡的2E-DVRPTW问题关键技术路线

其技术路线为:首先,在DVRPTW问题研究成果的基础上,增加中转站节点,构建2E-DVRPTW问题模型,设计用于求解2E-DVRPTW问题的数学模型;其次,采用K-means聚类方法对消费者按照区域进行划分,实现工作人员对区域熟悉度的最佳匹配,采用负载均衡策略,以所有中转站整体车辆使用数量成本最小化为目标,对各个中转站所服务的消费者进行均衡;再次,设计用于求解2E-DVRPTW的算法,并以佩尔波利(Perboli)所公布的测试数据对所设计的数学模型及算法进行了性能测试。最后,采用控制变量法,对不考虑区域熟悉度、考虑区域熟悉度、考虑熟悉度和负载均衡,以及同时考虑区域熟悉度、负载均衡和消费者动态需求四种情景进行分析,以实现对面向IoT应用场景消费者动态需求的2E-DVRPTW提供支撑。

2.5.4　考虑熟悉度与共同配送的2E-DSVRPTW关键技术路线

在两阶段共同配送过程中,中转站数量、位置及消费者的需求均存在着不确定性,对于2E-DSVRPTW存在着较大的影响,为实现一二阶段网络中车辆的整体利用率最大化,首先需要根据消费者确定最佳的中转站,再对分拨中心与中转站所组成的网络及中转站与消费者所组成的网络进行优化。消费者的动态需求特性以及中转站的不确定性进一步增加了对 2E-DSVRPTW 问题的复杂性,而动态共同配送是实现不同企业间合作共赢的关键。因此,如何 2E-DSVRPTW 进行优化是面向 IoT 应用场景中车辆调度的关键问题之一。

在共享车辆参与的共同配送模式中,中转站的数量及位置对共同配送成本具有较大的影响。因此,在带有共享车辆参与的两阶段车辆路径网络中,首先需确定最佳的中转站数量及位置。在确定最佳中转站策略时,本书基于将 K-means 聚类融合到以所有节点到中转站距离最小化为目标的优化模型中,通过设定聚类数量的变化来确定最佳的中转站数量及位置选址策略,其关键技术路线为:

首先,根据欧式距离,将由 n 个节点组成的集合 $\{x_i, i = 1, 2, \cdots, n\}$ 随机聚类为 K 个不同的类别。采用 D 维向量 $\boldsymbol{x}_i = (x_{i1}, x_{i2}, \cdots, x_{iD})^\mathrm{T}$ 表示每个节点的信息;其次,根据聚类结果确定中转站位置,将同一簇内节点对应的聚类中心确定为对应的中转站;然后,确定中转站所在位置,以所有节点距离对应的中转站之间的欧式距离之和最小化作为优化目标。在确定中转站所在位置时的优化目标函数如公式(2-13)所示。

$$\text{Objective function} = \min \sum \left\| c_k - w_{ik} \right\| = \min \left(\sum_{i=1}^{D} \left| c_k - w_{ik} \right|^2 \right)^{1/2} \tag{2-13}$$

采用聚类的方式确定中转站位置时,既能够满足所有节点与中转站距离之和的最小化,又能够满足在同一片区内的节点被划分为一类,进而实现人员对区域熟悉度的最大化。然而,基于这一策略所得到的中转站并不能够满足两阶段网络所有节点到中转站距离最小化的目的,为此,在求解 2E-DSVRPTW 问题中,所采用的最佳中转站选择策略关键技术如公式(2-14)所示。

$$\min \left\{ \sum \left\| c_k - v_{1-i} \right\| + \sum \left\| c_k - v_{2-i} \right\| \right\}, 1 \leqslant k \leqslant v_{1-i} \tag{2-14}$$

上式中,目标函数为两阶段网络中所有节点与聚类中心的距离之和,变量为聚类中心个数设置,取值范围不超过第一阶段网络中节点数量。在此优化结果的基础上进一步参与 2E-DVRPTW 求解思路对 2E-DSVRPTW 问题进行求解。求解 2E-DSVRPTW 问题的关键技术路线如图 2-12 所示。

首先,在 2E-DVRPTW 问题研究成果的基础上,将中转站数量以及位置设定为可变量,构建有共享车辆参与共同配送的 2E-DSVRPTW 概念模型,并设计用于求解 2E-DSVRPTW 问题的数学模型;其次,根据消费者分布及动态需求,以分拨中心到中转站的距离以及消费者到中转的距离之和作为优化目标,采用 K-means 聚类方法确定最佳数量的中转站及位置;然后,分别对由分拨中心与中转站所组成的网络,以及中转站与消费者所组成的网络进行两阶段优化;最后,采用案例研究的方法,对不同情境下的2E-DSVRPTW问题进行讨论分析,为实现对面向IoT应用场景的2E-DSVRPTW优化提供方法与技术支撑。

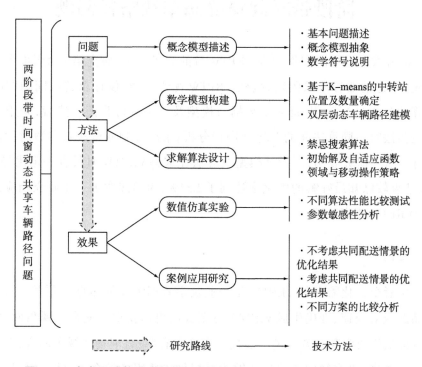

图2-12　考虑区域熟悉度与共同配送的2E-DSVRPTW问题关键技术路线

2.6　本章小结

随着技术经济的进步,以及物流交通基础设施的不断完善,消费者对物流配送服务质量及配送时效提出了更高的要求,而面向物联网消费者需求的末端物流配送路径优化方法是支撑制定科学配送方法的关键,对于降低车辆在配送过程中的行驶距离、缩短配送时间具有极为重要的意义。为此,本章对面向物联网消费者需求的末端物流配送问题进行了总体研究,包括分析了面向IoT场景中车辆路径问题的主体与流程、消费者动态需求的类型及主要应用场景、满足消费者动态需求的车辆路径问题基本内涵。在此基础上,对第一章所提出的关键问题进行进一步的深入分析,设计了面向物联网消费者需求的末端物流配送路径优化问题总体研究框架,并提出了基于I-PSA算法的VRPTW、响应消费者动态需求的DVRPTW、考虑区域熟悉度及负载均衡的2E-DVRPTW、考虑熟悉度与共同配送的2E-DSVRPTW四个关键问题的关键技术。

第3章 基于改进并行模拟退火算法的一阶段带时间窗静态车辆路径问题

本章从提升求解动态时间切片内VRPTW解的质量视角,研究第2章所提第一个关键问题。首先,考虑消费者需求固定,构建VRPTW优化模型,设计求解该问题的改进并行模拟退火算法(I-PSA),采用Solomon数据对模型及算法进行验证。然后,采用文献对比法及假设检验法对不同算法间的差异性进行分析;采用控制变量法对参数对优化结果的敏感性进行分析。研究表明,所设计模型及算法在求解VRPTW时具有一定优势,以R101为例,所求结果较已知最好解的优化率达到了1.31%,为第四章进一步研究响应消费者动态需求的DVRPTW奠定基础。

3.1 引言

满足消费者个性化需求的VRPTW是企业及学者们关注的热点问题[146],面向消费者需求的产品配送对快速、准确生成VRPTW方案提出更高要求。就企业视角而言,期望通过为消费者提供优质服务的方式进一步提升市场占有率;就消费者视角而言,对产品送达时效期望越来越高,更多倾向于选择能够为其提供优质服务的企业;就应用层面而言,各大商家及企业为消费者提供了准时配送服务,可供消费者自主选择期望配送区间。在IoT场景下,海量消费者订单数据能够通过各类智能设备快速传输至调度中心,当调度中心不能够按照消费者需求为其提供相应服务时,极易造成消费者给出差评的后果,进而引发不良连锁反应。

由第1章国内外研究现状分析可知,随着消费者数量规模的不断增加,求解VRPTW的难度、复杂度及耗时成本亦随之增加。而在IoT应用场景下,数据信息传输速度更加快捷,高质量的VRPTW优化方案能否被快速求解出已成为制约有效信息传输效率的关键所在。因此,从提升VRPTW求解速度和解的质量视角,对车辆路径问题建模进行研究,成为确保IoT场景中车辆调度技术突破的关键所在。

VRPTW中的时间窗可分为"软时间窗"(Soft Time Window, STW)与"硬时间窗"(Hard Time Window, HTW)[147-149]。在STW中,学者常假设惩罚值与送达时间和消费者指定时间窗的偏离程度有关[150],通过引入违反时间窗惩罚函数的方式对带有STW的VRP进行求解[151],所求得车辆的行驶路线通常不是最短路径。此外,在STW中,车辆路径方案受惩罚因子影响较大,惩罚因子又易受到不同学者主观偏好差异的影响。因此,在不同惩罚因子设定下,优化结果间通常没有可比性。相反,在HTW中,车辆只能在指定的时间窗内访问消费者,规避了主观因素,所得优化方案通常为较短路径,不同结果间具有可比较性。为此,为具有客观可比性,本章在HTW研究范畴内,提出基于I-PSA算法的VRPTW优化求解方法。

本章研究内容的具体应用场景为在网络购物下的物流末端派送场景,即车辆从配送中心出发依次为消费者派送产品的过程,在派送过程中不同的消费者具有不同的需求量及时间窗要求。研究思路为:在借鉴现有文献研究成果基础上,从提升VRPTW求解质量及效率视角,研究单个时间切片内VRPTW的建模及优化求解问题。在建模方面,构建以车辆使用数量成本及车辆行驶距离成本为主、次优化目标的数学模型;在算法方面,在串行SA算法的基础上,引入并行思想,设计融合混合随机邻域操作的I-PSA算法;在算法性能测试及实验对比中,设置4组不同的实验,采用文献对比法、控制变量法及双样本假设检验法,从不同的角度分析讨论所设计算法的性能,以及与其他算法间的差异性和优越性,并给出相应的分析结论。

3.2　问题描述及优化模型

3.2.1　问题描述

由第2章描述的第一个应用场景可知,在物流配送末端,物流企业需派遣车辆将消费者所需的产品从配送中心运输到消费者所指定的位置,以完成对产品的最终配送。然而,由于不同的消费者具有不同的需求量,同时对配送时间窗具有一定的要求,因此,车辆只能在指定的时间窗内访问消费者。车辆装满产品从配送中心出发为消费者派送产品的过程即为VRPTW过程,在配送过程中所要解决的现实问题为:如何在满足消费者的需求下,尽可能地降低车辆的路径和使用成本。其中,本章所解决的VRPTW问题概念模型示意图如图3-1所示。

VRPTW问题的数学描述为:车辆在无向网络图 $G = (\text{Node,Edge})$ 中从起点(配送中心)出发,在满足消费者时间窗及车辆装载容量等约束条件下,遍历所有消费者后返回起点的路径选择问题。不同消费者间具有差异化的时间窗约束要求 $[a_{[i]}, b_{[i]}]$,车辆只能在消费者要求的最早开始服务时间 $a_{[i]}$ 与最晚要求的开始服务时间 $b_{[i]}$ 之间访问消费者。车辆在消费者 i 处为其提供服务需耗费一定的时间 $s_{[i]}$,且不同的消费者具有不同的需求量 $d_{[i]}$ 。当车辆访问各个消费者后累计派送到的物资量超过车辆额定装载量时,车辆需要放弃访问最后一个消费者。VRPTW中所要解决的问题是在满足各类约束条件下,如何从众多的可行路径中,挑选出使得车辆行驶距离成本等目标实现最小化的最佳方案,以满足对消费者的配送需求。

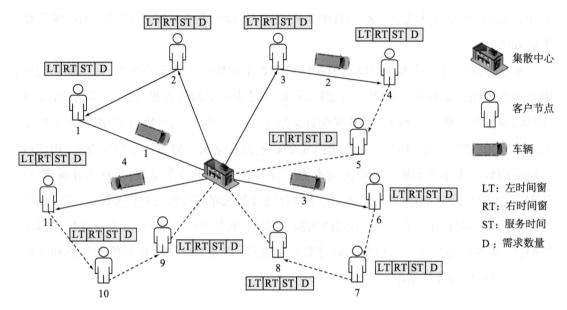

图3-1 所解决的VRPTW问题概念模型示意图

在VRPTW中,每个消费者均有一定的时间窗、服务时长以及需求要求,车辆在访问消费者的过程中,需要同时满足消费者的时间窗约束和车辆的额定装载量约束。而车辆使用数量成本和行驶距离成本是企业所关注的两个重要指标,同时也是学者们常使用到的目标函数。因此,本书所要求解的问题是在满足各项约束条件下,寻找到使得车辆使用数量成本和行驶距离成本最小化的VRPTW方案。本章使用到的符号及含义如表3-1所示。

表3-1 本章使用到的符号及含义说明

符号	含义
$i,j \in \{1,2,\cdots,n\}$	消费者编号
$0, n+1$	配送中心编号
$d_{[i][j]}$	从消费者i到消费者j的距离
$x_{[i][j][k]}$	车辆k是否从消费者i经过j的$(0,1)$决策变量
$w_{[i][k]}$	车辆k访问或达到消费者i处的时间
$s_{[i]}$	消费者i所需要的服务时间
$s_{[0]} = s_{[n+1]}$	配送中心所需的服务时间为0
$t_{[i][j][k]}$	车辆k从消费者i行驶到消费者j所需要的时间

续表

符号	含义
M	调控车辆到达先后顺序的一个无穷大数值
$\left[a_{[i]}, b_i\right]$	消费者 i 对应的左右时间窗约束值
$[E, L]$	配送中心 $0, n+1$ 对应的左右时间窗约束值
$d_{[i]}$	消费者 i 对应的需求量
$d_{[0]} = d_{[n+1]} = 0$	配送中心的需求量为0
C	车辆的额定装载量
$G = (\text{Node}, \text{Edge})$	无向网络图
$\text{Node} = \left\{n_i \mid i = 0,1,2,\cdots,n,n+1\right\}$	无向网络图中起点和所有消费者的集合
$\text{Edge} = \left\{(i,j) \mid i \neq j, i,j \in N\right\}$	无向网络图中所有的边集合

3.2.2 优化模型

所构建的VRPTW数学优化模型如公式(3-1)~公式(3-7)所示,包括以车辆使用数量成本和行驶距离成本作为主、次优化目标的数学函数,以及车辆行驶路径约束、服务消费者先后顺序约束、消除子回路约束、时间窗约束和车辆容量约束等公式。

①目标函数。

VRPTW属于N-hard组合优化难题,本书借鉴菲廖齐(Figliozzi)、穆东等[25,152]所设计的VRPTW数学优化模型,构建以车辆使用数量成本最小化为主要优化目标函数、以车辆行驶距离成本最小化为次要优化目标函数的VRPTW优化模型。其中,在所构建的数学优化模型中,主要优化目标函数,以及次要优化目标函数如公式(3-1)~公式(3-2)所示。

$$\text{Primary objective} = \min \sum\sum\sum x_{[i][j][k]} \tag{3-1}$$

$$\text{Secondary objective} = \min \sum\sum\sum d_{[i][j]} \cdot x_{[i][j][k]} \tag{3-2}$$

在主、次目标优化模型的求解过程中,首先以主目标函数作为适应度函数值来评价进化所得可行解,当主目标未得到进一步改进时,再以次目标函数作为适应度函数来评价当前连续进化得到的若干可行解,若主目标值劣化,则再优先以主目标作为适应度函数进行迭代,直至达到终止条件时输出所得最好解。其中,上式中,$d_{[i][j]}$ 表示从任意消费者 i 到任意消费者 j 之间的欧式距离,具体计算公式如公式(3-3)所示。

$$d_{[i][j]} = \text{sqrt}\left(\left(i_x - j_x\right)^2 + \left(i_y - j_y\right)^2\right) \tag{3-3}$$

$x_{[i][j][k]}$ 表示是否存在车辆从消费者 i 经过并通往消费者 j,属于 $\{0,1\}$ 决策变量。其中,该决策变量的取值范围约束及含义如公式(3-4)所示。

$$x_{[i][j][k]} = \begin{cases} 1, & \text{如果}i\text{到}j\text{有连接} \\ 0, & \text{如果}i\text{到}j\text{没有连接} \end{cases} \tag{3-4}$$

②约束条件。

从车辆执行任务过程中的实际情况出发,提炼出车辆行驶路径约束、服务顺序约束、避免子回路约束、时间窗约束以及车辆容量约束五类约束条件,各类约束条件的详细计算公式如(3-5)~公式(3-17)所示。

a. 车辆行驶路径约束

$$\sum_{k \in K}\sum_{j \in \Delta^*(i)} x_{[i][j][k]} = 1 \quad \forall i \in N \tag{3-5}$$

$$\sum_{j \in \Delta^*(0)} x_{[0][j][k]} = 1 \quad \forall k \in N \tag{3-6}$$

$$\sum_{j \in \Delta^*(j)} x_{[0][j][k]} - \sum_{i \in \Delta^*(j)} x_{[x][j][k]} = 0 \quad \forall k \in K, \forall j \in J \tag{3-7}$$

$$\sum_{j \in \Delta(n+1)} x_{[i][n+1][k]} = 1 \quad \forall k \in K \tag{3-8}$$

$$w_{[i][k]} \geq 0 \tag{3-9}$$

$$x_{[i][j][k]} \in \{0,1\} \tag{3-10}$$

其中,公式(3-5)表示每个消费者只允许被唯一的车辆提供一次派遣服务约束;公式(3-6)表示所有车辆必须遵循从配送中心出发的约束;公式(3-7)表示所有车辆服务完一个消费者之后均必须从该消费者所在地离开的约束;公式(3-8)表示所有车辆为其所服务的消费者提供服务之后,必须返回至用$n+1$表示的原有配送中心约束;公式(3-9)~公式(3-10)表示控制及决策变量的取值范围约束。

b. 车辆服务顺序约束

车辆服务顺序约束主要用于消费者在可行解空间内的排序,以实现根据排序结果确定车辆到达消费者时间的目的。具体为:不论是否有车辆通过任意两个消费者所形成的弧,弧的两个端点均须满足先后被服务的约束关系。其中,车辆先后经过任意消费者的约束原理示意如图3-2所示,车辆服务顺序约束数学描述如公式(3-11)所示。

$$w_{[i][k]} + s_{[i]} + t_{[i][j][k]} - w_{[i][k]} \leq \left(1 - x_{[i][j][k]}\right)M \tag{3-11}$$

在图3-2中,当$x_{[i][j][k]} = 1$时,表示存在车辆经过由消费者i与消费者j构成的路弧,此时,公式(3-11)可化简为图3-2中上半部所展示的公式,即表示车辆到达消费者i的时间与车辆为其提供服务所消耗的时间,以及车辆从消费者i到消费者j的行驶时间之和不能够超过车辆到达消费者j的时间;当$x_{[i][j][k]} = 0$时,表示没有车辆经过由消费者i与消费者j构成的路弧,此时,公式可化简为图3-2中下半部所展示的公式,即表示车辆到达消费者i

的时间与车辆为其提供服务所消耗的时间,以及车辆从消费者i到消费者j的行驶时间之和,不能够超过车辆到达消费者j的时间与一个无穷大数的和。

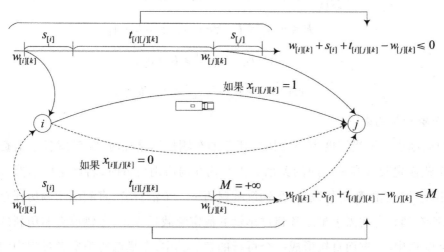

图3-2 车辆服务消费者先后顺序约束

c. 消除子回路约束

考虑到所解决问题所处的实际场景,即车辆在行驶过程中,只能形成由配送中心出发遍历各个消费者后返回配送中心时形成的完整回路,而不能够形成由配送中心出发遍历消费者后返回消费者所形成的子回路。因此,在求解VRPTW中,需要避免出现子回路的情况,为此,本书所设计的避免子回路约束如公式(3-12)所示。

$$w_{[i][k]} - w_{[j][k]} + nx_{[i][j][k]} - x_{[i][j][k]} \leq n - 2 \qquad (3-12)$$

上式中,i、j为除去配送中心的其他消费者,在该消除子回路的约束条件下,若$x_{[i][j][k]} = 1$,即表示从消费者i到消费者j间存在车辆通过,此时,公式(3-12)即可被简化为$w_{[j][k]} \geq w_{[i][k]} + 1$,表示遍历各个消费者的时间依次服从递增函数,而该递增函数是实现避免子回路形成的关键所在。例如,车辆在遍历消费者过程中形成子回路2—3—4—2,则会出现$w_{[2][k]} < w_{[3][k]} < w_{[4][k]} < w_{[2][k]}$,而这一连续不等式的递推关系显然不成立。因此,公式(3-12)能够保证在优化过程中车辆的行驶路径不形成子回路。

d. 时间窗约束

在随机生成路径时,路径上的消费者以及通过路径的车辆均需满足时间窗约束要求,该路径方可进阶为可行解。具体时间窗约束包括车辆访问消费者的时间需在消费者开放的时间窗内,如约束公式(3-13)所示;车辆访问任意消费者的时间均需满足配送中心的时间窗要求,如约束公式(3-14)所示;车辆离开配送中心的时间最早不得早于配送中心最早开放时间,如约束公式(3-15)所示;车辆返回配送中心的时间最晚不得晚于配送中心最晚的关闭时间,如约束公式(3-16)所示。

$$a_{[i]} \sum_{j \in \Delta^+(i)} x_{[i][j][k]} \leqslant w_{[i][k]} \leqslant b_{[i]} \sum_{j \in \Delta^+(i)} x_{[i][j][k]} \quad \forall i \in N, k \in K \tag{3-13}$$

$$E \leqslant w_{[i][k]} \leqslant L \quad \forall k \in K, i \in \{0, n+1\} \tag{3-14}$$

$$\min \left\{ b_{[i]} - t_{[0][i]} \right\} \geqslant E = a_{[0]} \tag{3-15}$$

$$\max \left\{ a_{[i]} + s_{[i]} + t_{[i][0]} \right\} \leqslant L = b_{[n+1]} \tag{3-16}$$

e. 车辆容量约束

该约束用于表示当调度中心为执行任务的车辆规划路径时,需考虑各个消费者的需求量与车辆额定装载容量之间的关系。当车辆在遍历消费者时,若已遍历消费者的累计需求量不超过车辆的额定装载量,车辆继续遍历下一个消费者,直到继续遍历任意的新消费者时,所有消费者的需求量之和超过车辆的额定装载量为止,车辆放弃遍历新的消费者直接返回配送中心,进而直接形成一个可行的解。其中,车辆遍历消费者过程中的容量约束如公式(3-17)所示。

$$\sum_{i \in N} d_{[i]} \sum_{j \in \Delta^+(i)} x_{[i][j][k]} \leqslant C \quad \forall k \in K \tag{3-17}$$

公式(3-17)中,不等式右端表示车辆的额定装载量,不等式左端表示可行路径中同一辆车所遍历所有消费者的需求量总和。

3.3 求解VRPTW问题的算法设计

3.3.1 基于时间窗精致度的初始方案生成规则

所罗门教授为求解VRPTW问题而提出了向前推进插入启发式算法(Pushforwardinsertionheuristic,PFIH),并建立了Solomon测试算例数据库[153]。PFIH初始解生成的核心思想为:首先,以插入成本作为评价指标,从未被分配的消费者中选择插入成本最小的消费者优先插入到当前路径并生成新的路径,判定新的路径序列是否满足装载及时间约束,若满足则继续插入直至超过车辆装载约束为止,进而生成一条饱和车辆路径序列,重复上述步骤直至所有消费者均被安排至路径序列而生成初始方案[154,155]。插入消费者的选择有基于距离和时间两种策略,所罗门在求解VRPTW问题时,给出了基于距离准则选择插入消费者的策略,即优先选择距离配送中心较远的消费者插入到对应的路径序列中;(Czech)则提出了基于时间准则选择插入消费者的策略,即以最早开始时间最少的消费者作为优先插入路径序列对象[156]。为兼顾距离策略与时间策略两者的优势,本书参考王超、穆东等[157,158]所提出的基于时间窗精致度策略来确定潜在待插入消费者,潜在待插入消费者排序函数如公式(3-18)。

$$R(c) = Arrays.Sort\left(A \times \left(LT_{s\_i} - ET_{s\_i}\right) - d_{s\_0i}\right) \tag{3-18}$$

Arrays.Sort为升序排序函数,A为时间窗跨度相对距离权重值,在该式的约束下,时间窗跨度短、距离配送中心远的消费者将被优先插入到路径序列中。

3.3.2 基于路径内外邻域搜索策略

基于路径内外邻域搜索策略指的是基于初始解产生新解的规则,按不同的变换规则可分为单一路径序列内部邻域搜索策略(包括Or-opt、2-opt两种策略),和两条路径间的邻域搜索策略(包括2-opt*、Swap/shift两种策略)。其中,Or-opt策略的基本规则为:随机选取可行路径序列上的一段序列对其进行整体移动,进而在原有解的基础上通过变换产生新的解[159]。2-opt搜索策略的规则为:随机地选择可行路径序列上的两个节点,将第一个节点前的路径序列不变,生成第一条新的可行路径序列,将两个节点之间的路径序列倒序之后加入第一条新的路径中,生成第二条新的路径序列,将第二个节点之后的路径不变增加到第二条新的路径序列中,进而生成第三条新的路径序列,最后以目标函数作为保留评价准则,选择四条路径中最优路径作为当前阶段的最优可行解[160]。2-opt*搜索策略的基本规则为:对两条路径上被某节点切断的滞后路径位置互换,产生两条新路径[161]。Swap/shift搜索策略的基本规则为:对两条路径的两个节点位置互换或单向插入,以产生两条新路径[162]。Or-opt、2-opt、2-opt*、Swap/shift四种策略示意图如图3-3所示。

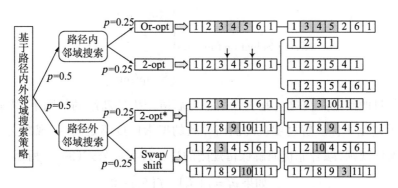

图3-3 基于路径内外邻域搜索的四种策略示意图

不同的邻域搜索策略具有不同的优缺点,为了使得尽可能地扩大可行解的搜索范围,在选择四种邻域搜索策略时采用随机选取规则,即在每次迭代过程中通过随机函数决定选择Or-opt、2-opt、2-opt*、Swap/shift四种策略中的一种策略。

3.3.3 并行模拟退火优化设计

为解决局部最优解的问题,柯克帕特里克等于1983年在1953年梅特罗波利斯所提 Metropolis 抽样准则的基础上融合了退火过程,提出了 SA 算法[132]。其原理依据为物体内部的分子和原子状态稳定程度与温度呈现负相关关系,即温度越高越不稳定,温度越低越稳定,而 SA 算法则是基于这一原理寻找物体状态相对稳定的局部最优解[163,164]。而 Metropolis 抽样准则是 SA 算法避免陷入局部最优解的关键,Metropolis 抽样准则为:在迭代过程中,使得系统能量下降的转移状态概率被设定为1,而使得系统能量上升的状态转移概率取决于[0,1]内产生的随机数与能量及温度相关的动态值的大小关系,若小于所生成的随机数,则对应状态转移被接受,否则被拒绝。Metropolis 准则有效地避免了算法陷入局部最优解的不足,使得算法跳出局部最优解进而继续迭代,以寻找更多新的局部最优解,随着迭代过程中温度的不断下降,会搜索到不同的局部最优解,最终以适应度函数作为评价函数,选择众多局部最优解中的最好解替代全局最好解。SA 算法的核心过程如下:

初始化一个足够大的温度 T_0,并赋值 $T = T_0$,设定每个 $T = T_0$ 时刻的 Metropolis 链长 L(即每个温度时刻的迭代次数),构造车辆路径的初始解 S_1 如公式(3-19)所示。

$$S_1 = \{0, c_1, c_2, c_3, \cdots, c_i, \cdots c_n, n+1\} \tag{3-19}$$

根据不同的邻域搜索策略对当前解 S_1 进行扰动,产生新的解 S_2,在产生新解的过程中,本书融合 Or-opt、2-opt、2-opt* 和 Swap/shift 四种邻域搜索策略。其中,融合四种邻域搜索策略的 S_2 生成过程如公式(3-20)所示。

$$S_1 \rightarrow \text{Selection function} \begin{pmatrix} Or-\text{opt} \\ 2-\text{opt} \\ 2-\text{opt*} \\ \text{Swap/shift} \end{pmatrix} \rightarrow S_2 \tag{3-20}$$

在根据与目的解的距离确定是否保留进化后所产生的新解的规则下,优质量的解将被保留。为了避免非优质解过度被淘汰而导致的搜索广度不足问题,现有文献通常会设置非优质解保留规则,融合非优质解保留规则的进化过程如公式(3-21)所示。

$$\begin{aligned} &\text{如果 } df = f(S_2) - f(S_1) < 0 \\ &\qquad\qquad S_1 = S_2 \\ &\text{else 如果 } \exp(-df/f) > \text{rand}() \\ &\qquad\qquad S_1 = S_2 \end{aligned} \tag{3-21}$$

设定算法的终止条件,不断地重复上述迭代过程,直至达到设定的终止条件为止,输出终止时刻所寻找到的最好解,即为运行一次所得到的车辆路径方案可行解。其中,SA 算法的伪代码如下。

Pseudo code of serial simulated annealing algorithm

1.　Start

2.　Set $x = 0$ and $T = m$

3.　Public static void main(create new($y(x)$))

4.　$i = $ random. randint$(0,$len$(y(x) - 1))$

5.　$j = $ random. randint$(0,$len$(y(x) - 1))$

6.　$y(x)[i], y(x)[j] = y(x)[j], y(x)[i]$

7.　Return $y(x)$

8.　**While**$(T > T - \text{min})$

9.　{　　Cost savings $= f(y(x + 1) - f(y(x))$

10.　　**if**(Cost savings ≥ 0)

11.　　$y(x + 1) = y(x)$

12.　　　else

13.　{　　　**If**(random$(0,1) < \exp(-$Cost savings$/T))$

14.　　$y(x + 1) = y(x)$　　　}

15.　$x = x + 1$

16.　$T = r \cdot T$　　　}

17.　**End**

18.　Output optimal solution and related parameters

在伪代码中，$f(x)$ 为目标函数值；$y(x)$ 为 x 时所处的状态；$y(x + 1)$ 为 x 之后所处的状态；r 为调节温度下降速度的参数；T 为整个系统的温度值；$T - \text{min}$ 为决定算法终止的温度下限值。初始温度计温度下降速率对 SA 算法性能有较大的影响，设置较高的初始温度与缓慢的降温速率对于寻找全局最优解有利，然而会使得计算耗时成本上升。为解决这一问题，有学者提出将并行移动、多马尔科夫链融入 SA 算法，通过并行化计算来提升求解效率[165]。具体规则为：在一定时间空间内，将一条马尔科夫链分裂为既能独立生长又能交互信息的多条马尔科夫链，其中，按照是否同步的标准可分为马尔科夫同步和异步策略。基于马尔科夫异步策略的 PSA 是将计算均匀分布到不同的线程上，各个线程分别独立地运行 SA 算法以寻找最好解，当各线程经过迭代寻优之后输出找到局部最优解，通过相互对比，选择出较优的局部最优解来更新为当前阶段的全局最优解。考虑到求解 VRPTW 问题效率与质量的关系，本书所设计的基于马尔科夫同步策略的 I-PSA 算法流程如图 3-4。

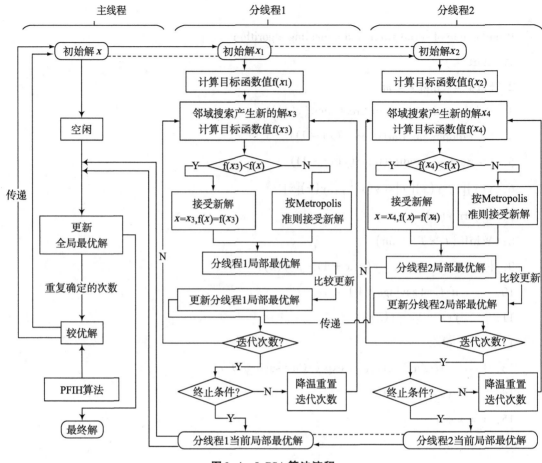

图 3-4 I-PSA算法流程

在基于马尔科夫同步策略的I-PSA中，首先基于时间窗精致度生成一系列的初始解 $\{x_1, x_2, x_n\}$，并由主线程将初始解传输至各个分线程，随后各个分线程开始独立运行搜索，当各个分线程经过固定的中心城市（Metropolis）寻优周期后，比较各个分线程搜索过程得到的局部最优解 $\{f(x_1), f(x_2), f(x_n)\}$，选择最小值作为分线程继续迭代的初始解。各分线程搜索完之后将所得最优解传递到主线程，按接近最优解的规则重置各个初始解 $\{x_1, x_2, \cdots, x_n\}$，并将其循环输入到各个分线程继续搜索以实现并行运算。所设计的I-PSA算法伪代码如下。

Pseudo code of parallel simulated annealing algorithm

1. Set $T = m$ and $r = r_0$

2. Generate initial solution $\{x_1, x_1, \cdots, x_i\}$ based on PFIH

3. Send $\{x_1, x_1, \cdots, x_i\}$ to thread $\{p_1, p_2, \cdots, p_i\}$

4. **For** $1: p_i$

5. Public static void main$(\text{create new}(y(x)))$

6. Char $a = \text{random. randint}(0,1)$

7. **Switch**(a)

8. **Case** $'0.00 \leqslant a < 0.25'$

9.   System. out. printin$(\text{initial solution } x_{i+1} \text{ bnse on or} - \text{opt strategy})$

10.   Break

11. **Case** $'0.00 \leqslant a < 0.50'$

12.   System. out. printin$(\text{initial solution } x_{i+1} \text{ bnse on } 2 - \text{opt strategy})$

13.   Break; $\cdots\cdots$

14. Return $y(x_{i+1})$

15. **While**$(T > T - \min)$

16. {   Cost savings $= f(y(x_{i+1})) - f(y(x_i))$

17.   **If**$(\text{Cost savings} \geqslant 0)$

18. $y(x_{i+1}) = y(x_i)$

19.   **else**

20. {   **If**$(\text{random}(0,1) < (-\text{Cost savings}/T))$

21. $y(x_{i+1}) = y(x_i)$ }

22. $x_i = x_{i+1}$

23. $T = r \cdot T$

24. End

25. System. out. printin$\left(\text{Update initial solution}\{x_1, x_1, \cdots, x_i\}\right)$

26. Choose $\min\left\{f\left(y(x_1)\right), f\left(y(x_2)\right), \cdots, f\left(y(x_i)\right)\right\}$ as the current optimal solution

27. **If** go = false and stop, **else** continue

28. Send update $\{x_1, x_1, \cdots, x_i\}$ to thread $\{p_1, p_2, \cdots, p_i\}\cdots\cdots$

29. End loop

30. Output optimal solution and related parameters

3.4 数值仿真实验与分析

3.4.1 数据采集及实验环境

选取所罗门在1987年所给出的VRPTW数据作为验证所设计模型及算法的基准数据,Solomon数据包括R、C以及RC三个类型。其中,测试数据的下载网址为:http://web.cba.neu.edu/~msolomon/。R类型中包含有R101~R112共计12个实例,每个实例含100个消费者与1个配送中心,消费者呈随机特征分布在100×100的坐标系内;C类型中包含有C101~C109共计9个实例,每个实例含100个消费者与1个配送中心,消费者呈聚类特征随机地分布在100×100的坐标系内;RC类型中包含RC101~RC108总计8个测试实例,每个实例含100个消费者与1个配送中心,消费者呈聚类与随机混合的特征分布在100×100的坐标系内。本次实验所处的环境参数为:MacBook Air 13.3 Core i5,1.8GHz CPU双核,8G内存,512G SSD;Windows 10 64 bit;编译环境变量为Java JDK-8u251,编程语言为Java。

3.4.2 实验结果与分析

本书在进行数值仿真实验时共设置4组实验。其中,各组实验内容以及所得实验结果详细分析如下:

①实验1。

不同算法之间的性能比较测试实验。Solomon公布了6种不同类型的数据组,共计56个测试算例,本书以Solomon数据为基准,对不同算法间的性能进行比较。在性能比较过程中,形成互相对照的算法包括:李国明等[166]给出的粒子群算法(Particle Swarm Algorithm,PSO),杨忠振等[167]给出的蚁群算法与禁忌搜索的混合算法(Consists of Ant Colony Optimization and Tabu search,ACO-Tabu),以及蚁群算法(Ant Colony Optimization,ACO)求解结果。其中,不同文献算法所得结果与本书I-PSA算法所得结果的比较如表3-2所示。

表3-2 不同算法间的比较结果

Inst		BKS	I-PSA		PSO[166]		ACO-Tabu[167]		ACO[167]	
			BS	AS	BS	AS	BS	AS	BS	AS
R1	DC	1208.20	1208.20	1240.12	1232.28	1263.25	1213.16	1241.24		1383.20
	NV	11.83	11.83	12.36	—	—	13.10	—		—
	Time	—	—	310.25		225.59	—	698.00		405.00
R2	DC	946.74	946.74	1004.00	1016.66	1073.72	952.30	961.11		1098.22
	NV	2.73	2.73	2.89	—	—	4.60	—		—
	Time	—	—	305.69		220.19	—	655.00		395.00

续表

Inst		BKS	I-PSA		PSO[166]		ACO-Tabu[167]		ACO[167]	
			BS	AS	BS	AS	BS	AS	BS	AS
C1	DC	828.38	828.38	828.91	835.91	856.44	841.92	843.55		881.44
	NV	10.00	10.00	10.00	—	—	10.00	—		
	Time	—	—	280.12	—	226.04	—	210.00		112.00
C2	DC	589.86	589.86	591.58	593.41	612.93	612.75	611.12		641.25
	NV	3.00	3.00	3.00	—	—	3.30	—		
	Time	—	—	295.31	—	218.23	—	142.00		89.00
RC1	DC	1400.89	1400.89	1428.12	1385.47	1400.97	1415.62	1419.14		1211.12
	NV	11.50	11.50	12.10	—	—	12.70	—		
	Time	—	—	315.27	—	224.24	—	417.00		204.00
RC2	DC	1119.17	1119.17	1164.13	1169.07	1228.95	1120.37	1119.24		1209.44
	NV	3.25	3.25	3.37	—	—	5.60	—		
	Time	—	—	306.15	—	218.44	—	407.00		188.00

注:Inst 表示算例(Instances);BKS 表示已知最好解(Bestknown solution);DC 表示行驶距离成本(Distance cost);VC 表示车辆使用数量成本(Vehicle cost);BS 表示独立运行 20 次的最优解;AS 表示独立运行 30 次的平均解。

根据表 3-2 结果可知,I-PSA 在求解 VRPTW 问题时具有较好的寻优能力,经过多次测算具有较好的稳定性。从表 3-2 中的能够得出三点结论:第一,针对 R1 和 R2 系列算例的求解结果,在车辆使用数量成本方面,I-PSA 算法性能要优于 PSO、ACO-Tabu 以及 ACO 算法的性能;而在行驶距离成本方面,PSO 和 ACO-Tabu 的性能稍劣于 I-PSA;就算法的求解速度方面,PSO 的性能最好。此外,I-PSA 算法所得到的车辆距离解接近已知最好解,能够基本满足求解 VRPTW 的需求。第二,针对 C1 和 C2 系列算例的求解结果,I-PSA 算法与 PSO 算法均能找到与已知最好解接近的解,性能较为良好,其次是 ACO-Tabu 和 ACO 算法,所求得最好解相比前两者及已知最好解而言,具有一定的劣势;而就求解速度指标而言,ACO 表现出来的性能最佳。第三,针对 RC1 和 RC2 系列算例的求解结果而言,就车辆使用数量成本而言,I-PAS 所求得结果要优于 PSO 算法所得的结果;就车辆行驶距离成本而言,性能最好的是 ACO-Tabu。

②实验 2。

车辆的行驶距离成本、装载率及使用数量成本是反映 VRPTW 模型及算法性能的重要指标,亦是影响企业做出科学决策的关键指标。为此,本书采用文献对比法及单个实例测试法,对具体的实例展开深入分析与讨论。

a. 采用文献对比法对单个实例进行对比测试实验。为增加实验的可对比性,选取与贝尔菲奥里等[168]相一致的实例,即选定不同消费者分布特征的六个实例(R101、R105、C101、C105、RC101、RC105),采用I-PSA算法对这六个不同的案例进行求解,并将求解结果与文献结果及已知最好解对比。在运行过程中,算法的具体参数设置为:并行线程数量为6,连续未能找到相对改进解便终止算法的次数为10,温度下降系数为0.8,温度与成本比例系数为1。其中,计算所得到的结果与当前已知最好解及贝尔菲奥里等[168]设计的分散搜索算法(Scatter search),以及齐亚丁(Ziauddin)等[169]设计局部遗传算法(Localized Genetic Algorithm)计算结果对比如表3-3所示。

表3-3　与已知最好解及文献[168,169]优化结果对比

Solomon			BKS		Patricia 等[168]		LGA 3[169]		I-PSA		OR
T	I	S	BKS	NV	BKS	NV	BKS	NV	BKS	NV	
R	R101	100	1645.79*	19	1651.84	19	1646.90	20	1646.73	18	−0.06%
	R105	100	1377.11*	14	1450.27	14	1382.78	16	1359.32	13	1.31%
C	C101	100	828.94*	10	828.94	10	828.94	10	828.94	10	0.00%
	C105	100	828.94*	10	841.34	10	828.94	10	828.94	10	0.00%
RC	RC101	100	1696.94*	14	1640.39	15	1660.55	16	1687.02	14	0.59%
	RC105	100	1629.44*	13	1678.41	13	1556.21	16	1616.00	14	0.83%

注:BKS表示已知最好解(Best known solution);T表示类型(Type);I表示测试实例(Instances);S表示规模(Scale);NV表示车辆数量(Number of vehicles);OR表示优化率,指本书所得最优解相对已知最好解的优化率,优化率的计算公式为(已知最好解−所得结果)/所得结果×100%,优化率为正值说明求解的结果比已知最好解好。

由表3-3结果可知,I-PSA算法在寻优能力上明显优于贝尔菲奥里等[168]所设计的分散搜索算法,除了R101的结果略劣于已知最好解之外(误差为0.057%,偏差在可被接受范围内),其余结果要明显优于已知最好解。特别是R105的结果相比已知最好解的优化率达到了1.31%,而在车辆使用数量成本方面,由已知最好解给出的14辆降低到了13辆,优化率达到了7.14%。此外,算法能否较快地收敛到相对的较优解是保证算法能否较好地满足VRPTW求解需求的关键指标之一,本书在采用I-PSA算法对VRPTW问题进行求解时,主要目标函数和次要目标函数的迭代收敛过程如图3-5所示。

图3-5展示了算法的迭代过程,左侧图a)为车辆使用数量成本视角下的迭代过程,右侧图b)为车辆行驶距离成本视角下的迭代过程。收敛图展示了算法在20步左右基本趋于稳定,最快在10步之内即趋于稳定的状态,最慢在26步之内趋于稳定状态,这一结果表

明I-PSA算法在收敛到相对最优解的速度方面具有一定的优势。为进一步测试算法性能的稳定性,在相同的参数配置情况下,对R101、R105、C101、C105、RC101、RC105分别测试10次,每次测试所得到的结果如图3-6所示。

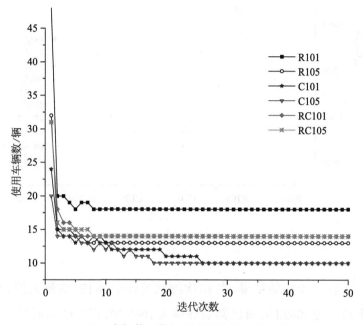

a)基于车辆使用数量成本视角的收敛迭代

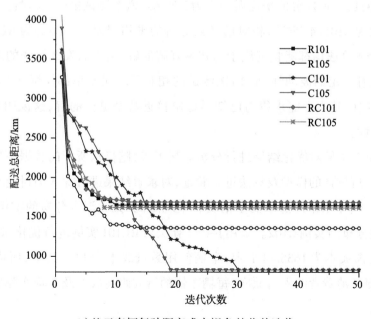

b)基于车辆行驶距离成本视角的收敛迭代

图3-5 算法收敛迭代图

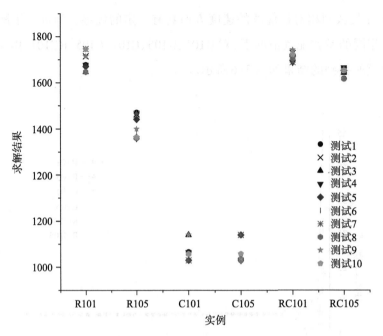

图 3-6 测试 10 次的求解结果

图 3-6 展示了运行 10 次的结果,在 10 次测试过程中,R101 的最大值为 1746.37,最小值为 1646.73,平均值为 1689.69,而已知最好解为 1645.79,相对已知最好解的平均误差率为 2.67%。R105 的最大值为 1469.01,最小值为 1359.32,平均值为 1407.76,而已知最好解为 1377.11,相对已知最好解的平均误差率为 2.23%。六个测试集中,相对已知最好解的平均误差率最大为 C105(4.85%),相对已知最好解的平均误差率最小的为 RC105(0.95%)。总体而言,I-PSA 算法均都能找到优于已知最好解的解,由于启发式算法的局限性导致每次求解结果具有一定的波动性,而 10 次测试的相对平均误差率都控制在 5% 的可接受范围内,且在 10 次内基本上能求得与已知最好解接近甚至更优的解,这说明 I-PSA 算法具有一定的稳定性。

b. 选取单个实例对优化结果进行分析。接下来,随机从所罗门数据中选取两种不同类型的实例,对所设计的模型及算法进行验证,对求解结果进行深入的讨论与分析。在选取实例的过程中,本书最终选取到了消费者呈现随机-聚类混合分布的实例 RC101,以及消费者呈聚类分布的实例 C102。采用 I-PSA 算法对 RC101 实例进行优化求解时,所求得车辆的行驶距离成本为 1638.48 千米,车辆使用数量成本为 14。其中,所得到的优化结果,包括车辆服务消费者的先后顺序、每辆车辆的行驶距离成本及车辆实际装载率等指标如表 3-4 所示。

表3-4 对实例RC101进行优化所得结果

R	SO	DC	LR	R	SO	DC	LR
R1	66-60-76-87-58-75-26-49	177.34	70.00%	R8	40-37-45-41-39-42-44-38-36-94	150.31	96.50%
R2	96-64-77-19-23-25	114.58	56.50%	R9	84-24-22-20-50-21-67	92.70	65.00%
R3	15-48-16-17-10-88-98-59-78	151.93	77.50%	R10	43-73-72-68-95-97-55-69	120.32	63.50%
R4	70-99-89-80-9-47-5-56	97.64	80.50%	R11	83-12-13-74-79-61	97.35	59.00%
R5	53-100-54-11-14-18	118.96	41.50%	R12	65-52-86-85-57-92	80.12	44.00%
R6	93-34-29-28-27-33-90	163.41	59.50%	R13	46-6-3-7-8-4-2-71-101	115.72	78.00%
R7	63-32-30-31-35-51-81	113.72	58.00%	R14	62-82-91	44.40	12.50%

注：R表示路径（Route）；SO表示服务顺序（Service order）；DC表示车辆行驶距离成本（Distance cost）；LR表示车辆装载率（Loading rate）；TD表示所服务消费者需求量总和（Total demands）。

表3-4显示配送中心为100个消费者提供服务的过程中，共需派出14辆车辆执行任务。就14辆执行任务的车辆而言，单车最大行驶距离为177.34，该车共为9个消费者提供服务，对应的装载率为70.00%；单车最小行驶距离为44.40，该车为3个消费者提供服务，对应的装载率为12.50%；单车最大装载率为96.50%，该车为10个消费者提供服务，对应的行驶距离成本为150.31；单车最小装载率为12.50%，与单车行驶距离成本最小值为同一条路径；单车服务消费者数量最多为10，与车辆装载率最大的路径为同一条路径；单车服务消费者数量最少为3，与车辆装载率最小及行驶距离成本最小的路径为同一条路径。其中，针对实例RC101，不同车辆在服务消费者过程中，不同阶段的装载率变化如图3-7中a)所示。

在图3-7中，车辆离开配送中心的装载率为0.00%，随着访问消费者数量的增加，所有的车辆装载率均逐渐增加，最终达到装载率最大的状态时，车辆返回配送中心，而派送过程可理解为该过程的逆过程。每条折线终点不同是因为每辆车所服务消费者数量不同。采用本书所设计的模型及算法对实例C102进行优化时，所得车辆距离成本为828.94，使用数量成本为10。所得优化结果中，包括车辆服务消费者的先后顺序、每辆车辆的行驶距离成本及车辆实际装载率指标如表3-5所示。

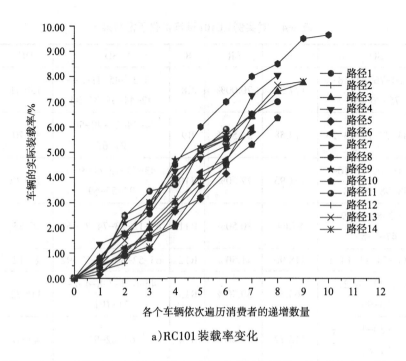

a)RC101装载率变化

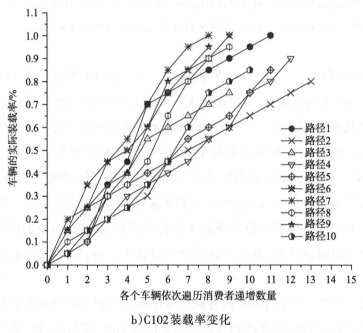

b)C102装载率变化

图3-7　每条路径不同阶段的车辆装载率变化图

在实例C102中,为100个消费者提供服务共需派出10辆车。而在10辆车中,有3辆车的实际装载率达到了100.00%,车辆得到了充分的利用;车辆装载率最低为75.00%,对应行驶距离成本为127.30,服务消费者数量为9;单车行驶距离最大值为127.30,与车辆装载率最小的路径保持一致;单车行驶距离最小值为50.80,对应车辆的装载率为85.00%,服务消费者数量为11;单车服务消费者数量的最大值为13,对应车辆装载率为80.00%,车辆行驶距离成本为64.81;有2辆车服务的消费者数量最小,这2辆车所服务的消费者数量均为8。针对实例RC101,不同的车辆在服务消费者的不同阶段对应装载率变化如图3-7中b)所示。对实例C102及RC101优化后,所得车辆路径结果如图3-8所示。

表3-5　对实例C102进行优化所得结果

R	SO	DC	LR	R	SO	DC	LR
R1	68-66-64-63-75-73-62-65-69-67-70	59.40	100.00%	R6	33-34-32-36-38-39-40-37-35	97.23	100.00%
R2	44-43-42-41-45-47-46-49-52-51-53-50-48	64.81	80.00%	R7	58-56-55-54-57-59-61-60	101.88	100.00%
R3	82-79-77-72-71-74-78-80-81	127.30	75.00%	R8	99-97-96-95-93-94-98-101-100	95.94	95.00%
R4	6-4-8-9-11-12-10-7-5-3-2-76	59.62	90.00%	R9	14-18-19-20-16-17-15-13	95.88	95.00%
R5	21-25-26-28-30-31-29-27-24-23-22	50.80	85.00%	R10	91-88-87-84-83-85-86-89-90-92	76.07	85.00%

注:R表示路径(Route);SO表示服务顺序(Service order);DC表示车辆行驶距离成本(Distance cost);LR表示车辆装载率(Loading rate);TD表示所服务需求量总和(Total demands)。

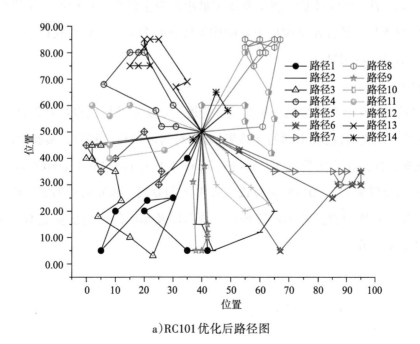

a)RC101优化后路径图

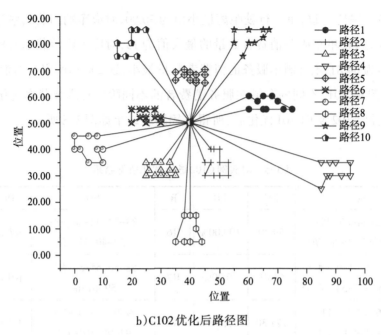

b）C102优化后路径图

图3-8　车辆路径优化结果

注：图中横纵坐标均表示位置坐标值，圆点表示配送中心及消费者所在的位置。

在图3-8中，相同图例的消费者表示由同一辆车为其服务，不同图例的消费者则表示由不同的车辆为其服务。从图3-8中能够看出，RC101中消费者的分布呈现明显的随机-聚类混合分布特征，而C102中消费者则呈现出明显的聚类特征。针对聚类特征明显的C102实例，以车辆使用数量及行驶距离成本最小化为主次优化目标所得结果中，每辆车服务的消费者集与聚类特征呈现出明显的相关性，即，为每一个聚类安排一辆车时，所得优化解与已知最好解相同。

③实验3。

算法参数对优化结果的影响分析实验。为进一步探索并行线程数对优化结果的影响关系，采用控制变量法，设置不同的实验组，分别对其进行测试实验。实验组的设置规则为，在其他参数保持不变的情况下（tau=10，sigma=1.0，gamma=1.0，beta=0.7，delta=1.8），将并行线程分别设置为1、8、10、15，对应设置A、B、C与D四个相互对应的实验组，每组单独运行10次，统计每次所得到的车辆行驶距离成本以及车辆的使用数量成本，所得到的实验结果如表3-6所示。

表 3-6　不同并行线程下的实验结果

测试	A		B		C		D	
	DC	VC	DC	VC	DC	VC	DC	VC
测试 1	1679.29	18.00	1637.66	18.00	1643.53	18.00	1687.58	18.00
测试 2	1700.47	18.00	1663.81	18.00	1717.99	18.00	1676.10	18.00
测试 3	1685.16	19.00	1658.77	18.00	1692.29	18.00	1722.50	18.00
测试 4	1730.00	19.00	1669.17	18.00	1691.08	18.00	1726.63	18.00
测试 5	1694.04	18.00	1735.40	18.00	1755.96	19.00	1659.65	18.00
测试 6	1697.41	18.00	1735.40	18.00	1657.14	19.00	1675.73	18.00
测试 7	1683.72	19.00	1638.11	18.00	1664.95	18.00	1681.11	18.00
测试 8	1624.15	18.00	1698.63	18.00	1643.28	18.00	1635.84	18.00
测试 9	1762.60	19.00	1718.33	18.00	1675.25	18.00	1707.72	18.00
测试 10	1728.26	18.00	1774.29	18.00	1687.74	18.00	1624.38	18.00
AV	1698.51	18.40	1692.96	18.00	1682.92	18.20	1679.72	18.00
Max	1762.60	19.00	1774.29	18.00	1755.96	19.00	1726.63	18.00
Min	1624.15	18.00	1637.66	18.00	1643.28	18.00	1624.38	18.00

注：A 组的并行线程为 1，B 组的并行线程为 8，C 组的并行线程为 10，D 组的并行线程为 15；DC 表示车辆行驶距离成本（Distance cost）；VC 表示车辆使用数量成本（Vehicle cost）；AV 表示平均值（Average value）。

表 3-6 中显示了 4 组实验分别测试 10 次的结果。就实例 R101 的求解结果而言，所设计的模型及算法在 10 次测试中均能找到优于已知最好解的解，R101 的已知最好解中的车辆行驶距离成本为 1645.79，车辆使用数量成本为 19，本书所找到的最好解中的车辆行驶距离成本为 1624.15，相比已知最好解的优化率为 1.31%；车辆使用数量成本为 18，相比已知最好解的优化率为 5.26%。在 4 组实验组中，最优解表现最好的为 A 组，其次为 D 组，而 A 组与 D 组最优解仅相差 0.23；平均解性能表现最好的是 D 组，10 次测试的车辆行驶距离成本平均值为 1679.72，车辆使用数量成本为 18，与已知最好解相同。数据结果表明，随着并行线程数量的增加，算法的性能趋于良好，亦说明并行线程的增加对于提升 I-PSA 算法性能具有一定的作用。其中，不同线程数对优化结果的影响关系如图 3-9 所示。

图 3-9 展示了在不同的参数设置下不同实验中的迭代过程。A、B、C、D 四个实验组中的起始位置均相同，而这个四个实验组的并行线程参数设置不同，这表明初始解的产生仅与初始解的生成规则有关，而与并行线程参数无关，例如在求解具有随机分布特征的 R101 实例时，初始解中距离成本均为 3458.79，数量成本均为 48。在连续 10 次邻域搜索得不到更好解便终止算法的条件下，A、B、C、D 四组实验中趋于稳定平均迭代步长分别为

11.6、10.6、9.2和9.8，这表明并行线程参数设置对算法达到稳定状态的速度有一定的影响，并行线程参数设置为10时平均迭代步长最小且为9.2步。然而，并行线程数量与求解耗时呈现正相关关系，主要原因是并行线程会占用计算内存进行多次内部循环迭代。并行线程为1时的平均耗时为90秒，而并行线程为15时的平均耗时为300秒。

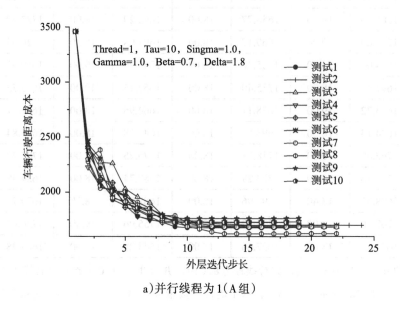

a）并行线程为1（A组）

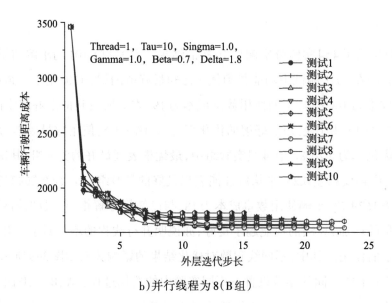

b）并行线程为8（B组）

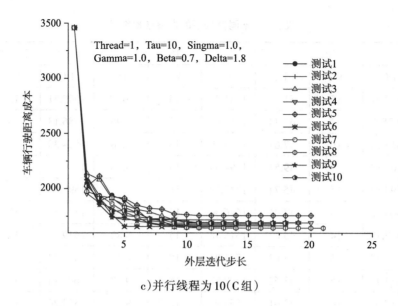

c)并行线程为10(C组)

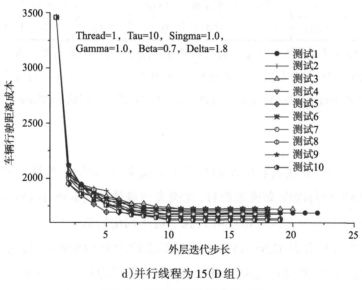

d)并行线程为15(D组)

图3-9 不同参数下的优化结果

④实验4。

使用t-检验中的双样本分析方法来检验各类算法之间的性能差异性。随机选择RC102作为验证实例,测试ALNS、TS及I-PSA在求解VRPTW问题方面的性能差异性。实验设计规则为,每种算法均独立运行10次,统计每次求解结果中的车辆行驶距离成本、车辆使用数量成本及算法求解耗时成本。其中,在Java环境中,采用不同算法所得的结果统计如表3-7所示。

表 3-7　不同算法下的求解结果统计

测试	ALNS			TS			I-PSA		
	DC	VC	TC	DC	VC	TC	DC	VC	TC
测试 1	1592.91	15	51.22	1651.27	16	10.11	1509.31	13	74
测试 2	1635.5	14	47.73	1565.69	15	9.96	1586.18	13	80
测试 3	1615.22	16	47.67	1535.49	16	8.48	1564.30	13	78
测试 4	1561.83	15	49.54	1594.99	15	9.16	1560.55	14	80
测试 5	1699.84	15	45.74	1748.33	18	9.1	1599.07	14	78
测试 6	1543.36	15	47.01	1646.56	17	8.8	1544.71	13	127
测试 7	1647.19	14	45.03	1518.48	15	8.82	1639.72	13	75
测试 8	1630.14	15	44.02	1701.94	18	8.81	1582.04	13	71
测试 9	1574.48	15	43.62	1529.83	15	9.27	1600.14	14	57
测试 10	1717.65	16	43.01	1553.91	15	8.64	1554.20	13	79
Min	1543.36	14.00	43.01	1518.48	15.00	8.48	1509.31	13.00	57.00
AV	1621.81	15.00	46.46	1604.65	16.00	9.12	1574.02	13.30	79.90

注：三种算法的变成语言环境均为 Java，大邻域与禁忌搜索算法的运行平台为 Eclipse IDE for Java Developers-2020-06，I-PSA 算法的运行平台为 NetBeans IDE 7.4。DC 表示车辆行驶距离成本（Distance cost）；VC 表示车辆使用数量成本（Vehicle cost）；TC 表示求解所需的时间成本（Timecost）；AV 表示平均值（Average value）。

表 3-7 展示了不同算法所得的车辆行驶距离成本、车辆使用数量成本及求解时间耗费成本。就车辆平均行驶距离成本而言，性能表现最佳的为 I-PSA（1574.02），其次为 TS（1604.65），表现最差的为 ALNS（1621.81）；就平均车辆使用数量成本指标而言，表现最佳的为 I-PSA（13.30），其次为 ALNS（15.00），表现最差的为 TS（16.00）；就算法平均耗时指标而言，表现最佳的为 TS（9.12），其次为 ALNS（46.46），随后为 I-PSA（79.90）。

接下来，使用 t 检验方法对不同算法间的显著差异性进行检验，对比算法包括 ALNS 及 TS，假设任意两个算法间没有显著性差异为 H_0：$\mu = \mu_0$，对立的备择假设为两个对比算法具有显著性的差异 H_A：$\mu \neq \mu_0$，假设检验属于双尾假设检验，设定假设检验的显著性水平为 0.05，平均差为 0。首先使用 Excel 采集每次测试运行所得到的结果，将数据导入到 Origin 中，并使用 Origin 中的双样本 t 检验统计分析功能对数据进行分析，统计分析结果如表 3-8 所示。

表 3-8　成对双样本 t 检验结果

描述统计		总体	均值	SD	SEM	中位数
SA		10	1621.812	56.80934	17.96469	1622.68
ALNS		10	1574.022	35.82929	11.33022	1573.17
	差分	10	47.79		21.23921	48.71
	总体	20	1597.917	52.32428	11.70006	1589.545
t 检验统计			t 统计值	DF	概率>|t|	
假定方差齐			2.25008	18	0.03719	
假定方差不齐（Welch 校正）			2.25008	15.18183	0.03969	
描述统计		总体	均值	SD	SEM	中位数
TS		10	1604.649	78.90311	24.95136	1580.34
I-PSA		10	1574.022	35.82929	11.33022	1573.17
	差分	10	30.627		27.40336	17.075
	总体	20	1589.3355	61.67616	13.79121	1573.865
t 检验统计			t 统计值	DF	概率>|t|	
假定方差齐			1.11764	18	0.27842	
假定方差不齐（Welch 校正）			1.11764	12.56022	0.28464	
描述统计		总体	均值	SD	SEM	中位数
ALNS		10	1621.812	56.80934	17.96469	1622.68
TS		10	1604.649	78.90311	24.95136	1580.34
	差分	10	17.163		30.74573	5.745
	总体	20	1613.2305	67.49263	15.09181	1605.105
t 检验统计			t 统计值	DF	概率>|t|	
假定方差齐			0.55822	18	0.58357	
假定方差不齐（Welch 校正）			0.55822	16.35457	0.58425	

注：该检验结果基于 Origin 软件内置统计分析功能。

表 3-8 展示了双样本描述统计及 t 检验统计结果。成对双样本 t-检验结果表明，ALNS 与 I-PSA 相比较而言，在 0.05 的置信水平区间下，不论假定方差齐与不齐，两者在均值与方差方面均存在显著不同，而 I-PSA 的均值为 1574.022，要优于 ALNS 的均值，这进一步表明 I-PSA 在求解 VRPTW 问题是具有一定的优越性。TS 与 I-PAS 相比而言，在 0.05 的置信水平区间下，不论假定方差齐与不齐，两者在均值与方差方面均不存在显著不同，但 I-PSA 的均值均优于 TS。ALNS 与 TS 相比而言，在 0.05 的置信水平区间下，不论假定方差齐与不齐，两者在均值与方差方面均不存在显著不同。其中，采用不同算法求解 VRPTW

问题时,所得到的车辆使用数量成本及车辆行驶距离成本对比如图3-10所示。

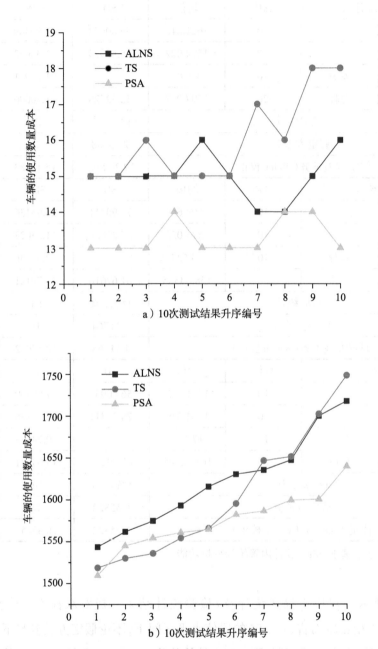

a) 10次测试结果升序编号

b) 10次测试结果升序编号

图3-10　不同算法间的车辆使用数量成本及车辆行驶距离成本对比

注:车辆行驶距离成本与车辆使用数量成本一一对应于同一路径方案。

图3-10展示了不同算法所对应求解方案的差异性。就车辆行驶距离成本而言,图中PSA示意折线基本处于最下方,虽然在部分区间段内TS示意折线处于最下方,但PSA示意折线的最小值均小于TS及ALNS示意折线,这表明I-PSA的综合性能要优于TS及

ALNS；就车辆使用数量成本而言，PSA 示意折线全部处于最下方，这表明在车辆使用数量成本方面，I-PSA 相对 TS 及 ALNS 而言具有较大的优势；此外，就 I-PSA 而言，随着车辆行驶距离的递增波动，车辆使用数量在 13~14 之间波动，波动幅度较小且较为稳定，这说明 I-PSA 所求得方案在车辆使用数量方面具有较好的鲁棒性，这对于指导企业安排合适数量的车辆执行物流配送任务具有积极的作用。

3.5　分析与讨论

在面向消费者的车辆路径调度过程中，随着消费者对配送时间个性化需求的日益增强，企业对高效益、低成本的追求，如何快速、高效地对 VRPTW 问题进行求解已成为当前企业及运筹学者们面临的难点问题之一。为此，本章研究 VRPTW 优化问题的建模及求解方法，设计了 I-PSA 算法，以所罗门所给出的 56 个测试实例为基础数据，对所设计的模型及算法进行了验证，采用文献对比法、双样本检验法，对不同算法间的性能进行了对比分析。取得的主要结果如下：

①所设计的 I-PSA 算法性能优于 PSO、ACO-Tabu 以及 Tabu 算法的性能。通过文献对比分析的方法可知，不论消费者的分布呈现随机分布、聚类分布特征，还是呈现随机—聚类混合分布，所设计的算法在求解车辆使用数量成本及车辆行驶距离成本方面，较其他算法均具有一定的优势。此外，I-PSA 算法所求得的结果均能接近或优于已知最好解，这进一步表明本章所设计方法在求解 VRPTW 问题方面具有一定的优势，这为研究动态的 VRPTW 问题奠定了基础。

②初始解的生成仅与初始解的构造规则有关，与并行线程数量无关，而算法收敛趋于稳定的速度与并行线程数量有关。以 Solomon 案例数据中的 R101 为例，对并行线程数对优化结果的影响分析发现，不论并行线程数量设置为何值，初始解对应的车辆行驶距离成本均为 3458.79，车辆的使用数量成本均为 48，这表明并行线程数量的多少与初始解不存在相关性。而当并行线程数量设置为不同的值时，算法平均收敛到相对最优解的迭代步长不同，当并行线程数量设置为 10 时，算法收敛到相对最优解的平均步数最小。

③I-PSA、ALNS 及 TS 算法间存在着不同的显著性差异，且 I-PSA 的性能最优。通过双样本假设检验的方法对 RC102 实例分析可知，在 0.05 的置信水平区间下，不论假定方差齐与不齐，I-PSA 与 ALNS 之间存在着显著性的不同，而 I-PAS 与 TS 之间不存在显著性的不同，TS 与 ALNS 之间亦不存在显著性的不同。I-PSA 所求得均值为 1574.022，这要优于 TS 与 ALNS 所求得均值。

3.6 本章小结

本章对面向物联网消费者需求的末端物流配送路径优化问题中的第一个关键问题进行了研究，并以所罗门所给出的由 100 个消费者和 1 个配送中心呈不同特征分布所形成的 56 个实例为案例，对所设计的 VRPTW 模型及算法进行了验证，论证了所提方法的有效性。采用文献对比法及双样本假设检验法，对所设计的算法及其他算法的性能进行了对比分析，将求解结果与已知最好解做了对比，论证了所设计算法在求解 VRPTW 性能方面的优越性。采用控制变量法，对 I-PSA 算法中的并行线程参数对优化结果的影响关系进行了研究，得出了算法性能表现较优时的参数设置。研究结果表明，初始解的生成仅与初始解的构造规则有关，与并行线程数量无关；所设计的模型及算法，在求解由 100 个消费者和 1 个配送中心呈现不同特征分布的 VRPTW 问题中，基本能够在较短的时间内寻得接近或优于已知最好解的解，这为下一章研究 DVRPTW 问题奠定了基础。

第4章 响应消费者动态需求的一阶段带时间窗动态车辆路径问题

当消费者出现动态需求时,车辆需作出响应消费者的决策。鉴于此,本章对响应消费者动态需求的DVRPTW展开研究,首先,构建以车辆行驶距离成本最小化为目标的数学模型;然后,引入动态度及时间切片,提出基于贝叶斯条件思想求解DVRPTW的策略,并对TS算法进行改进用于求解该问题。其次,通过文献对比法论证所提方法的优越性。研究表明,动态度与车辆的行驶距离成本及使用数量成本大致呈现正相关关系,而动态度在一定区间内波动只会影响到车辆的行驶距离成本,并不会影响使用数量成本,本章思路为后续研究2E-DVRPTW奠定基础。

4.1 引言

当消费者动态需求出现时,及时、准确地派遣车辆响应消费者是企业提升消费者满意度和市场核心竞争力的关键[104]。以通过网络平台完成二手电子产品的回收过程为例,受消费者动态需求及调度中心车辆约束的影响,调度中心不仅需要按照静态消费者的时间窗及需求制定相应的路径策略,还需要考虑到车辆行驶过程中新增消费者的动态需求对既定优化线路的影响,这使得求解DVRPTW变得愈加复杂。此外,随着物流基础设施的不断完善,以及无人驾驶、车联网等应用场景的不断成熟,越来越多的消费者倾向于通过手机下单的方式向企业发出产品采购、产品回收、仓库补货等需求,进一步催生了对DVRPTW优化建模及求解方法的需求。

相比VRPTW而言,DVRPTW中的消费者具有动态性,这进一步增加了求解DVRPTW的难度。当消费者出现动态需求时,若企业不能够及时响应消费者的动态需求并对车辆路径进行动态更新,极易造成消费者满意度下降、消费者流失等负面影响;而当企业响应消费者动态需求时,若不能够对车辆路径进行科学的动态优化,则会导致企业配送成本的增加。鉴于此,如何设计响应消费者动态需求的DVRPTW求解方法成为本章所要研究和解决的重点问题。

当前文献对DVRPTW展开了部分相关的研究并取得了一定的成果,但仍然存在两个方面的问题:一方面是大多动态车辆路径优化中忽略了时间窗的约束,这虽然满足了及时性的需求,但也带来了准时性方面的不足,诸如出现消费者期望被服务时间与车辆到达时间不协调的问题;另一方面是动态车辆路径多依赖于任务执行者的经验,使得响应消费者动态需求的成本不够低。针对上述问题,本章设计了响应消费者动态需求的DVRPTW建模及求解方法。

　　本章研究问题的实际应用场景为在网络购物模式下物流前端揽收场景,即车辆由揽收点出发依次访问具有发货需求的商家场景,在车辆行驶过程中,消费者动态需求会引起商家发货的变化,车辆需根据消费者动态需求及时动态调整路径方案。而基于前文对VRPTW的研究及连续时间切片思想可知,DVRPTW的求解过程可转化为多个连续时间切片内相关VRPTW的求解。鉴于此,本章在借鉴现有文献成果基础上,设计消费者动态度的衡量准则及满足消费者动态需求的策略,将其融入基于贝叶斯条件思想优化的DVRPTW数学模型中。为尽可能地减少消费者动态需求对已生效路径的破坏程度,设计等价时间窗转换策略,将其融入求解DVRPTW的改进TS算法中,并对算法性能进行测试。最后,以某企业为案例对本章所设计的模型及方法进行初步验证,结果表明,所设计方法具有较好的实用性,成果旨在为响应消费者动态需求的DVRPTW优化领域补充完善相关方法。

4.2　问题描述及数学模型

4.2.1　问题描述

　　由第二章描述的第二个应用场景可知,在前端或中端物流揽收环节中,车辆的主要任务是按照消费者的动态需求依次揽收产品,并将产品全部运输到揽收点(配送中心)。以网络购物模式为例,当消费者通过手机在网络上下单之后,商家便需联系物流公司上门取货,将消费者所需的产品按照指定的地址发出。在上门揽货过程中,消费者的动态需求会进一步导致商家发货的动态不确定性,因此,物流企业在派遣车辆上门揽收过程中,商家会不断地收到消费者的动态需求,此时,企业需对车辆进行动态调度以满足消费者动态需求。其中,所解决的DVRPTW问题示意图如图4-1所示。

　　此外,由于在面向消费者动态需求的DVRPTW优化过程中,消费者订单的出现在时间上具有不确定性,在位置分布上具有随机性,消费者对具体服务时间窗有一定要求。因此,本章所要解决的问题是为IoT云端提供以服务成本最小化为目标的DVRPTW模型及求解方法。图4-1中的DVRPTW可以被描述为:车辆在带有条件约束的无向连通网络图 $G = (\text{Node}, \text{Edge})$ 中,遍历所有消费者Node时通过哪些可行边Edge的选择问题。与VRPTW的不同之处在于DVRPTW中引入了工作日长度 $T = L - E$,在 $T_{co} = T/2$ 之前发生请求的消费者被视为动态消费者,在 $T_{co} = T/2$ 之后发生请求的消费者被视为下一个工作日的静态消费者,并在第二个工作日开始时得到优先的服务。初始阶段的优化属于VRPTW

的优化范畴,在 $T_{co} = T/2$ 之前的每个时间切片 n_{ts} 内,若有消费者发出请求,则在初始阶段车辆路径已经部分生效(即车辆已经离开配送中心为静态消费者提供服务)的前提下,综合考虑动态消费者与未被服务的静态消费者,对车辆的路径进行一次动态优化更新。基本假设包括,如果车辆正处于通往下一消费者的路上,则需等到车辆为目标消费者服务之后才能接受新的路径方案;所有车辆遍历全部消费者后必须返回到出发点,并且车辆装载量不能超过额定装载量。本章使用到的符号及含义说明如表4-1所示。

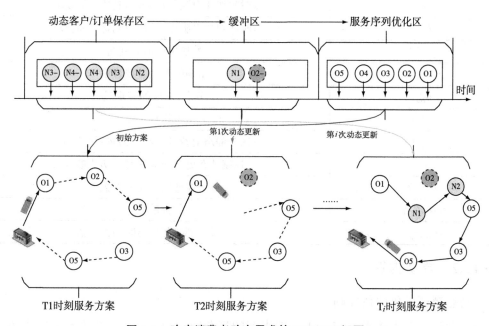

图4-1　响应消费者动态需求的DVRPTW问题

表4-1　本章使用到的符号及含义说明

符号	含义
$F\left(y_{[s+1]}\middle|y_{[s]}\right)$	路径部分生效下的条件目标函数
$y_{[s]}$	在s时间切片内车辆的行驶距离成本
$d_{[i,s][j,s]}$	在s时间切片内节点i与节点j之间的距离
$x_{[i,s][j,s][k,s]}$	s切片内i与j之间是否存在车辆决策变量
$1, N+1$	配送中心的编号
$i,j \in \{2,3,4,\cdots,N\}$	消费者的编号
$k \in \{1,2,\cdots,K\}$	可用车辆的编号
$\Delta^+(i)$	向右取值但不包括i
$\Delta^-(i)$	向左取值但不包括i

符号	含义
$\Delta^*(i)$	取不等于i的任意值
$w_{[i,s][k,s]}$	第s时间切片内车辆k访问节点i的时间
$s_{[i,s]}$	第s时间切片内服务节点i所需的时间
$t_{[i,s][j,s][k,s]}$	车辆k从节点i行驶到节点j所需的时间
M	用于控制服务节点先后顺序的正无穷常量
$a_{[i,s]}$	s时间切片内服务i的最早到达时间要求
$b_{[i,s]}$	s时间切片内服务i的最晚到达时间要求
$[E,L]$	配送中心的时间窗
C	车辆的额定装载容量
$d_{[i,s]}$	节点i对应的需求量
$T = L - E$	工作日长度
$T_{co} = T/2$	区分静态消费者与动态消费者的阈值
n_{ts}	控制动态更新间隔的时间切片参数
α, β, θ	调控惩罚力度的参数
$\alpha_1, \alpha_2, \beta_1, \beta_2$	常数值
Q_{over}, T_{over}	超过车辆装载量与时间窗的值

4.2.2　模型构建

①动态车辆优化评估准则。

动态度的高低直接影响着DVRPTW求解的复杂度,葛显龙等[170]指出动态度指的是在一定时间区间内,车辆所需服务的动态消费者数量与所有消费者数量的比值,动态度的计算公式如(4-1)所示。

$$\text{Dyn} = \frac{N_c^d}{N_c^d + N_c^s} \tag{4-1}$$

在公式(4-1)中,分子表示一个时间周期内的动态消费者数量,分母表示一个时间周期内动态消费者与静态消费者数量总和。然而,使用该公式衡量与动态车辆路径求解复杂程度相关的动态度有一定局限性,具体表现为:在一个 $T = 10$ 的周期内,假设存在10个静态消费者与10个动态消费者,则根据上述公式所计算以下六种情况(如图4-2)的动态度均为0.5,很显然,图4-2中的六种动态情景所对应的DVRPTW问题求解复杂程度不同[92]。

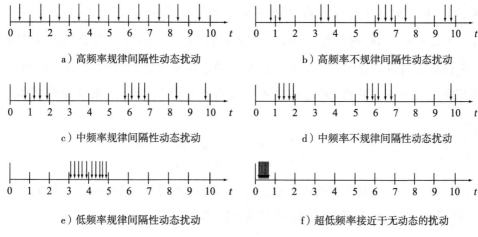

图4-2　动态度为0.5时的不同动态事件扰动情景

由图4-2可知,求解DVRPTW的复杂度不仅与动态消费者数量的有关,还与动态消费者出现的时间点以及频率有关系。基于此,本书在葛显龙等[170,171]给出的动态度公式的基础,综合考虑动态消费者出现的频率以及时间对动态度的计算公式进一步改进如公式(4-2)所示。

$$\mathrm{Dyn} = \frac{N_c^d + \mathrm{DN}\left(T/2n_{ts}\right)}{N_c^d + N_c^s + N\left(T/2n_{ts}\right)} \tag{4-2}$$

式中,$N\left(T/2n_{ts}\right)$表示在整个过程中时间切片的数量,$\mathrm{DN}\left(T/2n_{ts}\right)$表示在整个动态优化过程中,存在动态消费者请求的时间切片数量。公式(4-2)表明动态度不仅与动态消费者数量呈正相关的关系,而且还与动态优化的时间切片数量有关系。

②动态车辆路径优化更新策略。

基尔比等[77]采用$T_{co} = T/2$将一个工作日划分为两个部分,指出在$T/2$之前提出需求的消费者在当天得到服务,在$T/2$之后提出需求的消费者则在第二个工作日被优先安排服务。静态消费者与动态消费者的划分规则为:在上一个工作日$T/2$之后提出需求的消费者被视为当前工作日的静态消费者,在当前工作日$T/2$之前提出需求的消费者被视为动态消费者。在动态车辆路径优化过程中,将当前工作日的$T/2$时长划分为时长为n_{ts}的若干时间切片,定义车辆开始的工作时间为t_0,在此规则下,一个完整$T/2$的工作周期被等价转换为$\left\{\left[t_0,t_0 + n_{ts}\right),\left[t_0 + n_{ts},t_0 + 2n_{ts}\right),\cdots,\left[t_0 + nn_{ts},T/2\right)\right\}$个连续的时间切片区间。基于这一连续区间,本书设定在每个时间切片内产生的动态消费者将在区间末端被插入到当前车辆所服务的路线,并对车辆路径进行一次动态优化更新。

其中,针对是否响应$\left[t_0 + in_{ts},t_0 + (i + 1)n_{ts}\right]$时间切片内的动态消费者问题,关键是判断车辆能否满足该动态消费者的时间需求。规则为：假定动态消费者要求时间窗为 $[a_i, b_i]$，若满足 $b_i > t_0 + in_{ts}$ 则接受该动态消费者；若满足 $b_i < t_0 + in_{ts}$，则受到实际时间限制而拒绝为该动态消费者提供服务。在接受响应动态消费者之后，动态消费者的最早可能被服务时间为 $t_0 + in_{ts}$，因此，满足消费者动态需求的新时间窗约束计算公式如（4-3）所示。

$$a_{i\_r} = \begin{cases} t_0 + in_{ts} & a_i < t_0 + in_{ts}, b_i > t_0 \\ a_i & a_i > t_0 + in_{ts}, b_i > t_0 \end{cases} \tag{4-3}$$

为保证已被服务过的车辆路线在更新过程尽可能地受到小的破坏，本书在动态车辆路径更新过程中提出等价时间窗转换策略，即在任意一个动态优化时刻点 $t_{opt} = \{t_0, t_0 + n_{ts}, \cdots, t_0 + nn_{ts}\}$，若消费者 i 已经被相应的车辆所服务过，则该消费者的实际时间窗约束按照公式（4-4）进行等价转换更新。

$$[a_i, b_i] = \begin{cases} a_i = \mathrm{INT}(t_{ik\_a}) \\ b_i = \mathrm{INT}(t_{ik\_a}) + 1 \end{cases} \tag{4-4}$$

其中，t_{ik_a} 为车辆 k 访问消费者 i 的实际时间，$\mathrm{INT}(t_{ik\_a})$ 为 t_{ik_a} 的取整函数。在任意一个优化时刻点 $t_{opt} = \{t_0, t_0 + n_{ts}, \cdots, t_0 + nn_{ts}\}$，若需要启动新的车辆为尚未被服务的消费者 i 提供首次服务，则消费者 i 最早被服务的时间为新车辆实际到达该消费者的时间。而保障其他消费者得到准时的服务至关重要，按照公式（4-4）对消费者 i 的时间窗进行转换能够实现路径破坏最小化的目的，其原因在于所设计的公式（4-4）相当于一个唯一可行路径时间窗约束，若已经服务过的路径遭受到破坏，则新的路径将违背时间窗约束这一条件；相反，若没有被破坏，则消费者将得到准时的服务。

③动态车辆路径问题模型构建

本书基于基尔比[77]所给出的将一个工作日划分为若干个时间切片的规则，将 DVRPTW 问题从时间维度降解为若干个时间切片内的静态车辆路径优化的问题，构建基于连续时间切片的 DVRPTW 优化模型。在每一个时间切片范围内仅考虑当前已知的静态消费者和出现的动态消费者，以实现对车辆路径的动态优化。其动态优化过程为：在一个工作日内，以车辆行驶距离成本最小化为目标，基于上一时间切片内部分路径生效前提下，对下一时间切片内的车辆路径进行动态优化，重复这一动态优化直至工作日结束。基于这一原则所构建的 DVRPTW 模型如下：

目标函数：

$$\min \ F\left(y_{[s+1]}\Big|y_{[s]}\right), s = 1, 2, \cdots, t_{ns} + 1$$
$$y_{[s]} = \min \sum\sum\sum d_{[i\_s][j\_s]} \cdot x_{[i\_s][j\_s][k\_s]} \tag{4-5}$$

约束条件及控制与决策变量：

$$\sum_{k \in K} \sum_{j\_s \in \Delta^+(i)} x_{[i\_s][j\_s][k\_s]} = 1 \quad \forall i \in N \tag{4-6}$$

$$\sum_{j\_s \in \Delta^+(1)} x_{[1][j\_s][k\_s]} = 1 \quad \forall k\_s \in K \tag{4-7}$$

$$\sum_{j\_s \in \Delta^-(j\_s)} x_{[i\_s][j\_s][k\_s]} - \sum_{i\_s \in \Delta^+(j\_s)} x_{[i\_s][j\_s][k\_s]} = 0 \quad \forall k\_s \in K, \forall j\_s \in J \tag{4-8}$$

$$\sum_{i\_s \in \Delta^-(n+1)} x_{[i\_s][n+1][k\_s]} = 1 \quad \forall k\_s \in K \tag{4-9}$$

$$w_{[i\_s][k\_s]} + s_{[i\_s]} + t_{[i\_s][j\_s][k\_s]} - w_{[j\_s][k\_s]} \leqslant \left(1 - x_{[i\_s][j\_s][k\_s]}\right)M \tag{4-10}$$

$$w_{[i\_s][k\_s]} \geqslant a_{[i\_s]} \sum_{j\_s \in \Delta^+(i)} x_{[i\_s][j\_s][k\_s]}$$

$$w_{[i\_s][k\_s]} \leqslant b_{[i\_s]} \sum_{j\_s \in \Delta^+(i)} x_{[i\_s][j\_s][k\_s]} \quad \forall i\_s \in N, k\_s \in K \tag{4-11}$$

$$E \leqslant w_{[i\_s][k\_s]} \leqslant L \quad \forall k\_s \in K, i\_s \in \{0, n+1\} \tag{4-12}$$

$$\sum_{i\_s \in N} d_{i\_s} \sum_{j\_s \in \Delta^+(i)} x_{[i\_s][j\_s][k\_s]} \leqslant C \quad \forall k\_s \in K \tag{4-13}$$

$$\min\left\{b_{[i\_s]} - t_{[0][i\_s]}\right\} \geqslant E = a_{[1]} \tag{4-14}$$

$$\max\left\{a_{[i\_s]} + s_{[i\_s]} + t_{[i\_s][0]}\right\} \leqslant L = b_{n+1} \tag{4-15}$$

$$a_{[i\_s]} + s_{[i\_s]} + t_{[i\_s][j\_s]} < a_{[j\_s]} \tag{4-16}$$

$$w_{[i\_s][k\_s]} \geqslant 0 \tag{4-17}$$

$$x_{[i\_s][j\_s][k\_s]} \in \{0, 1\} \tag{4-18}$$

上式中，公式(4-5)表示一个工作日的各个时间切片段内均以当前车辆行驶距离成本最小化为目标函数，$F\left(y_{[s+1]} \middle| y_{[s]}\right)$ 表示在时间切片 s 的条件下 $s+1$ 时间切片内的车辆行驶成本；公式(4-6)表示每个时间切片内的静态与动态消费者只允许被唯一的车辆提供一次派遣服务约束；公式(4-7)表示每个时间切片内所有车辆必须遵循从配送中心出发的约束；公式(4-8)表示每个时间切片内所有车辆服务完一个消费者之后，均必须从该消费者所在地离开的约束；公式(4-9)表示每个切片内所有车辆为其所分配的消费者服务完之后必须返回至用 $n+1$ 表示的原有配送中心约束；公式(4-10)表示每个时间切片内的车辆达到时间的先后顺序约束；公式(4-11)表示每个时间切片内车辆能够达到消费者的时间正好落在指定的时间窗内的约束条件；公式(4-12)表示每个时间切片内车辆达到配送中心的时间满足配送中心的时间窗约束要求；公式(4-13)表示每个时间切片内车辆的装载量不能够超过额定装载容量约束；公式(4-14)~公式(4-15)表示每个时间切片内所有路径均需满足配送中心的要求；公式(4-16)表示每个时间切片内的路径需满足弧的要

求;公式(4-17)~公式(4-18)表示每个静态的时间切片内的控制及{0,1}决策变量的取值范围约束。

4.3 禁忌搜索算法设计

1986年格洛弗[172]所提出的TS算法是一种以禁忌表(Tabulist)及邻域搜索策略为核心的智能算法,其原理是通过引入一个基于禁忌准则的灵活存储结构,在禁忌长度(Tabu-length)与特赦准则(Aspirationcriterion)的双重作用下尽可能地实现在空间内有效广泛地搜索,以最大程度地寻得全局范围内的最优解。自TS被提出以来,已经被大量的学者用于求解不同类型的NP-hard组合优化问题,包括VRPTW[173],VRPB(VRP with Backhauls,VRPB)[174]。本书在现有对TS研究的成果上所设计的用于求解DVRPTW的算法架构如图4-3所示。

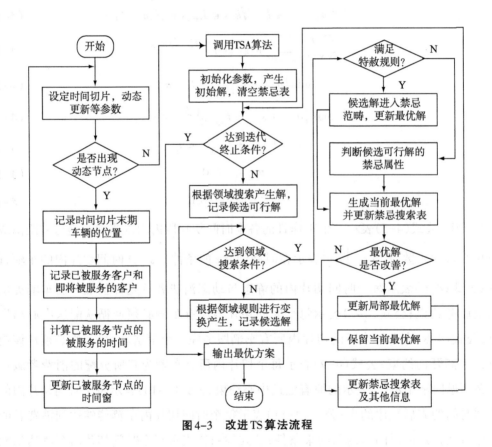

图4-3 改进TS算法流程

图4-3展示了用于求解DVRPTW的改进TS算法流程,DVRPTW的求解过程在时间维度上被映射为连续时间切片区间$[t_0 + in_{ts}, t_0 + (i+1)n_{ts}]$带有条件的若干个静态 VRPTW

求解过程。首先，车辆在任意时间切片区间的初始时刻，均按照规划好的线路在网络中遍历各消费者，直到时间切片区间末端时，记录已服务过的消费者；其次，将时间切片内产生的动态消费者和尚未被服务的消费者以及配送中心组成新的无向连通网络图 $G = (\text{Node}, \text{Edge})$；最后，再重新调用一次 TS 算法求解 VRPTW，并将给出的最新动态方案在时间切片 $\left[t_0 + in_{\text{ts}}, t_0 + (i+1)n_{\text{ts}}\right]$ 区间末端反馈给正在执行任务的车辆。接下来，将对动态路径优化问题的求解策略进行详细的介绍。

4.3.1　动态路径优化问题的求解策略

如何处理已被服务的消费者是求解 DVRPTW 的关键所在，现有文献提出采用虚拟消费者的方式将动态的路径优化问题转化为静态的路径优化问题[175]。其具体过程为，假设在 $\left[t_0 + in_{\text{ts}}, t_0 + (i+1)n_{\text{ts}}\right]$ 区间内，消费者 n_i、n_{i+1}、n_{i+2} 已被车辆服务过，且对应消费者的需求量为 q_i、q_{i+1}、q_{i+2}，则在下一步优化过程中，首先，将这三个消费者虚拟为一个消费者，该虚拟消费者的需求量为 q_i、q_{i+1}、q_{i+2}，将虚拟消费者与配送中心之间的距离赋值为车辆最后所服务消费者与配送中心之间的距离；然后，规定车辆在下次执行配送任务时首先服务该虚拟消费者。基于虚拟消费者的 DVRPTW 求解策略如图 4-4 所示。

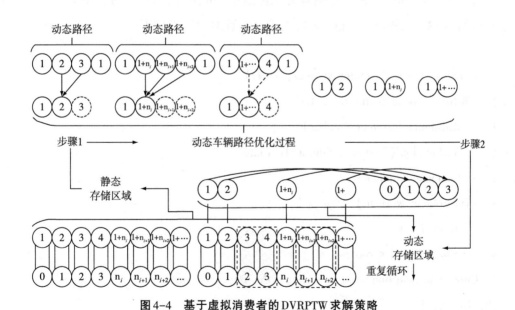

图 4-4　基于虚拟消费者的 DVRPTW 求解策略

虚拟消费者策略旨在实现在动态优化过程中最小程度地破坏已被遍历过的路径，其难点在于控制车辆优先访问虚拟消费者。为此，本书在遵循最小程度破坏已被遍历路径的原则下，设计等价时间转换策略，以实现基于部分路径生效的动态优化。具体规则为：

在 $\left[t_0 + in_{\text{ts}}, t_0 + (i+1)n_{\text{ts}}\right]$ 初期,某一消费者的时间窗为 $\left[a_i, b_i\right]$,如果该消费者在时间切片区间内已被服务过,则该消费者的时间窗修正为实际的服务时间;即等价为转换为消费者的时间窗约束条件,在自适应惩罚函数的约束作用下,在下次的动态优化过程中,被修正过的消费者在空间内的排列顺序将受到最小程度的破坏,其原因在于所得方案中,如果车辆未能按照既定部分线路遍历消费者,则会被赋予一个惩罚值。其中,时间窗的转换策略的具体计算公式如(4-3)和(4-4)所示。

4.3.2 初始解生成规则

以车辆容量约束为主,时间窗约束为辅来构造可行初始解,具体构造过程为:首先,用 $1, n+1$ 表示配送中心,用 $i \in \{2, 3, \cdots, n\}$ 表示消费者编号,随机选取一个满足车辆容量约束的消费者,将其插入到一个以车辆为标识码的路径链条 $\{1 - i - n + 1\}$ 中。其次,随机选取一个新消费者,依据新消费者最早开始要求服务时间与路径中原有消费者要求的最早开始服务时间的先后顺序,确定新消费者的插入位置,并更新路径链条。当该路径条链条中的所有消费者的需求量累计求和超过车辆容量约束时,启动下一条可行路径,重复以上步骤,直到所有消费者均被插入到可行路径链条中为止,并生成初始解。如 $\{1 - 3 - 5 - 7 - 9 - n + 1\}$ 表示车辆首先从配送中心 1 出发,依次经过消费者 3-5-7-9,最后返回与编号 1 相同的配送中心 $n+1$,生成初始解的伪代码如下。

```
1.  For(i = 1;  i ⩽ Customer Number;   ++i)
2.      While(Customer Number > 0){
3.          Random(Customer Number)
4.          Add random(Customer Number) to route i
5.          Customer Number  -
6.      If(Vehicle overload)
7.          Route i++
8.          For(i = 0; i < routes)
9.  Choose the insertion point according to the time constraint
10. Break; }
```

4.3.3 邻域搜索策略

邻域搜索策略作为 TS 算法的关键,在寻找最优可行解的过程中扮演着至关重要的角色,现有文献中较为通用的邻域搜索策略包括单条路径内部邻域搜索(含 Or-opt 和 2-opt)

和两条路径间的邻域搜索(含2-opt*和Swap/shift)四种邻域搜索策略。本书在现有文献成果的基础上,设计2-opt*邻域搜索策略,其具体过程为:在满足车辆容量约束及时间窗的前提下,首先随机选取一个移除消费者和一个增加消费者的位置,随后将被移除的消费者插入随机指定的位置,进而达到种群进化的目的。其中,所设计的基于2-opt*的邻域搜索伪代码如下。

```
1.  Begin Initialize and enter relevant parameters
2.    for(i = 2, i ≤ n + 1, + +i)
3.    for(j = 1, j ≤ K, + +j)
4.    { Select remove cus i, then Route[r]. Remove(i)
5.     Select add pos j, then Route[r]. Add(j, i)
6.     Update path and calculate the target value; End; }
7.       Function Add(r, pos, cus)
8.        {Route[r]. Load + = cus. demand
9.        Route[r]. Dis = Rout[r]. Dis − Dis[pos − 1, pos + 1]
              +Dis[pos − 1, cus] + Dis[cus, pos + 1]
10.       Route[r]. Add(pos, cus); }
11.      Function Remove(r, pos, cus)
12.       {Route[r]. Load − = cus.demand
13.       Route[r]. Dis = Route[r]. Dis − Dis[pos − 1, cus]
              −Dis[cus, pos + 1] + Dis[pos − 1, pos + 1]
14.       Route[r]. Remove(pos); }
```

4.3.4　自适应惩罚函数

TS算法在进行迭代搜索过程中,可能会同时搜索到可行解与非可行解,而充分利用所保留的非可行解有助于寻找到全局最优解[176]。为此,本书在借鉴阮氏(Nguyen)等[177]所设计的惩罚函数基础上,引入自适应调节参数 θ 对进化过程中的自适应惩罚函数进一步改进。自适应惩罚函数包括空间解的距离成本、自适应车辆超载成本以及自适应违反时间成本三部分组成,其组成如公式(4-19)所示,而自适应参数 α、β 的更新公式如(4-20)和(4-21)所示。

$$f(x) = y_{[s]} + \alpha Q_{over} + \beta T_{over} \tag{4-19}$$

$$\alpha = \begin{cases} \alpha/(1+\theta), \text{if } Q_{over} = 0 \&\&\alpha \geqslant \alpha_1 \\ \alpha \times (1+\theta), \text{if } Q_{over} \neq 0 \&\&\alpha \geqslant \alpha_2 \end{cases} \quad (4-20)$$

$$\beta = \begin{cases} \beta/(1+\theta), \text{if } T_{over} = 0 \&\&\beta \geqslant \beta_1 \\ \beta \times (1+\theta), \text{if } T_{over} \neq 0 \&\&\beta \geqslant \beta_2 \end{cases} \quad (4-21)$$

其中,参数 α、β、θ 是自适应惩罚函数的关键所在,在公式(4-19)~公式(4-20)的调节下,当路径中所有消费者的需求量之和超过车辆额定装载量时,α 将在 θ 参数的调节下增大,进而造成整个适应度函数值的增加;相反,若对应路径的需求量之和满足车辆的装载约束,则 α 将在 θ 参数的调节下减小,进而使得整个适应度函数值减小。同理,在一个承载初始解的路径中,如果车辆的到达时间违反消费者要求的时间窗时,时间参数 β 将在参数 θ 的调节下增大,进而造成整个适应度函数值的增加,相反则会自适应地减小。基于上述规则,本书所设计的用于求解DVRPTW的改进TS算法伪代码如下。

1. **Input** Node information, Vehicle information, Penalty value parameter
2. Iteration number, Tabu length, Maximum iteration steps, etc.
3. **Output** Optimal solution
4. **for** $i = 1:n_{ts} + 1$ **do** {
5. //n_{ts} indicates the number of time slices//
6. **if** $i > 1$ **then**
7. $c_0 \leftarrow$ Customers who have been served
8. $c_1 \leftarrow$ Unvisited new customers
9. Test $\leftarrow$ Renew VRPTW instance $(c0,c1)$
10. Update initialize instance (c_0,c_1) according to Eq.(2) and (3)
11. **Else** $++i$, next; }
12. //Use tabu se arch algorithm to solve the optimal solution
13. **While** Iter < Iter Max **do** {
14. Update route $[i]$ according to **Add** (r, pos, cus) and **Remove** (r, pos, cu)
15. Update tabu list, calculate $f(x + 1)$ of route $[i]$ according to Eq.(19)
16. **if** $f(x + 1) > f(x)$
17. $f(x + 1) = f(x)$
18. **Else** $++$Iter, Continue search
19. Until(termination-condition)

20. 　　　**End** }
21. 　**End**
22. **Return** the optimal solution

4.4　算法性能测试

4.4.1　测试数据特征

针对 DVRP 问题的测试数据,现有文献多使用克里斯托菲德斯(Christofides)、塔亚尔(Taillard)、费希尔(Fisher)及乌乔亚(Uchoa)所给出的 VRP 数据库作为测试 DVRP 的数据集合[77,91,93,178-181]。而本书所研究的问题属于带时间窗约束的动态车辆路径优化问题。针对 DEVPTW 的测试问题,现有文献多参照基尔比给出的时间切片规则对 Solomon 数据进行改造,以适用于对 DVRPTW 的模型及算法的性能测试[94],其改造规则为:假设前 50 个消费者在 $t = 0$ 时刻出现,后 50 个消费者根据公式 $\max\left(0, e_i - \theta \mathrm{dis}_{0i} - r\right)$ 随机地出现[182]。根据基尔比所提工作日以及时间切片划分规则可知,在一个工作日内每个时间切片的车辆路径优化均可等价转换为一个静态的 VRPTW 优化过程。因此,本节先采用 Solomon 数据对所设计的算法在每一个时间切片内的性能进行测试。实例的测试环境参数为 Mac-Book Air 13.3 Core i5,1.8GHz CPU 双核,8G 内存,512G SSD;Windows 10 64 bit;Java JDK-8u251 编程环境。Solomon 所给出的 56 个带时间约束的测试数据基本特征如表 4-2 所示。

表 4-2　测试数据的基本特征

测试数据	R1	R2	C1	C2	RC1	RC2
个数	12	11	9	8	8	8
工作日长度	230	1000	1236	3390	240	960
消费者服务时间	10	10	90	90	10	10
总需求量	1458	1458	1810	1810	1724	1724
车辆容量	200	1000	200	700	200	1000
理论最少车辆	7.29	1.46	8.62	2.59	8.62	1.72
平均时间窗	86.96	453.74	85.43	920.51	85.43	369.76
平均 EDD	0.14	0.14	0.16	0.19	0.16	0.14
平均 LoU	0.51	0.45	0.52	0.59	0.52	0.50

4.4.2 参数调优设计

采用显著性假设检验法确定参数变化与优化结果之间的相互影响关系。设置 A，B 两个互成对照的实验组，A，B 两组的区别在于 α、β 组合值不同，其他参数均相同，在此条件下分别对算法运行测试 10 次，统计 10 次所求结果，采用双样本 t 检验对这两组实验结果进行差异性检验，检验结果如表 4-3 所示。

由表 4-3 检验结果可知，在置信水平为 0.05 的水平下，不论假定方差齐与不齐，不同 α、β 参数的组合所求解得结果间均不存在显著性差异，这说明所设计的算法对参数 α、β 的鲁棒性较高。接下来，保持 α、β 的设置不变，变更 θ 值，并分别设置 C、D 两组互成对照的实验组，在控制其他参数相同的条件下运行 10 次，对统计所得的 10 次结果进行双样本 t 检验，检验结果如表 4-4 所示。

表 4-3 对 α、β 进行双样本 t 检验结果

	α	β	样本数量	均值	SD	SEM	中位数
A 组	0.1	0.2	10	1786.92	58.42	18.48	1785.99
B 组	0.9	1.0	10	1756.41	74.90	23.69	1736.26
方差			10	30.51		30.03	54.13
总体			20	1771.66	67.22	15.03	1759.43
				t 统计值	DF	概率>$|t|$	
假定方差齐				1.016	18.00	0.32	
假定方差不齐（welch 校正）				1.016	16.99	0.32	

表 4-4 对 α、β 与 θ 进行双样本 t 检验结果

	α	β	θ	样本数量	均值	SD	SEM	中位数
C 组	0.9	1.0	0.5	10	1786.92	58.42	18.48	1785.99
D 组	0.9	1.0	0.8	10	1728.18	50.98	16.12	1717.15
方差				10	58.74		24.52	69.403
总体				20	1757.55	61.28	13.70	1739.75
					t 统计值	DF	概率>$|t|$	
假定方差齐					2.396	18.00	0.03	
假定方差不齐（welch 校正）					2.396	17.68	0.03	

由表4-4检验结果可知,在置信水平为0.05下,不论假定方差齐与不齐,α、β与θ参数的不同组合所求解结果间均存在显著性差异,这说明θ的取值对于算法的性能有较大影响。为此,进一步对θ进行调参,设置θ的取值分别为0.1、0.2、0.3、0.4、0.5、0.6、0.7、0.8、0.9、1、1.5、2、3、4、5,在每种取值条件下分别运行10次,取其平均值作为最终值,将所得到的结果绘制成散点图,并用玻尔兹曼函数对其进行拟合结果如图4-5所示。

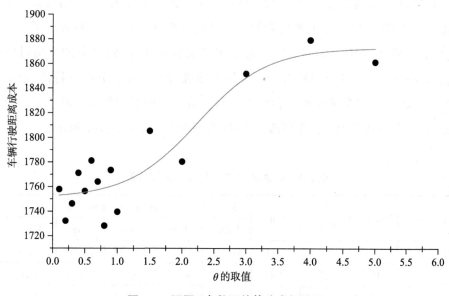

图4-5　不同θ参数下的算法求解结果

由图4-5结果可知,随着θ取值的不断增加,优化结果呈现出变差趋势的特征,而θ在$(0,1)$范围内时,算法性能整体表现效果相对较优,要优于θ在$(1,6)$时的性能。因此,本书选择在$\theta \in (0,1)$内平均最小值所对应的参数值作为最终的调优参数,最终调优参数设置如表4-5所示。

表4-5 参数设置

α	β	θ	Ts	L	Cap	Veh	Cus
0.9	1.0	0.8	20	2000	200 or 700	30	100

其中,Cap表示车辆的额定装载量,因为不同的算例中所使用到的车辆的装载量不同,因此在进行参数设计时,Cap的取值需根据实际案例进行确定。

4.4.3　算法性能测试

为较为全面地对算法性能进行测试,设置 E、F、G、H 四个测试组,对所设计算法的性能进行测试,其中,每个测试组包含两个测试案例共计八个案例。编号为 1、2 的属于 E 测试组,同理,编号为 7、8 的属于 H 测试组。同一组内的两个案例实验数据值具有较大的差异性,但是数据的特征具有相似性;而不同组之间的实验数据值与数据特征均具有较大的差异性。其中,E 组的特点是 25 个消费者的位置呈现随机分布的特征,消费者的平均时间窗跨度较小;F 组的特点是 50 个消费者的位置呈现聚集分布特征,消费者的平均时间窗跨度中等;G 组的特点是 50 个消费者的位置呈现聚集分布特征,消费者的平均时间窗跨度较大;H 组的特点则是 100 个消费者的位置呈现随机与聚集混合分布的特征,消费者的平均时间窗跨度较小。四个测试组所包含的消费者数量呈递增的趋势。基于上一节调优参数设计,对每个案例运行 10 次,采用改进 TS 算法所求得结果如表 4-6 所示。

表 4-6　对改进 TS 算法性能测试的结果

TG	R	Instance	样本数量	Cap	KBS Value	Improved taboo search algorithm				
						Max	Min	Avg	Gap	Opt R
E	1	R101.25	25	200	617.10	632.49	618.33	620.63	−1.23	−0.20%
	2	R103.25	25	200	454.60	463.30	455.70	456.46	−1.10	−0.24%
F	3	C104.50	50	200	358.00	372.05	362.31	366.15	−4.31	−1.20%
	4	C106.50	50	200	362.40	437.13	363.25	370.78	−0.85	−0.23%
G	5	C207.50	50	700	359.60	393.57	361.41	374.05	−1.81	−0.50%
	6	C208.50	50	700	350.50	377.79	352.12	360.51	−1.62	−0.46%
H	7	RC102	100	200	1554.75	1592.98	1488.71	1531.22	66.05	4.25%
	8	RC105	100	200	1629.44	1815.63	1565.56	1637.59	63.88	3.92%

算法性能测试结果(如表 4-6 所示)表明所设计的算法能够较好地满足 VRPTW 的求解,基本上都能够找到接近或优于已知最好解的解。表现较好的为针对拥有 100 个消费者的 RC102 案例,优化率达到了 4.25%;而偏差最大的是 C104.50,与已知最好解的偏差为 1.20%,但这一偏差值落在 5% 这一可接受的偏差范围内,这进一步佐证了所设计的算法能够满足 DVRPTW 中单个时间切片内的需求。其中,以每个案例测试 10 所得结果绘制的算法性能测试结果箱体图如图 4-6 所示。

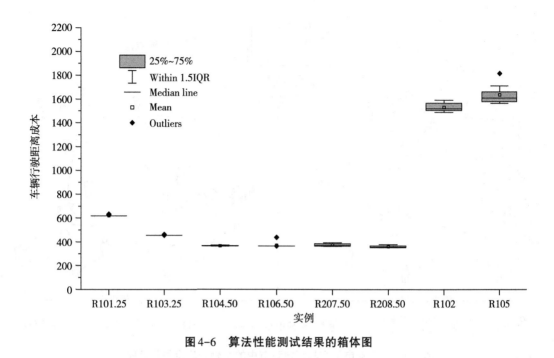

图4-6 算法性能测试结果的箱体图

就来自 E、F、G、H 四个测试组的 8 个案例的求解结果而言(见图 4-6),箱体整体高度较小,这说明本书所求得结果与已知最好解的偏差在较小范围内波动且具有较好的稳定性,特别是在求解 E 组中的小规模问题时,算法性能最佳,每次均能找到已知最好解。此外,随着消费者规模的增大,箱体高度呈现出逐渐增大的趋势,这表明在重复多次测试中,求解结果的波动性与消费者规模数量呈现正相关关系。虽然在求解 H 组中包括 100 个消费者的案例时,求解结果具有较大的波动性,但找到与已知最好解接近或更优的概率达 50% 以上,这进一步说明所设计的算法能够较好地满足动态优化过程中若干时间切片内的 VRPTW 求解。

4.5 案例应用

以网络购物模式中重庆市某品牌电子产品销售环节的 DVRPTW 过程为例,来对本章所提方法及模型加以应用验证。截至 2020 年 6 月,我国网络购物用户规模突破 7.49 亿,已连续七年成为全球最大的网络零售市场,线上销售已经成为各大生产企业、销售服务商采用的主流模式。在该模式下,消费者、销售商、服务商等关键节点均通过手机等智能设备实现互联,基本实现 IoT 中各节点的连接功能,但具体执行任务环节还多依靠人工的参与,车辆路径不能够较好地及时满足消费者动态需求。某品牌电子产品销售环节中的车辆调度过程全景示意图如图 4-7。

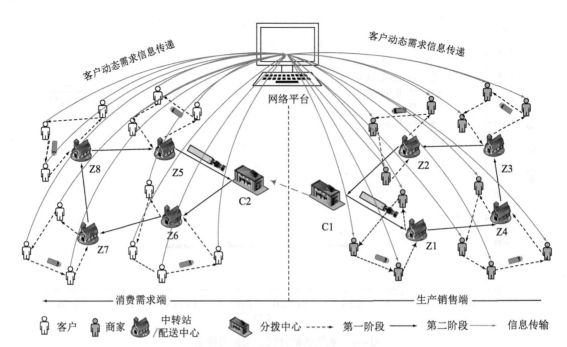

客户动态需求信息传递   网络平台   客户动态需求信息传递

消费需求端   生产销售端

客户   商家   中转站/配送中心   分拨中心   - - - - 第一阶段   —— 第二阶段   —→ 信息传输

图4-7 某企业电子产品销售环节中的车辆调度全景示意图

在电子产品揽收中经常会由于多种因素导致消费者动态需求的出现,当消费者动态需求出现之后,动态信息首先通过网络平台传输至商家,商家再将动态信息传输至负责执行揽收任务的车辆。当消费者产生动态需求之后,企业的首要任务是及时响应消费者的需求,并安排产品的发货任务。在本章案例应用中,先以车辆访问商家仓库揽收消费者所需产品为例,对响应消费者动态需求的DVRPTW优化方法进行验证。为兼顾可比较性,本书选取Solomon给出的RC102中100个消费者的位置、需求及时间窗来对DVRPTW进行案例仿真分析。设置 $n_{ts} = 10$, $T_{co} = T/2$,参照东多(Dondo)等[183]将Solomon数据改造为DVRPTW数据的规则,对动态消费者按照最晚要求时间升序排列,所得到的50个动态消费者的基本数据如表4-7所示。

表4-7 基于 $n_{ts} = 30$ 的动态消费者基础数据

时间片		动态消费者									
	节点	n42	n14	n39	n45	n36	n47	n33	n15	n11	n27
切片1 [0,30]	q_i	10	10	10	10	40	10	10	20	40	20
	a_i	33	35	37	37	43	45	51	58	59	62
	b_i	63	65	67	67	73	75	81	88	89	92
切片2 [30,60]	节点	n28	n44	n23	n29	n16	n19	n30	n38	n40	n18
	q_i	10	10	30	10	20	40	10	30	30	20

续表

时间片		动态消费者									
切片2 [30,60]	a_i	62	64	65	67	72	72	74	75	85	87
	b_i	92	94	95	97	102	102	104	105	115	117
切片3 [60,90]	节点	n8	n9	n22	n41	n6	n49	n46	n10	n20	n43
	q_i	10	20	40	20	20	10	10	30	10	20
	a_i	91	91	92	92	95	104	113	119	122	128
	b_i	121	121	122	122	125	134	143	149	152	158
切片4 [90,120]	节点	n32	n35	n4	n26	n13	n24	n17	n31	n34	n25
	q_i	10	20	40	30	10	10	20	20	30	20
	a_i	131	139	141	0	142	148	149	0	0	154
	b_i	161	169	171	171	172	178	179	179	182	184
切片5 [120,150]	节点	n48	n21	n5	n37	n3	n1	n7	n50	n12	n2
	q_i	10	10	20	10	10	20	20	30	20	30
	a_i	0	0	0	0	0	0	0	0	0	0
	b_i	184	185	189	189	190	191	194	194	197	199

在固定的时间切片内,若动态消费者要求的最早服务时间早于对应时间切片区间的末端值,则动态的最早被服务时间的最小值为对应时间切片区间的末端值。若动态要求的最晚服务时间要求早于对应时间切片区间的末端值,则由于违反时间窗的要求而拒绝该消费者的动态请求。其中,100个消费者(含静态与动态消费者)的位置分布以及需求量如图4-8所示。

在图4-8a)中方形节点表示配送中心;黑色节点表示上一个工作日后半周期的静态消费者,在当前工作日将被优先安排提供服务;灰色节点表示当前工作日内前半周期产生的动态消费者。

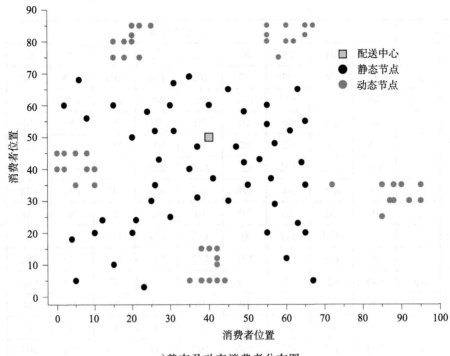

a)静态及动态消费者分布图

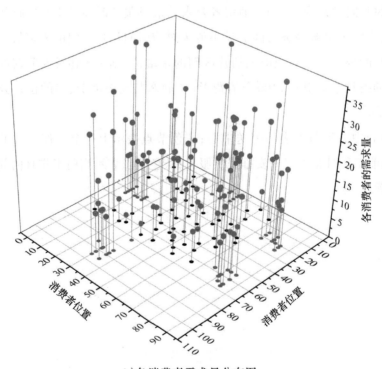

b)各消费者需求量分布图

图4-8　配送网络消费者分布图

4.5.1 考虑响应消费者动态需求车辆路径优化结果

以案例RC102为测试数据,参数设定规则为$n_{ts}=10$,在$\left[0,n_{ts}\right]$区间内产生50个动态消费者(见表4-7)。在$t=0$时刻,所得到的末端物流配送车辆路径方案如图4-9所示。

图4-9结果表明,在$t=0$时刻,配送中心共派出8辆车为前一个工作日的后半个周期内的50个静态消费者提供服务,车辆行驶距离成本为743.80。其中,在$\left[0,10\right]$与$\left[50,60\right]$两个时间切片内的动态车辆路径优化结果如表4-8所示。

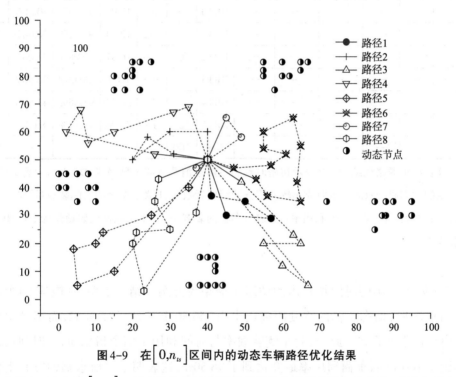

图4-9 在$\left[0,n_{ts}\right]$区间内的动态车辆路径优化结果

注:实线表示车辆在$\left[0,n_{ts}\right]$区间内即将为目标消费者提供产品揽收服务的路线;虚线表示在不考虑动态消费者情况下的为消费者提供服务的行驶路线;灰度点表示在$\left[0,n_{ts}\right]$期间产生的动态消费者。

表4-8 不同区间的DVRPTW的车辆方案

在$\left[0,10\right]$区间内的动态车辆路径方案						在$\left[50,60\right]$区间内的动态车辆路径方案					
VN	CN	L	WT	TR	LR	RC	VN	CN	L	WT	TR	LR	RC
SR1	4	70	68.12	60.45%	35.00%	64.13	SR1	9	171	31.76	86.17%	85.50%	107.95
SR2	5	88	68.47	61.96%	44.00%	61.53	SR2	6	129	46.53	78.52%	64.50%	110.05
SR3	6	96	25.42	87.69%	48.00%	121.06	SR3	8	124	0.00	100.00%	62.00%	98.81
SR4	7	114	46.39	79.53%	57.00%	110.20	SR4	9	149	8.47	96.03%	74.50%	115.02

续表

在[0,10]区间内的动态车辆路径方案							在[50,60]区间内的动态车辆路径方案					
VN	CN	L	WT	TR	LR	RC	VN	CN	L	WT	TR	LR	RC
SR5	7	122	30.36	86.34%	61.00%	121.83	SR5	5	99	59.01	69.24%	49.50%	82.80
SR6	11	135	15.24	93.41%	67.50%	106.08	SR6	6	69	83.70	61.93%	34.50%	76.15
SR7	3	25	52.13	58.80%	12.50%	44.40	SR7	7	87	59.16	74.07%	43.50%	99.02
SR8	7	104	54.22	77.29%	52.00%	114.58	SR8	8	147	31.61	85.93%	73.50%	113.07
Sum	50	—	—	—	—	743.80	DR9	5	86	56.48	76.04%	43.00%	129.23
—	—	—	—	—	—	—	DR10	4	61	79.03	56.10%	30.50%	60.97
—	—	—	—	—	—	—	DR11	8	152	12.14	94.21%	76.00%	117.47
—	—	—	—	—	—	—	DR12	6	146	16.87	90.08%	73.00%	93.24
—	—	—	—	—	—	—	DR13	11	193	0.00	100.00%	96.50%	113.01
—	—	—	—	—	—	—	DR14	6	95	20.34	91.36%	47.50%	155.15
—	—	—	—	—	—	—	DR15	2	16	73.96	41.54%	8.00%	32.56
—	—	—	—	—	—	—	Sum	100	—	—	—	—	1504.52

注：VN表示车辆路线编号，SR表示初始时刻满足静态消费者的车辆路线，DR表示为满足动态消费者而新产生的动态路线；CN表示对应车辆所服务的消费者数量；L表示车辆的实际装载量；WT表示车辆的等待时间；TR表示时间的有效利用率；LR表示车辆的装载率，其中车辆额定装载量为200；RC表示对应的路径成本。

表4-8展示了不同时间切片内的动态车辆路径方案。结果表明，在响应50个动态消费者的请求之后，动态车辆的行驶距离成本由743.80上升到了1504.52，而车辆使用数量成本则由8上升到了15。此外，就车辆装载率与时间利用率两个指标而言，时间利用率最高的达到了100%，而车辆利用率最高达到了96.50%，这表明本书所求解的方案不仅能够满足实际需求，在时间利用率及车辆利用率方面均具有较好的表现。此外，之所以存在等待时间的浪费情况，是因为消费者有服务时间窗约束，当车辆在消费者要求的最早开始时间点到达消费者处时，车辆需要等到一段时间才能开始为消费者提供服务。而在$[0,n_{ts}]$区间内共收到了50个动态消费者的请求，但车辆已经从配送中心出发，因此车辆只有在为第一个目标消费者提供完产品揽收服务之后才能考虑将动态消费者纳入到后续的服务路径序列中。其中，在$[50,60]$区间内，车辆所处位置及动态路径优化结果如图4-10所示。

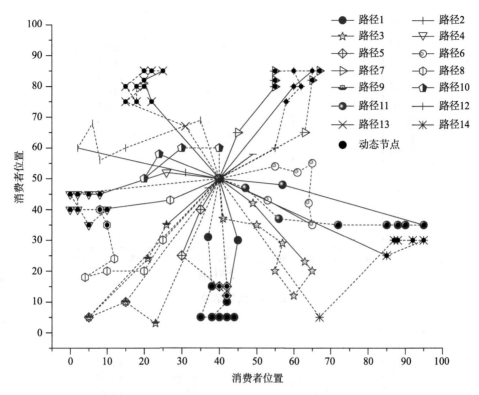

图4-10 在[50,60]区间内的动态车辆路径优化结果

在车辆已经从配送中心出发前往第一个消费者并为其提供服务的过程中,即使收到动态消费者的请求,车辆仍需继续前往所服务的第一个消费者所在地,为其提供服务之后才能为考虑为该动态消费者提供服务。因此,一旦锁定服务目标之后不得随意更改行驶路线。接下来,将设置实验组与本书所设计的方法进行对比分析。

4.5.2 不同情境优化结果对比及敏感性分析

将企业现用方法作为对比实验组,即在不考虑响应消费者动态需求情景下,企业在每个工作日的 $t = 0$ 时刻安排一定数量的车辆从配送中心出发,为上一工作日未被服务的静态消费者提供服务;在 $t = T/2$ 时刻再派出车辆为 $[0, T/2]$ 产生的动态消费者提供服务,在不考虑响应消费者动态需求情景下的路径优化结果如图4-11所示。

图4-11表明在不考虑响应动态消费者的情景下,企业需要在两个时间切片内分别安排一次车辆为消费者提供产品的揽收服务。在第一个与第二个时间切片内均需要排除8辆车方能够满足消费者的需求,而在第一个时间切片内车辆的行驶距离成本为744.39,在第二个时间切片内车辆的行驶距离成本为843.94。其中,在不考虑响应动态消费者情景下的车辆路径优化结果及各项参数如表4-9所示。

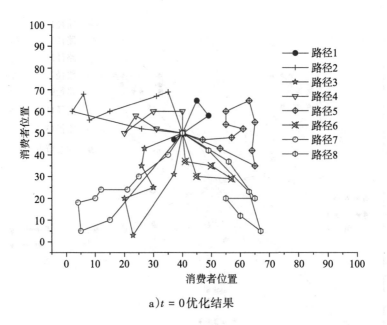

a)$t = 0$优化结果

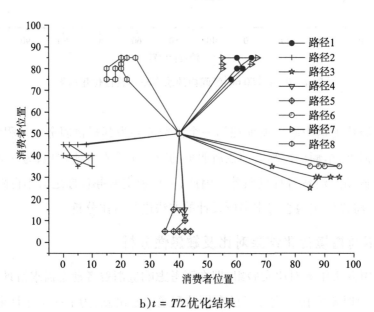

b)$t = T/2$优化结果

图4-11　不考虑实时动态情景的车辆路径优化结果

表4-9　不考虑响应动态消费者情景的车辆路径优化方案及各项成本参数

t = 0时刻车辆路径方案					t = T/2时刻车辆路径方案				
VN	CN	L	LR	RC	VN	CN	L	LR	RC
SR1	3	25	12.50%	44.40	SR1	5	130	65.00%	90.72
SR2	7	114	57.00%	110.20	SR2	10	200	100.00%	128.99
VN	CN	L	LR	RC	VN	CN	L	LR	RC

续表

	t = 0时刻车辆路径方案					t = T/2时刻车辆路径方案			
VN	CN	L	LR	RC	VN	CN	L	LR	RC
SR3	6	76	38.00%	112.58	SR3	6	100	50.00%	123.46
SR4	5	88	44.00%	61.53	SR4	3	60	30.00%	78.72
SR5	10	129	64.50%	104.58	SR5	7	140	70.00%	106.95
SR6	4	70	35.00%	64.13	SR6	4	80	40.00%	114.44
SR7	8	150	75.00%	123.72	SR7	5	70	35.00%	94.75
SR8	7	102	51.00%	123.27	SR8	10	190	95.00%	105.95
Sum/Avg.	50	754	47.13%	744.39	Sum/Avg.	50	970	60.63%	843.98

　　表4-9展示了在不考虑响应动态消费者情景下的车辆路径优化结果及各项成本,结果表明在不考虑及时响应消费者动态需求的情境下,两次配送方案的车辆平均装载率分别为47.14%和60.63%,而平均车辆装载率为53.88%,这一数据要略低于考虑响应动态消费者情景时的车辆平均装载率(57.47%)。此外,两次配送方案的距离成本总和为1588.37,该距离成本要高于考虑及时响应消费者动态需求时的1504.52。这进一步说明了本书所提出的面向IoT应用的动态车辆路径优化方法不仅能够提升车辆的综合利用率、提升对消费者需求的敏捷性响应速度,还对降低车辆行驶距离成本具有一定的积极作用。在不考虑动态情景下,每次优化均重复进行15次,统计车辆行驶距离成本与使用数量成本,并将其值进行降序排列,所得到的两次车辆路径优化中车辆行驶距离及使用数量成本之间的关系如图4-12所示。

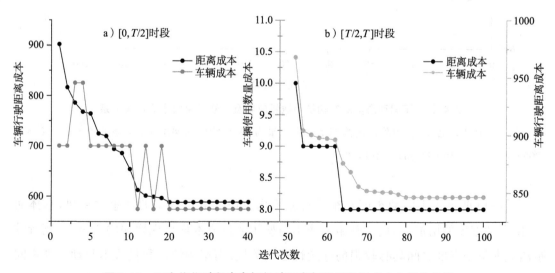

图4-12　两次优化过程中车辆行驶距离与使用数量成本之间的关系

图4-12展示了不同时段内优化方案所对应的车辆行驶距离成本与使用数量成本之间的关系。结果表明,两个阶段最优解的出现总是伴随着距离成本与车辆使用数量成本同时实现最小化而出现。此外,车辆行驶距离成本与使用数量成本两者之间大致呈现出一定的正相关的关系,然而,在未达到稳定状态时,使用较多数量的车辆可能能够降低车辆行驶距离成本,正如图4-12左图中在第10次到15次之间测试所表现出来的规律。

现以案例RC102-50-50案例对不同动态度对车辆使用数量成本及行驶距离成本之间的敏感性进行分析,实验设置的基本规则为:在车辆行驶过程中通过不断插入动态消费者的请求以提升动态度值,在不同动态度水平下,对动态车辆路径进行求解。不同动态度下的每种实验测试10次,并连续保留10次稳定状态值,得到的不同动态度对车辆行驶距离及使用数量成本的影响关系如图4-13所示。

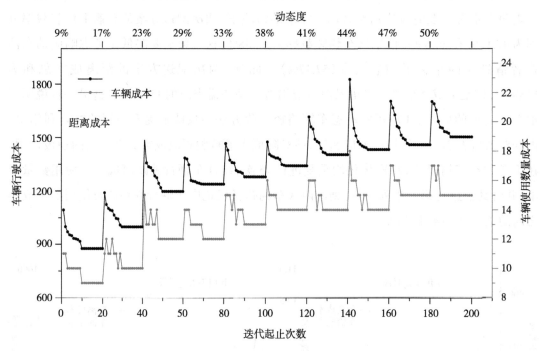

图4-13 不同动态度对车辆使用数量成本及行驶距离成本的影响关系

注:上 x 轴为动态度,初始阶段的静态消费者数量为50,后续依次递增5个动态消费者,5/(50+5)×100%≈9%,直至为50/(50+50)×100%=50%。

图4-13展示了不同动态度对车辆行驶距离及使用数量成本的敏感性规律,总体而言,随着动态度的增加,车辆行驶距离成本与使用数量成本均呈现增加的趋势,车辆行驶距离成本与动态度之间具有较强的连续性正相关性,而车辆使用数量成本与动态度之间表现出了区间性间断的正相关性。即动态度在一定的波动区间内,车辆的使用数量并不

会随着动态度的增加而增加,例如,动态度在23%~33%,以及38%~47%的区间内波动时,车辆使用数量成本不会受到动态度的影响,这一结论揭示出了具有较大额定装载容量的车辆对消费者的动态需求具有较好的鲁棒适应性。此外,图4-13中代表两种成本的各节点同时处于平行稳定状态,表明在取得最终相对较优解的情况下,距离成本达到最小化的路径方案亦是车辆使用数量成本实现最小化的方案。然而,图4-13中代表两种成本的各节点在没有达到稳定状态前所展示出来的变化规律表明,在没有取得相对最优解的情况下,较低车辆行驶距离成本下的方案可能对应着相对较高的车辆使用数量成本。

4.6 分析与讨论

在IoT技术架构下,消费者动态需求信息依赖各类通讯传感技术能够及时地被传输至调度中心,而在整个调度过程中,动态车辆路径优化建模及求解算法占据着核心地位。为此,本章重点从响应消费者动态需求的视角研究DVRPTW建模及求解问题,设计满足消费者动态需求的车辆路径优化方法,以实现基于上一时间切片内车辆路径部分生效前提下,对下一时间切片内未生效车辆路径的动态优化。通过本章研究DVRPTW所取得的主要结果如下:

①通过时间切片的方式将动态问题在空间内进行降解、消费者时间窗等价转换以及消费者虚拟化策略能够有效降低DVRPTW求解的复杂度,其主要原因在于通过时间切片的分割,将不同的消费者按照订单的先后顺序分配到不同的时间区间内,在不影响响应消费者动态需求的前提下,将动态优化的过程转化为不同的区间内静态车辆路径的重复优化。

②通过对动态路径优化过程中任一时间切片内的VRPTW求解实验可知,所设计的算法能够较好地满足动态车辆路径中高频率动态时间切片的需求,以拥有100个消费者的和1个配送中心的RC102为例,本书所求得结果相比已知最好解的优化率达到了4.25%,求解耗时维持在3~5秒之内,这进一步佐证了所设计的算法能够较好地满足DVRPTW的求解需求。

③通过分析动态度对车辆使用数量成本及车辆行驶距离成本的敏感性,得出动态度在一定的区间范围内波动只会影响车辆的行驶距离成本,而不会影响车辆的使用数量成本。而大容量的车辆能够提升路径优化方案对消费者动态需求的鲁棒性,主要原因在于车辆容量越大,越有能力满足具有波动需求的动态消费者群。

4.7 本章小结

本章研究了响应消费者动态需求的DVRPTW建模及求解问题,首先,受贝叶斯条件概率思想启发,将响应消费者动态需求的DVRPTW转化为若干相关时间切片内的路径优化,构建基于上一时间切片内部分路径生效前提下,对下一时间切片内路径进行重复优化的动态车辆路径优化模型;其次,基于时间窗转化约束设计了求解带时间窗的动态车辆路径策略,给出了求解DVRPTW的改进TS算法;然后,基于基尔比动态车辆路径数据生成规则,采用Solomon数据对本书所提方法进行验证,采用控制变量法对算法性能进行测试与分析;最后,采用案例研究法,对是否考虑响应消费者动态需求的车辆路径优化结果进行了对比分析与研究,并对动态度的变化对优化结果的敏感性进行了分析。研究结果表明动态度在一定区间范围内波动只会影响车辆行驶距离,而不会影响车辆使用数量。

第5章 考虑熟悉度与负载均衡的两阶段带时间窗动态车辆路径问题

本章在考虑响应消费者动态需求下,将第4章所研究的一阶段问题进一步拓展为两阶段问题,提出考虑区域熟悉度与中转站负载均衡的2E-DVRPTW建模及求解方法。首先,为解决工作人员配送效率和车辆利用率不高的问题,设计基于熟悉度和中转站负载均衡的网络节点隶属方法。其次,为降低问题求解复杂度,提出将连续网络优化映射为两个相关网络的优化。再次,采用佩尔博利数据对所提方法进行数值仿真,结果表明,相比已知最好解的最高优化率达到了15.76%。最后以某企业为例,对比分析讨论不考虑区域熟悉度、考虑区域熟悉度、考虑区域熟悉度和负载均衡,以及考虑区域熟悉度和动态度四种情境下所得到的优化结果。

5.1 引言

在面向消费者动态需求的车辆路径优化过程中,消费者动态需求不仅会影响第一阶段配送网络中的VRPTW计划,还会影响第二阶段配送网络中的VRPTW计划。然而,2E-DVRPTW相比第4章DVRPTW更加复杂,表现在不同工作人员对不同区域具有不同的熟悉度,不合理的任务分配会导致任务执行效率低下问题;分配给中转站的任务量不均衡会导致车辆利用率不高的问题;以及车辆路径优化不合理会导致车辆行驶距离成本增加的问题。基于此,本章面向消费者动态需求,对考虑区域熟悉度与中转站负载均衡的2E-DVRPTW展开研究。

2E-VRP指的是将消费者所需产品经第一阶段配送网络,由分拨中心转运至中转站(文献俗称satellite,卫星)之后,再经第二阶段配送网络派送给消费者的过程[28]。雅格布森(Jacobsen)和马德森(Madsen)在VRP模型基础上,于1980年首次发表了关于2E-VRP的成果[184]。较为权威的是佩尔博利(Perboli)所构建的2E-VRP模型及求解方法,以及公布的被后续学者大量引用的测试数据集[185]。国内外已有研究学者针对2E-VRP展开了系列研究,包括以车辆行驶距离成本最小化为目标,对优化建模问题进行的相关研究[170,186]。然而,这些研究还存在几方面的不足:一方面,鲜有文献考虑区域熟悉度对2E-DVRPTW的影响,而配送员这一职业具有低门槛、高流动性的特点,不同的配送员对区域熟悉度不同,配送员与区域的不匹配会降低配送效率;另一方面,鲜有文献从考虑中转站负载均衡的视角对2E-DVRPTW问题展开研究,当不同区域内的需求与中转站处理能力不匹配时,会进一步导致部分中转站车辆装载率较低的问题。针对这一问题,本章提出了考虑熟悉度与负载均衡的 2E-DVRPTW 研究,旨在末端物流配送过程中实现效率与成本的兼顾。

　　本章研究的实际应用场景为在网络购物模式中的前端、中端揽收产品过程,在整个揽收过程中,车辆需要经历两个阶段的调度方能将消费者所需的产品由商家仓库依次运输到中转站。具体解决思路为:在借鉴现有文献研究成果及第 4 章研究的基础上,进一步对考虑区域熟悉度、负载均衡,以及消费者动态需求的 2E-DVRPTW 建模和求解方法展开深入研究。将 K-means 聚类思想引入区域熟悉度划分中,以第一阶段网络中的中转站为起点,以中转站个数为聚类初始个数对商家进行隶属划分,并以整体车辆使用数量最小化、装载率最大化对各个中转站的负载进行均衡。在进行区域熟悉度划分及负载均衡的基础上,进一步设计在上一时间切片内部分路径生效的前提下,对下一时间切片内的未生效车辆路径进行优化的方法,以实现对 2E-DVRPTW 的求解。最后,采用算法性能测试及案例应用方式,对本章所提方法进行验证与讨论分析。

5.2　问题描述及数学模型

5.2.1　问题描述

　　由第 2 章所描述的第三个应用场景可知,在前端、中端物流所组成的两阶段揽收过程中,车辆首先访问有发货需求的商家,将消费者所需的产品由商家所在位置运输到中转站,再派遣车辆由分拨中心出发,依次遍历各个中转站,将产品由中转站运输到分拨中心。在车辆执行揽收任务的过程中,消费者的动态需求不定时地通过网络平台传递给商家,而商家接受到的动态需求会及时通知给正在执行任务的车辆,因此,在 2E-DVRPTW 优化过程中,车辆需及时根据消费者的动态需求进行路径的调整。此外,在两阶段揽收中,隶属不同中转站的工作人员对地域存在着差异性的熟悉度,消费者存在着动态的追加订单或者取消订单等动态需求,这种动态需求会通过网络途径传递给商家,进而导致商家发货的动态性。其中,本章所解决的考虑区域熟悉度与中转站负载均衡的 2E-DVRPTW 问题如图 5-1 所示。

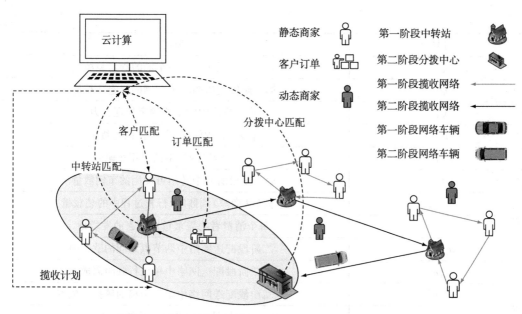

图5-1 基于区域熟悉度与负载均衡的2E-DVRPTW问题

2E-DVRPTW问题可以被描述为包括 N_0、N_s、N_c 三类节点，以及 E_{0s}、E_{sc} 两类边所组成的同层内无向网络图 $G = \{N_0, \ N_s, \ N_c, \ E_{0S}, \ E_{SC}\}$ 中边的选择问题。N_0、N_s、N_c 分别表示分拨中心、中转站及商家所在位置；E_{SC}、E_{0S} 分别表示由中转站与商家所组成的第一阶段配送网络边界，以及由分拨中心与中转站所组成第二阶段配送网络边界。本章所使用到的数学符号及含义说明如表5-1所示。

表5-1 本章使用到的符号及含义说明

符号	描述
$N = N_0 \bigcup N_s \bigcup N_c$	一、二阶段网络节点集合
$N_0 = \{N_0\}$	分拨中心
$N_s = \{N_{[s][1]}, N_{[s][2]}, \cdots, N_{[s][s]}\}$	中转站
$N_{[s][i]}^o$	处于开放状态的中转站
$N_{[s][i]}^c$	处于关闭状态的中转站
$N_c = \{N_{[c][1]}, N_{[c][2]}, \cdots, N_{[c][c]}\}$	商家集合
$L = L_1 \bigcup L_2$	一、二阶段配送网络边集合
$L_1 = \{(i,j) \big| i, \ j \in N_0 \bigcup N_s\}$	分拨中心与中转站组成的网络边界
$L_2 = \{(i,j) \big| i, \ j \in N_s \bigcup N_c\}$	中转站与商家组成的网络边界
L_{1_s}, L_{2_s}	不同时间切片阶段内网络边界

续表

符号	描述
Q^1	第一阶段配送网络中车辆的额定装载量
Q^2	第二阶段配送网络中车辆的额定装载量
Q_s	第二阶段中转站的额定处理能力
w_{sk}	车辆 k 为中转站 s 所提供的送货量
T^1, T^2	一、二阶段网络中的可用车辆数
T^s	第二阶段所有中转站可使用的车辆数量
$L_{[i][j][k]}$	车辆 k 从商家 i 到商家 j 行驶过程中的装载量
q_i	每个消费者的需求量即商家的发货量
d_{ij}^1, d_{ij}^2	一、二阶段配送网络中两节点之间的欧式距离
c_{ij}^1, c_{ij}^2	一、二阶段配送网络中单位行驶距离成本
$\alpha_{ij}^1, \alpha_{ij}^2$	一、二阶段配送网络中单位距离的碳排放成本
c_0	中转站处理单位产品的成本
$\left\vert N_s \right\vert$	集合中构成网络节点 s 的个数
K_1, K_2	一、二阶段配送网络中使用车辆集合
$K_1 = \left\{1,2,\cdots,T^1\right\}$	第一阶段配送网络中所有可用车辆构成的集合
$K_2 = \left\{1,2,\cdots,T^2\right\}$	第二阶段配送网络中所有可用车辆构成的集合
K_{1_s}, K_{2_s}	不同时间切片内可用车辆使用数量
$\left[a_i^1, b_i^1\right]$	第一阶段网络中节点 i 对应的左右时间窗约束值
$\left[a_i^2, b_i^2\right]$	第二阶段网络中节点 i 对应的左右时间窗约束值
w_{ik}^1	车辆 k 访问或达到中转站 i 处的时间
w_{ik}^2	车辆 k 访问或达到商家 i 处的时间
s_i^1	第一阶段网络商家 i 所需要的服务时间
s_i^2	第二阶段网络中转站 i 所需要的服务时间
$\left[E^1, L^1\right]$	第一阶段分拨中心对应的左右时间窗约束值
$\left[E^2, L^2\right]$	第二阶段中转站对应的左右时间窗约束值
t_{ijk}^1	车辆 k 在第一阶段网络中从节点 i 到 j 所需时间
t_{ijk}^2	车辆 k 在第二阶段网络中从节点 i 到 j 所需时间
x_{ijk}^1	第一阶段节点 i 到 j 由车辆 k 提供服务的决策变量
x_{ijk}^2	第二阶段节点 i 到 j 由车辆 k 提供服务的决策变量
y_{is}	节点 i 是否由中转站 s 提供服务

5.2.2　模型构建

①基于K-means的熟悉度划分。

隶属不同中转站的工作人员对产品配送区域具有不同的熟悉度,在不同熟悉度区域内工作的效率存在显著的差异。此外,最小化的车辆行驶距离成本和使用数量成本也是企业所关注的目标,而K-means正是以各节点到对应类中心欧式距离之和最小化为目标的一类聚类算法[187-189],为此,本书将K-means聚类与中转站负载能力均衡策略有效融合,以满足车辆路径优化对效率与成本的双重需求。其中,基于K-means的区域熟悉度划分的数学描述过程为:首先,从被分类的所有商家中随机选取若干个商家k作为初始聚类中心;其次,依次计算每个商家到不同聚类中心的距离,按照距离最小化的原则,将该商家划分至对应的类别中;再次,根据均值更新每个聚类的质心,并重新对每个商家进行类别划分,直至达到质心稳定的状态或达到所设定迭代次数为止。其中,各个类别的质心计算如公式(5-1)所示。

$$M_i = \left(1/n \sum_1^n X_{id}^C, 1/n \sum_1^n Y_{id}^C\right) \tag{5-1}$$

式中,n为对应类别中的商家数量;X_{id}^C、Y_{id}^C分别为对应类别中商家的横纵坐标值。基于K-means的熟悉度划分的目的是在实现各个商家到对应聚类中心距离之和最小化的前提下,实现将商家向不同熟悉度区域内的映射。其中,在基于K-means的区域熟悉度划分过程中,所设计K-means的畸变函数(Distortionfunction)如公式(5-2)所示。

$$E = \sum_{i=1}^d \sum_{p \in X_i, m_i \in M_i} \| p - m_i \|^2 \tag{5-2}$$

式中,m_i为各个质心;p为中转站。通过K-means聚类,第一阶段配送网络中的商家被聚为不同的类别。其中,基于K-means的区域熟悉度划分过程如图5-2所示。

在以中转站为初始聚类中心、中转站个数为聚类数的初始参数设置下,经过以各商家到聚类中心距离最小化为目标的聚类之后,所生成的新的聚类中心与中转站存在一定偏差。为克服这一难题,本书提出以各聚类中心与各中转站距离最小化为目标函数的最佳匹配策略。

②聚类中心与中转站匹配规则。

考虑到聚类后所得聚类中心与中转站不重合的特征,设计以所有聚类中心与中转站距离之和最小化为优化目标的最佳匹配函数。其中,中转站与聚类中心之间所组成的距离矩阵如公式(5-3)所示。

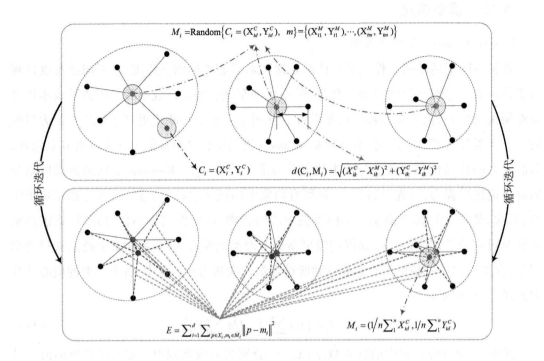

图5-2 基于K-means的区域熟悉度划分过程[123]

$$\text{SCC} = \begin{pmatrix} d(1,1) & d(1,2) & \cdots & d(1,C) \\ d(2,1) & d(2,2) & \cdots & d(2,C) \\ \cdots & \cdots & \ddots & \cdots \\ d(S,1) & d(S,2) & \cdots & d(S,C) \end{pmatrix} \tag{5-3}$$

式中，$d(S,C)$，$S = C$表示中转站与聚类中心之间的距离，每一行表示同一中转站到不同聚类中心的距离，每一列为同一聚类中心到不同中转站的距离。选取不同行不同列中的元素构造一个初始可行方案S_i，并对选取的不同行、不同列的值进行累计求和，以求和值最小化为优化目标，对中转站与聚类中心进行匹配优化。其中，中转站与聚类中心的最佳匹配目标函数如公式(5-4)所示。

$$S_{\text{opt}} = \min\left\{S_1, S_2, \cdots, S_i, \cdots, S_{c!}\right\}$$
$$s.t$$
$$S_i = \sum_{(j,k)\in(S,C)} d(j,k), \forall \text{Two}\, d(j,k) \notin \text{Same row or column} \tag{5-4}$$

在实现聚类中心与中转站的双边最佳匹配之后，各个类别的商家数量与聚类初始所得结果保持不变，这虽能满足车辆行驶距离成本最小化与配送效率最大化的需求，但不一定能够满足车辆使用数量成本最小化的需求。因此，在此基础上，本书进一步提出中转站负载能力均衡策略,旨在实现车辆使用数量尽可能小的目标。

③中转站负载能力均衡策略。

将初始化聚类中心设置为中转站所在地的坐标位置,聚类个数为中转站的数量,经过以商家之间的欧式距离作为聚类进化解的评价指标的K-means聚类运算之后,能够得到与中转站数量相一致的聚类群体。然而,不同聚类群体中的商家数量,以及商家的发货量与中转站所拥有的车辆运载能力可能存在着不匹配的问题。针对这一问题,胡蓉等[190]提出了以平衡节点数量为优化目标的平衡节点群策略,然而,该策略忽视了不同商家发货量对不同中转站处理能力的影响,即在以平衡商家数量为优化目标的情况下,可能出现平衡后的商家群发货量与中转站的处理能力不匹配的问题。因此,本书设计一种同时考虑商家数量和发货量的中转站负载能力均衡策略,按照聚类群体数目大小进行排序,根据边缘计算规则[191],在以聚类群的总发货量与中转站处理能力相匹配为主要目标,以聚类群中商家数量相均衡为次要目标的双重约束规则下,实现商家在聚类群之间的转移,进而达到中转站负载能力均衡的目的。

具体规则为:首先,分别计算聚类簇中所使用的车辆数量,并保留其小数部分值,小数部分的计算如公式(5-5)~公式(5-6)所示。其次,根据小数值确定每个聚类簇为移入组或移出组(移入组表示有属于其他中转站的商家被移入,移出组表示有商家被所属中转站移出),其中,移入组和移出组的划分以0.5为界,若小数部分大于等于0.5,该组被确定为移入组;若小数部分小于0.5,该组被确定为移出组。然后,根据欧式距离确定移出元素与移入组,具体规则如下:计算移出组中每个商家与其他所有移入组中转站之间的距离,取其最小值对应的商家作为移出元素,取该最小值所对应的中转站所在组作为移入组,将移出元素由移出组移动至移入组,之后更新各个组中的商家以及车辆使用数量。在不增加移入组中车辆使用数量的条件下,重复上述步骤,直至所有移出组所使用的车辆使用数量成本达到最小值为止,完成对中转站负载能力的均衡。

$$N_v^{[i]} = \sum q_{[]}^{[i]} / Q^2 \tag{5-5}$$

$$\{N_v^{[i]}\} = N_v^{[i]} - [N_v^{[i]}] \tag{5-6}$$

公式(5-5)表示每个聚类簇中使用理论车辆数量;公式(5-6)表示理论使用车辆数中的小数部分,具体计算规则为:小数值等于理论使用车辆数量 $N_v^{[i]}$ 与该数量值的向下取整函数值 $[N_v^{[i]}]$ 的差值。

④数学模型构建。

借鉴王康周等[192]所构建的2E-CVRP-E(two-echelon capacitated vehicle routing problem with environmental considerations)模型以及刘丹等[186]构建的2E-VRP-MV(two-echelon vehicle routing problem with mixed vehicles)模型,本书首先构建的不考虑区域熟悉度情景

下的 2E–DVRPTW 数学模型。

目标函数

$$\min = \sum_{k \in K_1} \sum_{(i,j) \in L_1} c_{ij}^1 d_{ij}^1 x_{ijk}^1 + \sum_{k \in K_1} \sum_{(i,j) \in L_1} \alpha_{ij}^1 d_{ij}^1 x_{ijk}^1 + \sum_{k \in K_2} \sum_{(i,j) \in L_2} c_{ij}^2 d_{ij}^2 x_{ijk}^2$$
$$+ \sum_{k \in K_2} \sum_{(i,j) \in L_2} \alpha_{ij}^2 d_{ij}^2 x_{ijk}^2 + \sum \sum c_0 q_i y_{is} \tag{5-7}$$

上述目标函数表示第一阶段与第二阶段所有车辆行驶距离成本、碳排放成本以及中转站处理消费者所需产品的成本总和。

约束条件

$$\sum_{(i,j) \in L_1} x_{ijk}^1 = \sum_{(j,i) \in L_1} x_{ijk}^1, \forall_i \in N_s, k \in K_1 \tag{5-8}$$

$$\sum_{0 \in N_0} \sum_{(0,i) \in L_1} x_{0i}^1 \leqslant T^1, \forall 0 \in N_0 \tag{5-9}$$

$$\sum_{(i,j) \in L_1} x_{ijk} \leqslant 1, \forall_i \in N_s, \forall k \in K_1 \tag{5-10}$$

$$\sum_{(i,j) \in N_s} x_{ijk} \leqslant |N_s| - 1, \forall k \in K_1 \tag{5-11}$$

$$\sum_{s \in N_s} w_{sk} \leqslant Q^1, \forall k \in K_1 \tag{5-12}$$

$$\sum_{k \in K_1} w_{sk} \leqslant Q_s, \forall s \in N_s \tag{5-13}$$

$$\sum_{(i,j) \in L_2} x_{ijk}^2 = \sum_{(j,i) \in L_1} x_{ijk}^2, \forall i \in N_c, k \in K_2 \tag{5-14}$$

$$\sum_{S \in N_s} \sum_{(s,i) \in L_2} x_{si}^2 \leqslant T^2, \forall s \in N_s \tag{5-15}$$

$$\sum_{(s,i) \in L_2} x_{si}^2 \leqslant T^s, \forall s \in N_s \tag{5-16}$$

$$\sum_{(j,i) \in L_2} L_{[j][i][k]} = \sum_{(i,j) \in L_2} L_{[i][j][k]} + q_i \tag{5-17}$$

$$q_j x_{ij}^2 \leqslant L_{[i][j][k]} \leqslant \left(Q^2 - d_i \right) y_{ij}, \forall \left(i,j \right) \in L_2 \tag{5-18}$$

$$y_{js} \geqslant y_{is} + y_{ijk} - 1, \forall \left(i,j \right) \in L_2 \tag{5-19}$$

$$y_{ss} = 1, \forall s \in N_s \tag{5-20}$$

$$\sum_{k \in K_1} w_{sk} = \sum_{(s,i) \in L_2} L_{[s][i][k]}, \forall s \in N_s \tag{5-21}$$

$$a_i^1 \sum_{j \in \Delta^+(i)} x_{ijk}^1 \leqslant w_{ik}^1 \leqslant b_i^1 \sum_{j \in \Delta^+(i)} x_{ijk}^1 \quad \forall i \in N_s, k \in K_1 \tag{5-22}$$

$$a_i^2 \sum_{j \in \Delta^+(i)} x_{ijk}^2 \leqslant w_{ik}^2 \leqslant b_i^2 \sum_{j \in \Delta^+(i)} x_{ijk}^2 \quad \forall i \in N_c, k \in K_2 \tag{5-23}$$

$$E^1 \leqslant w_{ik}^1 \leqslant L^1 \quad \forall k \in K_1, i \in \{0, n+1\} \tag{5-24}$$

$$E^2 \leqslant w_{ik}^2 \leqslant L^2 \quad \forall k \in K_2, i \in \{0, n+1\} \tag{5-25}$$

$$\min\{b_i^1 - t_{0i}^1\} \geqslant E^1 = a_0^1 \tag{5-26}$$

$$\min\{b_i^2 - t_{0i}^2\} \geqslant E^2 = a_0^2 \tag{5-27}$$

$$\max\{a_i^1 + s_i^1 + t_{i0}^1\} \leqslant L^1 = b_{n+1}^1 \tag{5-28}$$

$$\max\{a_i^2 + s_i^2 + t_{i0}^2\} \leqslant L^2 = b_{n+1}^2 \tag{5-29}$$

$$x_{ijk}^1 = \{0,1\}, \forall (i,j) \in L_1, \forall k \in K_1 \tag{5-30}$$

$$x_{ijk}^2 = \{0,1\}, \forall (i,j) \in L_2, \forall k \in K_2 \tag{5-31}$$

$$w_{sk} \geqslant 0, \forall s \in N_s, k \in K_1 \tag{5-32}$$

$$L_{[i][j][k]} \geqslant 0, \forall (i,j) \in L_2, \forall k \in K_2 \tag{5-33}$$

$$y_{is} = \{0,1\}, \forall i \in N_c, \forall s \in N_s \tag{5-34}$$

其中,公式(5-8)为流量守恒约束;公式(5-9)为由分拨中心派出的车辆数量不超过第一阶段网络中的可用车辆数约束;公式(5-10)为在第一阶段配送网络中每个中转站最多被访问一次约束;公式(5-11)为消除第一阶段网络中子回路约束;公式(5-12)为第一阶段网络中车辆非超载约束;公式(5-13)为第一阶段网络中中转站容量约束;公式(5-14)为第二阶段网络中对于任意一个商家均遵循能量守恒的约束;公式(5-15)为第二阶段网络中由中转站派出的车辆总数不能超过第二阶段网络中可用车辆数量;公式(5-16)为由所有中转站派出的车辆数量不超过中转站可用的车辆数量;公式(5-17)为每一个商家的发货量均能在一次服务过程中得到满意的约束;公式(5-18)为第二阶段网络中在遍历各可行边时车辆的容量可行性约束;公式(5-19)为连续访问两个商家分配给同一个中转站的约束;公式(5-20)为中转站自身的需求由中转站自行满足的约束;公式(5-21)为由中转站送往分拨中心的货物量与由商家送往中转站的货物量相等约束。公式(5-22)~公式(5-23)为第一、二阶段车辆访问时间窗约束;公式(5-24)~公式(5-25)为访问分拨中心及中转站时间窗约束;公式(5-26)~公式(5-29)为离开、返回分拨中心及中转站时间窗约束。公式(5-30)~公式(5-34)为变量取值约束。

引入区域熟悉度策略之后,不同商家将被分配到隶属于不同区域的中转站,由指定中转站派遣工作人员为其提供服务。因此,在2E-DVRPTW优化过程中,等价于将原有问题通过商家与中转站绑定的策略,将原有中转站和多商家的DVRPTW问题等价转换为多个互不相关的单中转站多商家的DVRPTW问题。而连续的动态优化过程在时间轴上可被看成是由若干个连续的具有因果关系的静态优化过程组成。鉴于此,所构建的基于上一时间切片内部分路径生效前提下,对下一时间切片内的未生效车辆路径进行动态优化的数学模型如公式(5-35)所示。

$$\min F\left(y_{[s+1]}\Big|y_{[s]}\right), s-1,2,\cdots,t_{ns}+1$$

$$y_{[s]} = \min \sum_{k \in K_{1}}\sum_{(i,j) \in L_{1}} c_{ij}^1 d_{ij}^1 x_{ijk}^1 + \sum_{k \in K_{1}}\sum_{(i,j) \in L_{1}} \alpha_{ij}^1 d_{ij}^1 x_{ijk}^1 + \sum_{k \in K_{2}}\sum_{(i,j) \in L_{2}} c_{ij}^2 d_{ij}^2 x_{ijk}^2 \qquad (5\text{-}35)$$

$$+ \sum_{k \in K_{2}}\sum_{(i,j) \in L_{2}} \alpha_{ij}^2 d_{ij}^2 x_{ijk}^2 + \sum\sum c_0 q_i y_{is}$$

式中,$y_{[s]}$为在不同时间切片内的目标函数,在考虑工作人员对配送区域熟悉度的情况下,不同的商家与中转站在不同的时间切片内实现了捆绑。因此,在每个静态的时间切片内,每一阶段的车辆路径优化问题可等价转换为由多个中转站与商家所组成的无向网络的并行优化问题。其中,单个中转站与商家所组成的网络优化的时间窗等相关约束及原理参见本书第3章DVRPTW优化模型部分。

问题计算复杂度。对于问题规模为c_s(商家数量与中转站数量)、K-means迭代次数为Gen_K、中转站负载能力均衡迭代次数为Gen_B、匹配迭代次数为Gen_P的问题而言,其算法复杂度分别由K-means聚类算法复杂度$O_k(\text{Gen}_K \cdot C \cdot S)$、中转站负载能力均衡复杂度$O_B(\text{Gen}_B \cdot (C \cdot S)^2)$、获取$SCC$矩阵复杂度$O(C^2)$与获取$S_{\text{opt}}$的复杂度$O(C \cdot C!)$所决定。因此,所求解问题的复杂度计算公式如(5-36)所示。

$$\text{Computational complexity} = \text{Gen}_K \cdot C \cdot S + \text{Gen}_B \cdot (C \cdot S)^2 + C^2 + C \cdot C! \qquad (5\text{-}36)$$

由公式(5-36)可知,求解2E-DVRPTW问题的复杂度由问题规模、迭代次数、矩阵求解复杂度等因素共同决定。

5.3 算法设计

人工蜂群(Artificial Bee Colony,ABC)算法是卡拉波格(Karaboga)于2007年受到蜂蜜觅食过程的启发而提出的一种算法[193]。ABC的基本原理为每个雇佣蜂对应于一个解向量,并在迭代过程中对解向量的邻域进行搜索,根据解向量的质量以及赌轮盘的方式雇佣一定数量的跟随蜂采蜜(在空间内搜索新的解向量),如果解向量多次没有被更新,则放弃该解向量,雇佣蜂转化为侦察蜂在空间内随机搜索新的解向量[194-196]。其中,ABC算法的具体过程为:将初始化中对应于食物源个数的种群数量设置为S,在每一个种群安排一只雇佣蜜蜂,对应的种群为$\{x_1,x_2,\cdots,x_s\}$,对应的适应度函数值为$\{f(x_1),f(x_2),\cdots,f(x_s)\}$;在每一轮的迭代搜索过程中,每只雇佣蜜蜂在对应的食物源进行邻域搜索,通过破坏与修复的策略得到一个新的邻域食物源x_i',若新解对应的适应度函数值$f(x_i')$优于当前解对应的适应度函数值$f(x_i)$,则将新得到的解进化为当前解,并将搜索次数设置为$w=0$;否则,对该食物源所对应的两阶段车辆路径分别进行一次邻域搜索,如果对两阶段车辆路径进行邻域操作之后得到了更优的解,则当前解被替换,否则将迭代次数依次递增直至达到终止条件结束。其中,每只跟随蜜蜂在每次迭代的过程中,根据各个食物源的适应度函数值以赌轮盘的方式选择一个食物源,跟随雇佣蜜蜂采取相同的邻域搜索策略进行一次进化迭代。最后,重复上述步骤,直至达到算法所设计的终止条件为止,输出相应的优化结果,其中,ABC算法的步骤如下:

步骤1,将初始化种群数与蜜蜂数量均设置为S,设置算法的最大迭代次数为T_{max},邻域操作搜索的最大迭代次数为L_{max},将所有的蜜蜂角色设置为侦察角色。

步骤2,将所生成的初始解的适应度函数值进行降序排列,并依次记录为$\{x_1, x_2, \cdots, x_s\}$,将前$S/2$的解设定为当前解,舍弃后$S/2$的解。在此规则下,种群当前的最优解为$g_{bset} = x_1$,并按照$S/2$的规则将蜜蜂的数量等分为雇佣蜂和跟随蜂,每个雇佣蜜蜂均与当前解$\{x_1, x_2, \cdots, x_s\}$形成一一对应的关系,并将当前解的状态均标记为未处理状态。

步骤3,若$T = T_{max}$,则跳转至步骤11;否则,计算每个跟随蜂的选择概率P_i。

步骤4,计算雇佣蜂招募跟随蜜蜂的数量。

步骤5,判断是否还存在被标记的未处理的当前解,若不存在则算法转至步骤9;否则,随机选择一个未被处理的当前解x_i进行邻域搜索迭代,并标记$L = 0$。

步骤6,若$L = L_{max}$且通过破坏与修复的邻域搜索策略得到的解并没有比当前解更优,则将当前解对应的跟随蜂转换为侦察蜜蜂,算法转至步骤8,否则算法转至步骤5;若$L<L_{max}$,则邻域搜索次数$t = 0$,算法转至步骤7。

步骤7,调用破坏与修复策略,生成当前解x_i的一个邻域解x_i',若所得到的邻域解优于当前解,则更新当前解,否则保留作为局部最优解,转至步骤5。

步骤8,将跟随蜂角色全部转换为侦查蜂的角色,调用基于贪婪准则的初始解生成策略,生成新的解,并用新解替代原雇佣蜂所对应的解向量。

步骤9,若搜索得到的解优于当前局部最优解,则用新解更新当前的局部最优解。

步骤10,更新迭代参数。

步骤11,结束算法,输出所得到的最优解。

其中,基于贪婪准则的初始解生成规则、中转站选择策略,以及两阶段路径的破坏与修复策略如下。

5.3.1　基于贪婪准则的初始解生成规则

构造两阶段车辆路径初始解的过程包括两个阶段。第一阶段为构造由商家与中转站所组成的揽收网络的初始解,具体规则为,采用以与中转站距离越小越优先被分配给该中转站的贪婪准则,在不违背车辆容量约束的条件下依次将商家分配给对应的中转站,直至所有商家均被分配完,完成对揽收网络初始解的构造;第二个阶段为构造由中转站与分拨中心所组成的揽收网络初始解,具体规则为,根据可用车辆数构造相应条空的可行路径,采用与第一阶段网络初始解构造相同的贪婪准则,在不违背车辆容量约束的条件下依次将中转站分配到对应的空的可行路径中,直到所有中转站均被安排到可行路径中为止,完成对揽收网络初始解的构造。初始解可解读为基于贪婪准则的逆序过程,即首先安排车辆由中转站出发依次遍历各个商家,将产品揽收至中转站;其次,安排车辆由分拨中心出发依次遍历各个中转站,将消费者所需的产品揽收至分拨中心,完成车辆遍历所有商家的任务,进而形成初始解。

5.3.2 中转站选择策略

中转站的合理开放能够适当地减少两阶段配送网络中的车辆行驶距离成本,而实验结果同样表明并不是开放所有的中转站能够实现全局最优解。因此,中转站的关闭、开放以及交换策略在降低两阶段车辆路径的距离成本方面具有重要的意义。其中,中转站的关闭操作过程为,随机地选择一个开放的中转站,并以一定的概率决定是否关闭该中转站,当决定关闭该中转站之后,则依次遍历剩余中转站判定是否所有中转站均处于关闭状态,若均处于关闭状态,则随机选择一个中转站并以与关闭中转站相同的概率决定是否开放中转站,直至系统当前状态至少存在一个开放的中转站为止。在关闭中转站之后,分配给该中转站的所有商家将被释放到商家池中,商家池中未被安排的商家将被按照初始解的构造规则安排给其他开放的中转站。中转站的开放操作过程为,随机地选择一个处于关闭状态的中转站 $N_{[s][i]}^c$,并以一定的概率将其转变为开放状态 $N_{[s][i]}^o$,开放之后,将按照初始解的生成规则将其他中转站所属的商家重新指派至该中转站,同时将被选定的商家从已有的路径中删除。中转站的交换策略为,在对处于开放状态的中转站执行完 $N_{[s][i]}^c \rightarrow N_{[s][i]}^o$ 的一个关闭操作之后,以各个关闭状态中转站 $N_{[s][i]}^c$ 与被执行关闭操作中转站 $N_{[s][i]}^o$ 的距离的倒数为基础,经归一化处理后生成轮盘赌概率,按照轮盘赌概率的机制随机选择一个处于关闭状态的中转站 $N_{[s][j]}^c$,并对其进行 $N_{[s][j]}^c \rightarrow N_{[s][]}^o$ 的开放操作。其中,商家执行 $N_{[s][j]}^c \rightarrow N_{[s][j]}^o$ 操作的轮盘赌概率如公式(5-37)所示。

$$P_{N_{[s][j]}^o} = \frac{1/\text{dis}\left(N_{[s][j]}^c, N_{[s][i]}^o\right)}{\sum 1/\text{dis}\left(N_{[s][\ ]}^c, N_{[s][i]}^o\right)} \tag{5-37}$$

式中,$\text{dis}\left(N_{[s][j]}^c, N_{[s][i]}^o\right)$ 为两个中转站之间的距离,在公式(5-37)的约束条件下,距离被关闭中转站距离越近的中转站越容易被开放,进而避免由于被开放的中转站与被释放的商家距离较远而生成更差的解。

5.3.3 两阶段路径的破坏与修复策略

由分拨中心与中转站所组成的第二阶段配送网络属于一个需求可拆分的车辆路径优化问题,其破坏规则为,随机选取一个当前路径中的商家并将其移至对应的中转站池。由于需求可拆分而导致的商家与中转站可能存在不一一对应的关系,因此,当来自不同路径的相同商家被移至相同的中转站池时,需将其进行合并处理。而修复的具体规则为,采用贪婪准则,在不违背车辆容量约束的条件下将中转站池内的商家依次插入到当前的路径中。由中转站与商家所组成的配送网络属于需求不可拆分的VRPTW,其破坏策略包括随机商家移除、邻近商家移除及随机路径移除三种策略[197](如图5-3所示)。

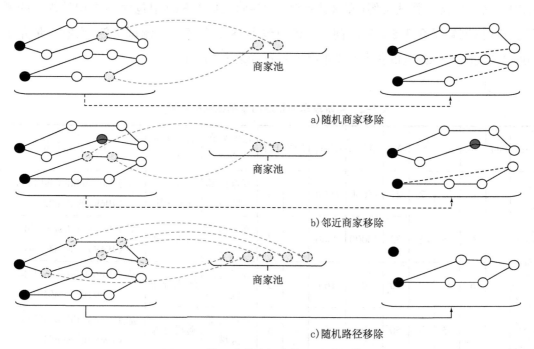

图5-3 第二阶段路径中的三种破坏策略

其中,邻近商家移除策略是以距离为衡量指标,先随机标记一个商家$N_{[c][i]}$,将距离标记商家最近的若干个商家从当前路径中移除到商家池中。而第一阶段网络中车辆路径的修复策略指的是将商家池中的商家插入到可行路径的过程,具体修复规则为,在不违背车辆容量约束的条件下,基于贪婪准则依次将商家池中的商家插入到可行路径中,直至商家池中不存在商家为止。当第一阶段网络中车辆路径经过破坏与修复操作之后,势必会破坏掉第二阶段中网络中车辆路径原始解的可行性,因此在执行完第一阶段网络的破坏与修复操作之后,采用与第一阶段网络相同的修复策略对车辆路径再次修复,进而通过破坏与修复策略在空间内得到一个新的两阶段路径可行解。

5.4 算法性能测试

佩尔博利等[185]研究了2E-VRP问题,并公布了Set2~Set5合计111个用于测试2E-VRP的实例。已有文献基于佩尔博利数据对2E-VRP问题展开了相关的研究,包括揭婉晨等[198]融合列生成算法(Column Generation,CG)与ALNS,设计了用于求解2E-VRP问题的混合启发式算法(CG-ALNS);穆尔巴赫(Muhlbauer)等[199]设计了用于求解该问题的并行大邻域搜索算法(Parallelized Large Neighborhood Search,PLNS);海默尔迈尔(Hemmelmayr)等[28]设计了用于求解该问题的ALNS算法。所公布实例中,每个实例中均包含有分拨中心、中转站、商家的坐标及需求信息,车辆的容量信息。其中,Set2和Set3中各包含21、18个中小混合规模的测试实例(商家数量介于24~54之间),Set4中包含54个中等规模的测试实例(商家数量介于53~56之间),Set5中包含18个大规模的测试实例(商家数量介于106~211之间),Set2~Set5各个实例的基本特征如表5-2所示。

表5-2 两阶段车辆路径问题测试数据特征[186]

Set	Sum	No.	D	Ns	Nc	L1Cap	L2Cap	L1F	L2F	仓库分布特征	卫星分布特征	节点分布特征
Set2	21	6	24	2	21	15000	6000	3	4	节点内部区域	节点中分布	基于 Christofidesand Eilon (1969)的 E-n22-k4
		6	35	2	32	20000	8000	3	4	节点内部区域	随机分布	基于 Christofidesand Eilon (1969)的 E-n33-k4
		6	53	2	50	400	160	3	5	节点内部区域	随机分布	基于 Christofidesand Eilon (1969)的 E-n51-k5
		3	55	4	50	400	160	4	5	节点内部区域	随机分布	基于 Christofidesand Eilon (1969)的 E-n51-k5
Set3	18	6	24	2	21	15000	6000	3	4	节点内部区域	随机分布	基于 Christofidesand Eilon (1969)的 E-n22-k4
		6	35	2	32	20000	8000	3	4	节点内部区域	随机分布	基于 Christofidesand Eilon (1969)的 E-n33-k4
		6	53	2	50	400	160	3	5	节点内部区域	随机分布	基于 Christofidesand Eilon (1969)的 E-n51-k5
Set4	54	18	53	2	50	12500	5000	3	6	节点内部区域	节点中分布	Instance50
		18	54	3	50	12500	5000	3	6	节点内部区域	节点中分布	Instance50

Set	Sum	No.	D	Ns	Nc	L1Cap	L2Cap	L1F	L2F	仓库分布特征	卫星分布特征	节点分布特征
Set4	54	18	56	5	50	12500	5000	3	6	节点内部区域	节点中分布	Instance50
Set5	18	1	106	5	100	528	70	5	32	节点内部区域	随机分布	基于Crainic et al. (2010)的 2eVRP_100-5-1
		1	106	5	100	528	150	5	15	节点内部区域	随机分布	基于Crainic et al. (2010)的 2eVRP_100-5-1b
		1	106	5	100	520	70	5	32	节点内部区域	随机分布	基于Crainic et al. (2010)的 2eVRP_100-5-2
		1	106	5	100	520	150	5	15	节点内部区域	随机分布	基于Crainic et al. (2010)的 2eVRP_100-5-2b
		1	106	5	100	521	70	5	30	节点内部区域	随机分布	基于Crainic et al. (2010)的 2eVRP_100-5-3
		1	106	5	100	521	150	5	16	节点内部区域	随机分布	基于Crainic et al. (2010)的 2eVRP_100-5-3b
		1	111	10	100	537	70	5	35	节点内部区域	随机分布	基于Crainic et al. (2010)的 2eVRP_100-10-1
		1	111	10	100	537	150	5	18	节点内部区域	随机分布	基于Crainic et al. (2010)的 2eVRP_100-10-1b
		1	111	10	100	512	70	5	33	节点内部区域	随机分布	基于Crainic et al. (2010)的 2eVRP_100-10-2
		1	111	10	100	512	150	5	18	节点内部区域	随机分布	基于Crainic et al. (2010)的 2eVRP_100-10-2b
		1	111	10	100	514	70	5	32	节点内部区域	随机分布	基于Crainic et al. (2010)的 2eVRP_100-10-3
		1	111	10	100	514	150	5	17	节点内部区域	随机分布	基于Crainic et al. (2010)的 2eVRP_100-10-3b
		1	211	10	200	1033	70	5	62	节点内部区域	随机分布	基于Crainic et al. (2010)的 2eVRP_200-10-1
		1	211	10	200	1033	150	5	30	节点内部区域	随机分布	基于Crainic et al. (2010)的 2eVRP_200-10-1b
		1	211	10	200	1034	70	5	63	节点内部区域	随机分布	基于Crainic et al. (2010)的 2eVRP_200-10-2

续表

Set	Sum	No.	D	Ns	Nc	L1Cap	L2Cap	L1F	L2F	仓库分布特征	卫星分布特征	节点分布特征
Set5	18	1	211	10	200	1034	150	5	30	节点内部区域	随机分布	基于 Crainic et al.（2010）的 2eVRP_200-10-2b
		1	211	10	200	1026	70	5	63	节点内部区域	随机分布	基于 Crainic et al.（2010）的 2eVRP_200-10-3
		1	211	10	200	1026	150	5	30	节点内部区域	随机分布	基于 Crainic et al.（2010）的 2eVRP_200-10-3b

注：Set 表示测试案例类型（Instance）；No.表示数量；D 表示节点规模（Dimension）；Ns 表示中转站即卫星的数量（Number of satellites）；Nc 表示节点的数量（Number of customers）；L1Cap 表示第一阶段车辆的装载容纳能力（L1 capacity）；L2Cap 表示第一阶段车辆的装载容纳能力（L2 capacity）；L1F 表示第一阶段仓库中心的车辆数（L1 fleet）；L2F 表示第二阶段每个中转站即卫星拥有的车辆数（L2 fleet）。

为进一步测试算法及模型的性能，并考虑到与其他文献的可比较性，本书首先以佩尔博利所给的数据为基础，展开实验，算法性能测试环境参数为：MacBook Air 13.3 Core i5，1.8GHz CPU 双核，8G 内存，512G SSD；Windows 10 64 bit；MATLAB / Java JDK-8u251 编程环境。采用所设计的 ABC 算法所求的结果与已知最好解及相关文献的对比结果如表 5-3 所示。

表 5-3　与已知最好解及文献求解结果对比

Perboli	PS	BKS	Source	CG-ALNS[198]	PLNS[199]	ALNS[28]	ABC	OR
E-n22-k4-s06-17	22	417.07	Hem	417.07	417.07	417.07	417.07	0.00%
E-n22-k4-s08-14	22	384.96	Hem	384.96	384.96	384.96	384.96	0.00%
E-n22-k4-s09-19	22	470.60	Hem	470.60	470.60	470.60	467.65	0.63%
E-n22-k4-s10-14	22	371.50	Hem	371.50	371.50	371.50	371.50	0.00%
E-n22-k4-s13-14	22	526.15	Hem	526.15	526.15	526.15	526.15	0.00%
E-n22-k4-s13-16	22	521.09	Hem	521.40	521.09	521.09	518.69	0.46%
E-n22-k4-s13-17	22	496.38	Hem	496.38	496.38	496.38	490.69	1.15%
E-n22-k4-s19-21	22	520.42	Hem	520.42	520.42	520.42	520.28	0.03%
E-n33-k4-s04-05	33	778.73	Hem	778.73	778.74	778.74	756.91	2.80%
E-n33-k4-s07-25	33	756.84	Hem	756.84	756.85	756.85	756.20	0.09%
E-n33-k4-s19-26	33	680.36	Hem	680.36	680.36	680.37	683.08	-0.40%
E-n33-k4-s22-26	33	680.37	Hem	680.37	680.36	680.37	680.55	-0.03%

Perboli	PS	BKS	Source	CG-ALNS[198]	PLNS[199]	ALNS[28]	ABC	OR
E-n51-k5-s02-17	51	597.49	Hem	597.49	601.39	597.49	586.36	1.86%
E-n51-k5-s27-47	51	538.22	Hem	538.37	530.76	538.22	533.55	0.87%
Instance50-s2-01	50	1590.00	Div	1569.42	1569.42	1569.42	1420.83	10.64%
Instance50-s2-03	50	1603.00	Div	1570.43	1570.43	1570.43	1414.22	11.78%
Instance50-s2-05	50	2188.15	Mul	2199.11	2193.52	2194.11	1857.38	15.12%
Instance50-s2-06	50	1310.80	Mul	1279.87	1279.89	1279.87	1313.58	−0.21%
Instance50-s2-07	50	1486.00	Div, SEMI	1464.17	1458.60	1458.63	1312.88	11.65%
Instance50-s2-08	50	1369.78	Mul	1360.77	1363.76	1360.32	1369.26	0.04%
Instance50-s2-09	50	1489.00	SEMI	1457.84	1450.25	1450.27	1312.08	11.88%
Instance50-s2-11	50	2070.00	SEMI	2064.42	2059.38	2059.88	1779.40	14.04%
Instance50-s2-12	50	1266.21	Mul	1209.42	1209.46	1209.42	1246.59	1.55%
Instance50-s2-13	50	1553.71	Mul	1488.32	1481.80	1481.83	1308.79	15.76%
Instance50-s2-15	50	1554.00	Iv	1491.83	1489.92	1489.94	1312.45	15.54%
Instance50-s2-17	50	2106.72	CI, Mul	2088.49	2088.48	2088.49	1783.64	15.34%
Instance50-s3-19	50	1576.82	FC, CI, Mul	1546.28	1564.66	1546.28	1576.82	0.00%
Instance50-s3-27	50	1505.94	FC, CI, Mul	1447.79	1481.91	1447.79	1460.27	3.03%
Instance50-s3-29	50	1688.89	Mul	1563.82	1552.66	1561.81	1662.58	1.56%
Instance50-s3-31	50	1533.98	FC, CI, Mul	1440.86	1450.94	1440.86	1534.37	−0.03%
Instance50-s3-33	50	1574.32	FC, CI, Mul	1478.86	1478.87	1478.86	1531.77	2.70%
Instance50-s3-36	50	1229.00	Mul	1235.10	1228.95	1228.89	1132.71	7.83%

注：PS表示问题规模（Problem size）；Instance50及2E-VRP_100-5-1系列的已知最好解来源于文献《面向物流配送系统的电动汽车路径优化问题研究》；Hem为Hemmelmayr缩写；Div为Diving缩写；Mul为MultiStart缩写。

由表5-3结果可知，本书所设计的ABC算法在求解2E-VRP方面具有一定优势，相比文献所求结果，均有一定的提升。相比已知最好解而言，优化率最大的是实例Instance50-s2-13，优化率达到了15.76%，其次为实例Instance50-s2-15，优化率到达了15.54%，此外，还有28个实例的优化结果均优于已知最好解，这进一步表明了所设计ABC算法在求解连续 2E-VRP 问题方面具有一定的优势。

为进一步测试所设计算法性能的稳定性,在相同环境参数的配置条件下,分别对各测试算例测试 10 次,并记录 10 次所得结果,所得到的箱体图如图 5-4 所示。

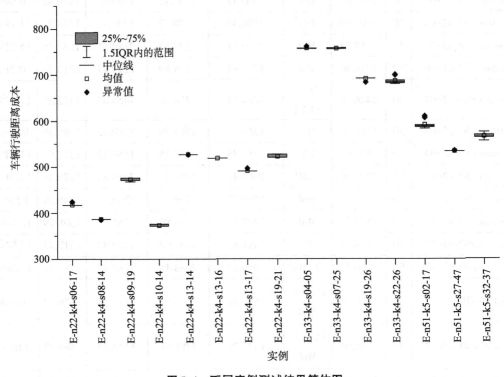

图 5-4　不同实例测试结果箱体图

由图 5-4 可知,在测试的 15 个实例中,本书找到了优于或与已知最好解接近的解,10 次测试过程中,波动范围最大的为 E-n51-k5-s02-17,所求得的最大值与最小值的差值为 26.47,所得到的最小值为 583.33,这一结果要优于已知最好解 597.49;而波动范围最小的为 E-n22-k4-s13-16,10 次测试结果均为 518.70,这一结果要优于已知最好解 521.09。此外,就总体而言,10 次测试所得结果波动范围均较小,这一结果说明 ABC 算法在求解 2E-VRP 问题时,具有较好的稳定性。

5.5　案例应用

同样,以第 4 章某企业各类电子品牌产品销售环节中车辆路径调度为例加以应用,来验证本章所提考虑熟悉度及负载均衡的 2E-DVRPTW 优化方法,某电子产品的两阶段车辆路径调度过程如图 4-7 所示。考虑到可比较性,基于博利克利[185]和海默尔迈尔[28]数据补充工作日长度的时间窗,对该企业采用本书方法与原有方法进行对比分析。商家规模可分为小规模、中等规模、大规模,据此,为不失一般性,本书设置五个拥有不同商家数量的实例,应用于案例。

数据选取规则为从 Set2~Set5 中拥有不同商家数量的子集中各随机选取一个,构成由 21、32、50、100、200 个商家所组成的五个不同测试实例。借鉴文献所给出的动态车辆路径数据构造方法[77,93,183],将这五个测试实例构造成适用于考虑区域熟悉度的动态车辆路径优化方法的测试实例。在初始阶段,依据不同中转站工作人员对区域熟悉度的差异性,将商家进行分类,并与中转站实现聚类绑定,采用本书所设计的方法构建出基于熟悉度的两阶段车辆路径初始阶段优化方案。在 $[t_0, t_0 + \Delta t]$ 阶段,综合考虑动态商家,在初始优化方案中路径部分生效的前提下,对下一时间切片内考虑动态商家的车辆路径进行优化。其中,参照上述规则所构建的五个测试实例的基本特征如表 5-4 所示。

表 5-4　测试数据基本特征

案例	D	Ns	Nc	S1Cap	S2Cap	S1F	S2F	数据源
案例 1	24	2	21	6000	15000	4	3	E-n22-k4-s06-17
案例 2	35	2	32	8000	20000	4	3	E-n33-k4-s03-17
案例 3	55	4	50	160	400	5	4	E-n51-k5-s6-12-32-37
案例 4	106	5	100	70	520	32	5	2eVRP_100-5-2
案例 5	211	10	200	70	1026	63	5	2eVRP_200-10-3

注:D 表示商家数;Ns 表示卫星/中转站个数(Number of satellites);Nc 表示商家的个数(Number of customers);S1Cap 表示第一阶段配送网络的车辆额定装载能力;S2Cap 表示第二阶段配送网络中车辆的额定装载能力;S1F 表示第一阶段网络可用车辆数;S2F 表示第二阶段网络可用车辆数。

接下来,依据表 5-4 数据,分别对不考虑区域熟悉度、考虑区域熟悉度不考虑负载均衡策略、考虑区域熟悉度和负载均衡,以及考虑区域熟悉度和动态度四种情景下的优化过程及结果进行深入分析对比讨论。

5.5.1　不考虑区域熟悉度的车辆路径优化结果

在不考虑工作人员对区域熟悉度的情境下,各个分拨中心可为任意的中转站提供服务,同样各个中转站可为任意的商家提供服务。基于 MATLAB 平台对所测试的实例进行求解,所得到的车辆行驶距离成本、车辆使用数量成本、车辆实际装载量等参数如表 5-5 所示。

表5-5 不考虑区域熟悉度的车辆路径优化结果

阶段	案例1				案例2				案例3			
	DC	QC	AVL	TDC	DC	QN	AVL	TDC	DC	QC	AVL	TDC
S1_11	73.22	5	5200		78.10	1	2500		0.00	1	15	
S1_12	102.20	7	5800		118.67	10	7270		95.50	8	129	
S1_21	0.00	3	5000		0.00	1	550		0.00	1	29	
S1_22	58.24	1	1000	417.07	100.37	8	5700	746.38	80.68	6	124	574.61
S1_23	77.20	5	5500		113.78	5	6800		—	—	—	
S1_24	—	—	—		96.29	7	6550		—	—	—	
S1_31	—	—	—		—	—	—		0.00	1	12	
S1_32	—	—	—		—	—	—		100.74	10	145	
S1_33	—	—	—		—	—	—		85.56	10	159	
S1_41	—	—	—		—	—	—		0.00	1	9	
S1_42	—	—	—		—	—	—		133.10	12	155	
S2_21	44.18	1	11000		68.88	1	9770		20.00	1	316	
S2_22	62.03	1	11500		170.29	1	19600		22.80	1	144	
S2_23	—	—	—		—	—	—	—	36.22	2	317	—

注：DC表示行驶距离成本（Distance cost）；QC表示车辆使用数量成本（Quantity cost）；AVL表示车辆实际装载量（Actual vehicle load）；TDC表示整体的行驶距离成本（Total distance cost）。

表5-5展示了在不同阶段车辆路径的优化结果，其中，车辆装载率最大为案例3中第一阶段网络中第三个中转站的第三辆车（为99.38%）；其次为案例3中第二阶段网络中第二辆车（为98.00%）。就平均装载率指标而言，最大为案例1（为75.00%），最小为案例3（为56.66%）。其中，案例1的车辆路径优化网络如图5-5所示。

图5-5展示了不考虑区域熟悉度情境下，2E-DVRPTW中的车辆行驶路径网络。在不考虑区域熟悉度的情境下，车辆访问商家具有一定的随机性，在以车辆行驶距离最小化为优化目标，所得到的车辆访问商家并不存在明显的聚类特征，特别是随着商家规模增加时，车辆访问商家出现了跨区域的现象。其中，针对大规模实例案例4与案例5而言，在两阶段的配送网络中，各个车辆执行任务时车辆的装载率及行驶距离成本如图5-6所示。

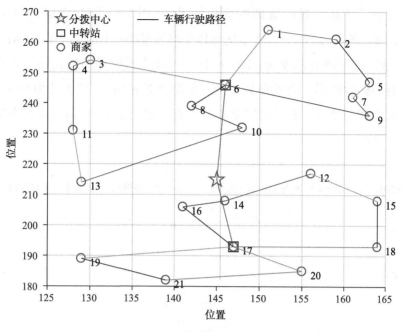

a)案例1优化路径

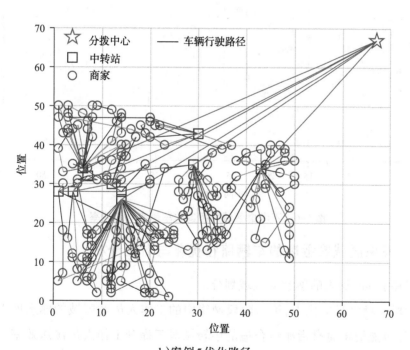

b)案例5优化路径

图5-5 车辆路径优化结果

图 5-6 展示了针对大规模案例的优化结果，由图 5-6 可知，车辆的最大装载率为
100%，而最小的装载率为 17.14%，就车辆整体平均装载率指标而言，案例 4 的平均装载率
为 89.03%，案例 5 的平均装载率为 84.53%，这进一步表明所得的优化结果在提升车辆利
用率方面具有积极的作用。而就单辆车的行驶距离指标而言，最大值为 69.43，而最小值
为 0，车辆行驶距离成本为 0 表示中转站本身具有一定的需求，不需要安排车辆执行任务
即可满足自身需求。

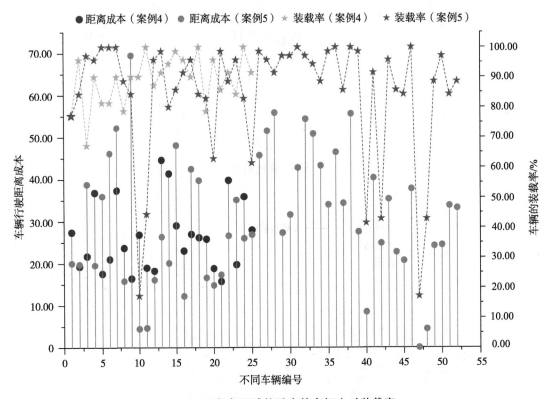

图 5-6　不考虑区域熟悉度的车辆实时装载率

5.5.2　考虑区域熟悉度的车辆路径优化与对比分析

①基于 K-means 聚类的熟悉度区域划分。

在两阶段车辆路径优化中，第一阶段网络中的工作人员对区域的熟悉度直接影响着
配送效率，尽可能地将商家指派给合适的中转站对于提升工作人员派送效率具有重要的
作用。而 K-means 聚类是以各聚类簇的质点到中心点空间欧式距离之和最小化目标的一
种聚类算法。基于 K-means 聚类目标函数与两阶段车辆路径优化目标的一致性考虑，本
书以中转站所在位置为聚类初始位置，以中转站个数为聚类数，对商家进行分簇，然后采
用聚类中心与中转站的匹配规则公式(5-3)和公式(5-4)将不同的商家划分到相应的中

转站,在初始化阶段,聚类参数设计如表5-6所示。

表5-6 聚类参数设计

测试实例	中转站数	聚类数	特征数	起点参数	商家数量
案例1	2	2	2	Satellite1-2	24
案例2	2	2	2	Satellite1-2	35
案例3	4	4	2	Satellite1-4	55
案例4	5	5	2	Satellite1-5	106
案例5	10	10	2	Satellite1-10	211

考虑到不同的工作人员对揽收区域具有不同的熟悉度,基于聚类思想对商家进行聚类,在MATLAB编译环境下,采用K-means聚类方法对案例1~5中的商家按照区域熟悉度进行划分。其中,基于K-means聚类对熟悉度区域进行划分的结果如图5-7所示。

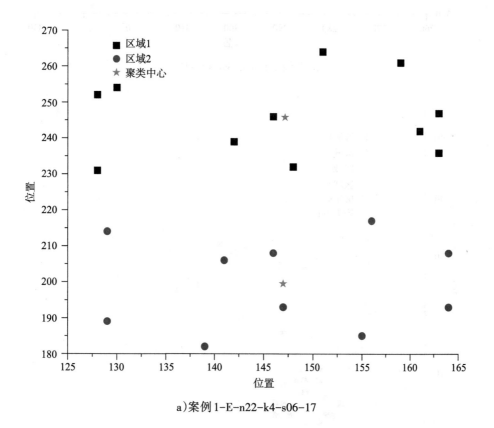

a)案例1-E-n22-k4-s06-17

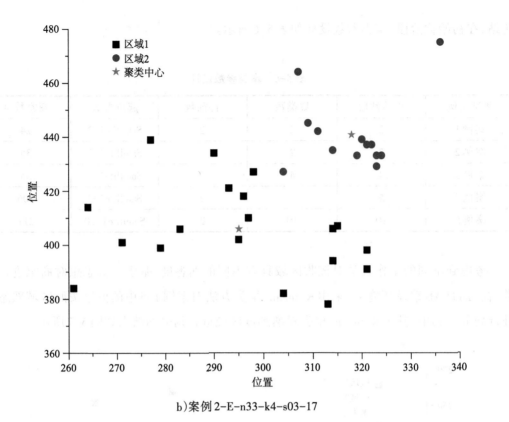

b)案例2-E-n33-k4-s03-17

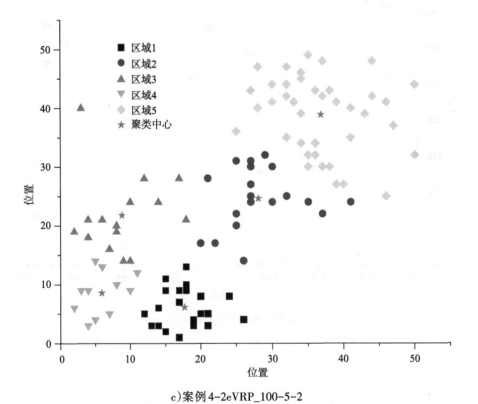

c)案例4-2eVRP_100-5-2

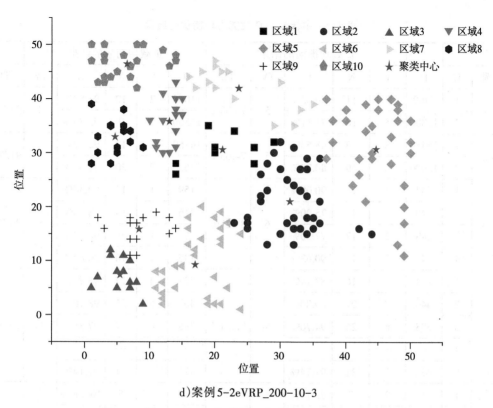

d）案例5-2eVRP_200-10-3

图5-7　基于K-means聚类的工作人员熟悉区域划分结果

注：不同的形状表示不同的聚类簇，相同的形状表示同一聚类簇，十字表示经聚类之后所得的最终的聚类中心。

经以中转站为初始聚类中心，中转站数为聚类数的区域划分之后，虽能够实现各商家到中转站的距离之和实现全局最小化，但可能存在着各中转站车辆运载能力与对应区域内商家发货总和不协调的问题，这会进一步增加车辆的使用数量成本。为此，接下来将以总的车辆使用数量最小化为优化目标，对各个区域的商家总发货量与中转站运载能力进行均衡优化。

②中转站间运转负载能力均衡优化。

以总的车辆使用数量最小化以及平均装载率最大化为目标函数，以距离中转站最近的商家优先作为负载均衡调商家，通过商家在不同区域内的转移，实现对中转站间负载能力的均衡优化。其中，负载能力均衡优化前后对比如表5-7所示。

表 5-7　中转站间负载能力均衡优化结果

案例	C	负载均衡前的结果						负载均衡后的结果					
		D	V	N	L	TV	TL	D	V	N	L	TV	TL
Ins 1	1	9700	2	11	80.83%	5	75.00%	11000	2	12	91.67%	4	93.75%
	2	12800	3	10	71.11%			11500	2	9	95.83%		
Ins 2	1	16450	3	13	68.54%	5	74.65%	14750	2	12	92.19%	4	91.78%
	2	12920	2	19	80.75%			14620	2	20	91.38%		
Ins 3	1	144	1	10	90.00%	6	83.28%	159	1	12	99.38%	5	96.72%
	2	240	2	13	75.00%			316	2	19	98.75%		
	3	248	2	17	77.50%			157	1	9	98.13%		
	4	145	1	10	90.63%			145	1	10	90.63%		
Ins 4	1	244	4	16	87.14%	24	92.21%	277	4	17	93.21%	23	96.46%
	2	440	7	27	89.80%			407	6	25	98.10%		
	3	398	6	26	94.76%			398	6	27	97.38%		
	4	—	—	—	—			—	—	—	—		
	5	476	7	31	97.14%			476	7	31	97.14%		
Ins 5	1	115	2	7	82.14%	49	89.71%	140	2	8	100.00%	46	95.59%
	2	591	9	38	93.81%			541	8	36	96.61%		
	3	216	4	13	77.14%			202	3	12	96.19%		
	4	210	3	14	100.00%			196	3	14	93.33%		
	5	455	7	31	92.86%			472	7	32	96.33%		
	6	497	8	33	88.75%			467	8	36	95.31%		
	7	211	4	13	75.36%			199	3	13	94.76%		
	8	176	3	12	83.81%			242	2	9	86.43%		
	9	209	3	14	99.52%			209	3	14	99.52%		
	10	397	6	25	94.52%			409	6	26	97.38%		

注:C 表示聚类编号(Number of cluster);D 表示聚类簇的总发货量;V 表示所需要的车辆数;N 表示聚类簇中所包含的商家数量;L 表示车辆的平均装载率;TV 表示所需总的车辆数量;TL 表示整体的平均装载率。

表 5-7 展示了中转站负载均衡前后的效果对比。就车辆整体的平均装载率指标而言,均有了较为明显的提升,提升幅度最大的为案例 1,均衡前的车辆平均装载率为 75.00%,而经均衡之后的车辆平均装载率达到了 93.75%,其主要原因是不同熟悉度区域内的商家总发货量与车辆装载量之间的不均衡。此外,随着求解问题规模的不断扩大,在基于 K-means 的熟悉区域划分策略下,车辆的平均装载率这一指标整体情况趋于乐观,其

主要原因在于当商家规模较小时，在以最短距离为优化目标的熟悉区域划分策略下，容易出现区域内总发货量恰好少量超过单位车辆装载量的整数倍数，而另一区域内总发货量大量超过单位车辆装载量的整数倍数，在此情况下，企业不得不额外派遣车辆为超过的少量部分商家提供服务，进而导致总体车辆的平均装载率指标有较大提升空间。这一结果同样表明，随着求解问题规模的不断增加，采用本书所设计的基于K-means的熟悉度划分和负载均衡策略可取得较为理想的结果。

接下来，以直接采用K-means聚类而不进行中转站间负载均衡为实验组，以同时采用K-means聚类和负载均衡为对照组，采用第4章所设计的TS算法分别对实验组与对照组进行求解，对五个不同实例分别在两种情景下的车辆行驶距离成本、车辆使用数量成本、求解耗时成本、车辆平均装载率等指标进行对比分析。其中，考虑区域熟悉度下未经负载均衡和经负载均衡之后的优化结果如表5-8所示。

表5-8　考虑区域熟悉度下是否均衡的车辆路径优化结果对比

实例及阶段		负载均衡前的结果					负载均衡后的结果				
案例	S	DC	QC	TC	ALR	TDC	DC	QC	TC	ALR	TDC
Ins1	S1_1	149.07	2	0.41	75.00%	424.91	179.80	2	0.47	93.75%	440.54
	S1_2	169.63	3	0.87			154.52	2	0.38		
	S2	106.21	2	0.16	75.00%		106.21	2	0.31	75.00%	
Ins2	S1_1	241.81	3	0.44	73.43%	775.53	232.90	2	0.43	91.78%	780.04
	S1_2	294.54	2	0.75			307.97	2	0.56		
	S2	239.17	2	0.34	73.43%		239.17	2	0.44	73.43%	
Ins3	S1_1	102.35	1	0.39	80.94%	566.53	116.81	1	1.67	97.13%	621.52
	S1_2	145.92	2	0.48			210.97	2	3.89		
	S1_3	154.17	2	1.26			113.53	1	0.36		
	S1_4	89.44	1	1.52			89.44	1	0.40		
	S2	74.65	2	0.37	97.13%		90.78	3	0.47	64.75%	
Ins4	S1_1	105.89	4	0.65	92.74%	1163.58	117.13	4	0.76	96.77%	1171.45
	S1_2	195.08	7	1.06			183.57	6	0.81		
	S1_3	157.95	6	0.98			166.77	6	1.11		
	S1_4	—	—	—			—	—	—		
	S1_5	197.27	7	1.49			196.57	7	1.18		
	S2	507.40	4	0.20	74.90%		507.40	4	0.19	74.90%	
Ins5	L2_1	55.27	2	0.35	86.19%	2025.54	84.48	2	0.34	95.56%	2118.93
	L2_2	326.54	9	2.22			309.67	8	1.79		

续表

| 实例及阶段 | | 负载均衡前的结果 | | | | | 负载均衡后的结果 | | | | |
案例	S	DC	QC	TC	ALR	TDC	DC	QC	TC	ALR	TDC
Ins5	L2_3	180.75	4	0.55			147.51	3	0.60		
	L2_4	60.42	4	0.60			58.67	3	0.54		
	L2_5	172.42	7	1.37			193.02	7	3.41		
	L2_6	315.74	8	1.74	86.19%	2025.54	319.93	7	1.34	95.56%	2118.93
	L2_7	92.76	4	0.57			90.72	3	0.47		
	L2_8	45.13	3	0.52			116.03	4	0.54		
	L2_9	117.97	4	0.56			120.28	3	0.49		
	L2_10	182.34	6	0.94			193.98	6	1.42		
	L1	476.20	4	0.39	74.98%		484.63	4	0.41	74.98%	

注:S表示阶段(Stage),S1为第一阶段,S2为第二阶段;DC表示行驶距离成本(Distance cost);QC表示车辆使用数量成本(Quantity cost);TC表示计算时间成本(Time cost),单位为秒;ALR表示车辆平均装载率(Average loading rate);L表示车辆的装载率;TDC表示整体的行驶距离成本(Total distance cost)。

由表5-8结果可知,就车辆使用数量成本以及车辆的平均装载率两项指标而言,经过负载均衡之后的所得的结果普遍要优于未经过负载均衡之后所得到的优化结果,以小样本的案例1为例,未经过负载均衡之前,第一阶段与第二阶段网络中的车辆平均装载率均为75.00%;而经过负载均衡之后,第二阶段网络中车辆的平均装载率保持不变,第一阶段网络中车辆的平均装载率由75.00%提升到了93.75%。以大样本的案例5为例,其同样表现出了类似的规律,即第二阶段网络中车辆的平均装载率保持不变,而第一阶段网络中车辆的平均装载率由86.19%提升到了95.56%,这进一步说明了所设计的负载均衡策略对于提升车辆平均装载率、降低车辆使用数量成本方面具有积极的作用。就车辆行驶距离成本指标而言,经过均衡之后车辆总的行驶距离相比均衡之前呈现出增加的趋势,其主要原因在于均衡过程中,在追求车辆使用数量最小化的同时,以距离次优解取代了最好解。然而,除案例4之外,行驶距离的增加值均在可被接受的范围内(最大偏差为4.61%,最小偏差为0.58%)。未经过均衡与经过均衡之后,采用TS所得的车辆路径优化图如图5-8所示。

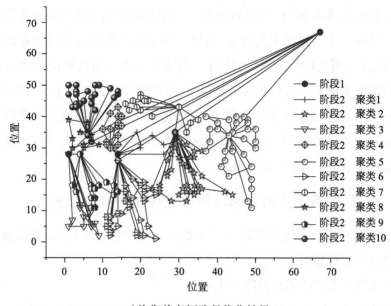

a)均衡前车辆路径优化结果

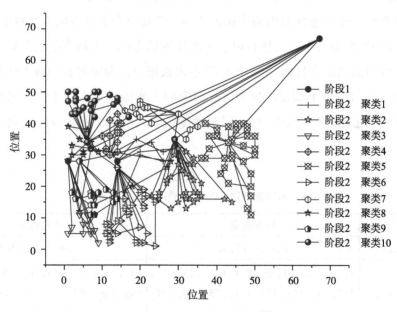

b)均衡后车辆路径优化结果

图5-8　均衡前后车辆路径网络优化结果

注:不同的形状的节点表示采用K-means对区域熟悉度划分的不同结果。相同形状的连接线表示由同一车辆执行物流任务,而不同形状的连接线表示由不同的车辆执行物流任务。

由图5-8可知,在未均衡前,考虑的主因是工作人员对配送区域的熟悉度,因而,车辆的行驶路径也呈现出了明显的聚类特征,这进一步说明了所设计的区域熟悉度划分方法具有一定的有效性;而在均衡之后,考虑的主因成为车辆使用数量最小化,因此,车辆行驶路径的聚类特征出现了一定程度的微弱破坏,而整体聚类特征并未出现明显的破坏,但均衡之后车辆使用数量成本呈现出下降的特征,这说明所设计的均衡策略对于降低车辆使用数量成本具有积极的作用。综上,将均衡策略引入考虑工作人员对区域熟悉度的两阶段车辆路径优化方法中具有一定的优势。

5.5.3 考虑区域熟悉度的动态车辆路径优化与对比分析

本节将在考虑区域熟悉度的基础上进一步引入消费者动态需求,考虑熟悉度的2E-DVRPTW优化结果进行分析。

①考虑区域熟悉度的动态车辆路径优化。

以大规模的案例5作为实例,对考虑区域熟悉度的2E-DVRPTW优化方法进行分析。对实例的改造规则参照姚宝珍等[200]所采用的基于静态节点数据生成适应于DVRPTW问题的数据,即将每一个熟悉区域内商家按照$T_{co} = T/2$划分为隶属不同工作日的两类节点,将这两类节点分别映射为上一工作日内后半周期内的静态商家和当前工作日内前半周期的动态商家,在当前的工作日内,上一工作日中未被服务的商家将在当前工作日内被优先服务,而当前工作日内前半周期产生的动态商家将在车辆服务上一工作日未被服务动态商家的过程中被动态服务。其中,对不同熟悉度区域内的静态商家及动态商家划分结果如表5-9所示。

表5-9 不同区域熟悉度内的静态商家及动态商家

C	坐标	静态商家	动态商家
1	(14,28)	115,74,85,81	148,132,169
2	(29,35)	17, 12, 64, 11, 55, 199, 173, 143, 177, 167, 198, 165, 175, 184, 195, 179, 157, 180,140	147, 134, 181, 149, 162, 183, 166, 153, 146, 138, 163, 161, 171, 189, 196, 164, 176,136,156
3	(1,28)	41,36,5,32,4,22,59	39,51,46,54,21,35
4	(12,30)	129,113,95,125,67,84,108	75,100,66,114,69,83,93
5	(43,34)	141, 178, 155, 187, 170, 186, 197, 151, 194,150,190,158,191,172,193,168	135, 133, 174, 152, 139, 192, 154, 160, 145,159,185,142,144,200,137
6	(14,26)	61, 7, 16, 8, 25, 14, 44, 29, 27, 56, 10, 65,34,38,31,37,42	2, 19, 60, 45, 24, 20, 18, 52, 57, 53, 15, 9,58,26,30,3

续表

C	坐标	静态商家	动态商家
7	(30,43)	111,94,76,121,110,92,68	89,77,97,182,188,131
8	(7,32)	98,96,120,72,106,118	90,122,73,71,91,78
9	(4,28)	6,28,1,40,48,63,43	50,49,23,13,33,47,62
10	(6,34)	99,119,86,107,130,117,102,87,104, 112,109,127,79	124,116,128,80,123,82,105,126,70, 88,101,103

注:C表示聚类编号,动点商家的随机生成规则满足向上取整规则。

图 5-9a)为 2E-DVRPTW 中静态商家、动态商家、中转站以及分拨中心在二维坐标系内的分布。图 5-9b)为以发货量为 Z 坐标轴,2E-DVRPTW 中各静态商家、动态商家、分拨中心及中转站的三维分布。

在第 3 章所设计的求解 DVRPTW 方法基础上,进一步采用 TS 算法对 2E-DVRPTW 问题进行求解,将时间切片设定为 10,最大搜索迭代次数设置为 5000,禁忌搜索步长设置为 50,Alpha 设置为 1.0,Beta 设置为 0.9,Sita 设置为 0.1,在 Eclipse IDE for Java 环境下,对所设计的 2E-DVRPTW 优化模型进行实验。所得到的在不同时刻的 2E-DVRPTW 优化结果如表 5-10 所示。

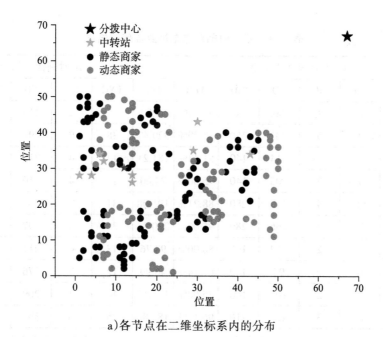

a)各节点在二维坐标系内的分布

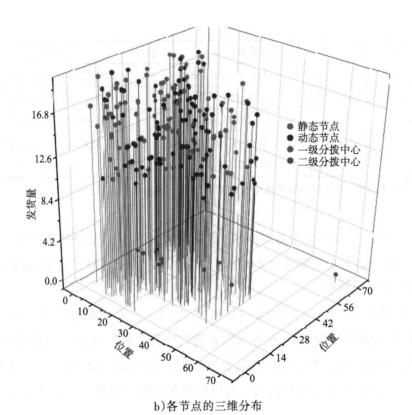

b)各节点的三维分布

图5-9 2E-DVRPTW问题初始数据分布

表5-10 不同时刻动态车辆路径优化结果

C	$t=0$时刻优化结果						$t=10$时刻优化结果					
	DC	TNC	QC	TD	TML	ALR	DC	TNC	QC	TD	TML	ALR
1	24.29	4	1	66	70	94.29%	56.82	7	2	115	140	82.14%
2	168.41	19	5	302	350	86.29%	329.47	38	9	591	630	93.81%
3	91.86	7	2	114	140	81.43%	181.21	13	4	216	280	77.14%
4	29.16	7	2	105	140	75.00%	74.00	14	4	210	280	75.00%
5	79.98	16	4	247	280	88.21%	191.08	31	7	455	490	92.86%
6	161.86	17	4	266	280	95.00%	330.86	33	8	497	560	88.75%
7	55.62	7	2	112	140	80.00%	92.76	13	4	211	280	75.36%
8	31.64	6	2	94	140	67.14%	46.99	12	3	176	210	83.81%
9	63.15	7	2	105	140	75.00%	121.15	14	4	209	280	74.64%
10	88.57	13	3	202	210	96.19%	181.86	25	6	397	420	94.52%

注:C表示聚类编号;DC表示行驶距离成本(Distance cost);TNC表示所服务总的商家数量(Total number of customers);QC表示车辆使用数量成本(Quantity cost);TD表示所有商家总的发货量(Total demand);TML表示所有车辆总的最大装载量(Total maximum load);ALR表示车辆平均装载率(Average loading rate)。

　　表5-10展示了不同时刻动态车辆路径优化结果的基本参数,包括车辆行驶距离成本、车辆使用数量成本、车辆平均装载率等信息。结果表明,在t_0时刻,车辆的最大平均装载率为96.19%,所对应的中转站服务13个商家;车辆最小平均装载率为67.14%,所对应的中转站服务6个商家。在t_{10}时刻,车辆的最大平均装载率为94.52,所对应的中转站服务25个商家;车辆最小平均装载率为74.64%,所对应的中转站服务14个商家。在t_0时刻,单个中转站车辆的最大行驶距离为168.41,所对应车辆的平均装载率为86.29%;最小行驶距离为29.16,所对应的车辆平均装载率为75.00%。在t_{10}时刻,单个中转站中车辆的最大行驶距离为330.86,所对应车辆的平均装载率为88.75%;车辆的最小行驶距离为46.99,所对应的车辆平均装载率为83.81%。在不同时刻所得到的车辆路径网络如图5-10所示。

　　②不同方案对比分析。

　　分别对不考虑区域熟悉度、考虑区域熟悉度不考虑中转站负载均衡、考虑区域熟悉度和中转站负载均衡,以及考虑区域熟悉度和动态度四种情景下的优化结果进行对比分析,不同情景下所得到的不同阶段的优化结果如表5-11所示。

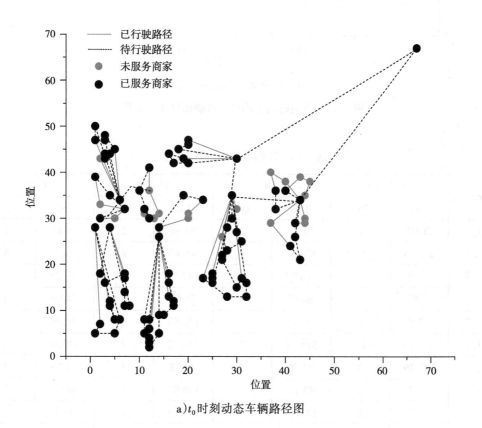

a)t_0时刻动态车辆路径图

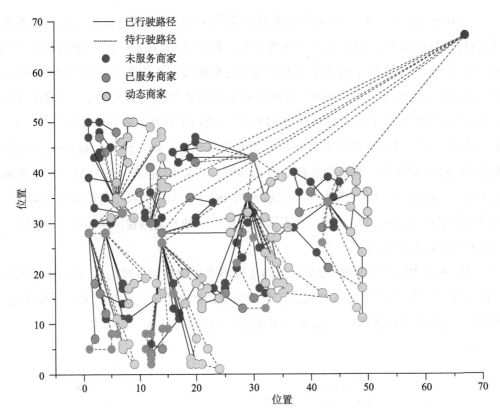

b)t_{10}时刻动态车辆路径图

图5-10 不同时刻下的动态车辆路径优化结果

表5-11 不同情景下的方案对比

阶段	情景1		情景2		情景3		情景4	
	DC	QC	DC	QC	DC	QC	DC	QC
S1_1	20.05	1	55.27	2	84.48	2	56.82	2
S1_2	228.24	7	326.54	9	309.67	8	329.47	9
S1_3	73.91	2	180.75	4	147.51	3	181.21	4
S1_4	47.03	3	60.42	4	58.67	3	74.00	4
S1_5	237.85	9	172.42	7	193.02	7	191.08	7
S1_6	571.55	14	315.74	8	319.93	7	330.86	8
S1_7	117.49	3	92.76	4	90.72	3	92.76	4
S1_8	8.47	1	45.13	3	116.03	4	46.99	3
S1_9	65.19	2	117.97	4	120.28	3	121.15	4
S1_10	236.42	10	182.34	6	193.98	6	181.86	6
S2	536.15	4	476.20	4	484.63	4	476.20	4

续表

阶段	情景1		情景2		情景3		情景4	
	DC	QC	DC	QC	DC	QC	DC	QC
SUM	2142.36	56	2025.54	55	2118.92	50	2082.40	55

注:S1_1表示第一阶段网络第一个中转站;L2表示第二阶段网络;情景1中不考虑区域熟悉度;情景2中考虑区域熟悉度不考虑中转站均衡策略;情景3中考虑区域熟悉度且考虑中转站均衡策略;情景4中考虑区域熟悉度、中转站均衡策略及消费者动态需求。

由表5-11可知,在四种情景下,就车辆行驶距离成本指标而言,情景2下所得到的优化值最小(2025.54),这表明考虑区域熟悉度的划分对于降低车辆行驶距离成本具有一定的效果,但在该情境下车辆使用数量成本并不具有优势,主要原因在于基于区域熟悉度划分之后,各个中转站负载能力不均衡。而在考虑区域熟悉度的基础上,引入中转站负载均衡策略对于降低车辆使用数量成本具有积极的作用,车辆使用数量成本由55降到了50。然而,车辆行驶距离成本则呈现出了上升的趋势,其主要原因在于经过负载均衡之后,车辆出现了部分跨区域执行任务的情况。在情景4下取得了次优值,其原因是引入消费者动态需求可能会破坏最短路径,进而导致车辆行驶距离成本的增加。四种情境,不同阶段的车辆使用数量成本及行驶距离成本统计结果如图5-11所示。

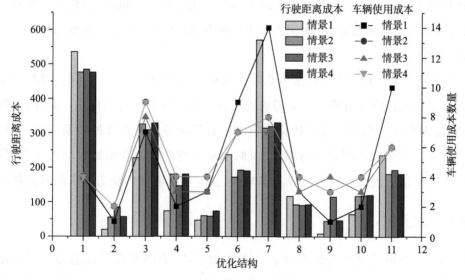

图5-11 四种情景下优化结果对比

在图5-11中,横坐标为不同阶段内的中转站,2~11为第一阶段中10个中转站的优化结果,1为第二阶段中的优化结果。就同一阶段内的所有中转站而言,车辆行驶距离成本与使用数量成本整体呈现出相对正相关的关系,其主要原因是访问商家数量越多,所需的车辆数量越多,车辆累计行驶距离也随之增加。

5.6　分析与讨论

针对 2E-DVRPTW 问题,引入区域熟悉度与动态度的学术思想,构建了以车辆行驶距离成本最小化的 2E-DVRPTW 问题优化数学模型,设计了用于求解不考虑区域熟悉度与考虑区域熟悉度的车辆路径优化算法,以佩尔博利所公布的 2E-VRP 数据作为基准,对不同情境下的模型及算法进行了验证,所取得的主要结果如下。

①在不考虑区域熟悉度的情境下,所求得的 28 个实例结果优于或接近已知最好解,优化率最大的是实例 Instance50-s2-13,相比已知最好解的优化率达到了 15.76%,这说明 ABC 算法在求解 2E-VRP 问题时具有一定的优越性。此外,在不考虑区域熟悉度的情境下,车辆行驶距离成本虽然能够实现最小化,然而,车辆存在跨区域执行任务的情景,特别是随着商家规模的增加,跨区域执行任务更为容易出现,进一步降低了执行任务的效率。

②在考虑区域熟悉度的情境下,经基于 K-means 的区域熟悉度划分之后,引入中转站负载能力均衡策略,这对于提升车辆的实际装载率和使用效率具有积极的作用。其主要原因在于实现区域熟悉度划分之后,各个区域间的发货量与车辆额定装载量存在一定的偏差,这种偏差可能会进一步降低车辆的装载率。而经中转站负载均衡之后,部分车辆可能存在跨区域执行任务情景,但相比不考虑区域熟悉度情景而言,跨区域执行任务的车辆比率明显降低。

③在考虑区域熟悉度及中转站负载均能策略下,引入时间切片划分机制及贝叶斯条件准则,这对于提升响应消费者动态需求的敏捷性方面具有积极的作用。此外,时间切片的划分粒度大小与动态车辆路径优化问题的求解复杂程度有直接的关系,当划分粒度较小时,动态迭代次数及求解成本将增加,及时响应消费者动态需求的时间将减少;当划分粒度较大时,动态迭代次数及求解成本将减小,及时响应消费者动态需求的时间将增加。

5.7　本章小结

现实中,揽收网络各个阶段存在着较强的相关性,而消费者的动态需求会传导至商家,使各个区域内商家发货存在着不确定性,因此研究 2E-DVRPTW 问题具有重要的现实意义。为此,本章在第 4 章研究成果的基础上,进一步引入区域熟悉度、中转站负载均衡策略,将 DVRPTW 问题拓展为 2E-DVRPTW 问题,研究了 2E-DVRPTW 优化问题。分别讨论了不考虑区域熟悉度、考虑区域熟悉度、考虑区域熟悉度且引入中转站负载均衡,以及考虑区域熟悉度和消费者动态需求四种情景下的两阶段车辆路径调度问题,并对每种情景下的优化结果进行了详细深入的讨论与分析,得到了不同情境下的结论,为企业实施两阶段动态车辆路径规划提供了方法及理论支撑。

第6章 考虑熟悉度与共同配送的两阶段带时间窗动态共享车辆路径问题

本章在考虑响应消费者动态需求下,进一步将第5章2E-DVRPTW拓展到共享车辆参与的共同配送模式中,对2E-DSVRPTW展开研究。首先,以自有、共享车辆服务节点与中转站距离和最小化为优化目标,采用K-means方法确定最佳中转站数量及位置;其次,设计用于求解2E-DSVRPTW的TS算法;再次,采用Augerat数据对算法性能进行测试;采用文献对比法和双样本假设检验法,对不同算法之间的差异性进行分析;采用控制变量实验法,对参数对优化结果的敏感性进行分析。最后,以某企业作为案例,对是否考虑共享车辆参与这两种情景下的两阶段动态车辆路径方案进行对比分析,并对动态度对优化结果的敏感性进行分析。

6.1 引言

在面向消费者动态需求的多阶段车辆路径优化中,中转站数量及位置变化对车辆行驶距离和使用数量成本具有较大的影响,最佳的中转站数量及位置确定能够有效降低共同配送成本。在前文考虑区域熟悉度及负载均衡的2E-DVRPTW研究基础上,引入共享车辆,设计考虑共享车辆参与的两阶段动态共享车辆路径优化方法是整合物流资源、提升运营效益的有效途径之一。因此,对考虑共享车辆参与的2E-DSVRPTW问题进行研究是降低物流成本、提升车辆利用率的关键。然而,共享车辆的参与及中转站的可变性增加了2E-DSVRPTW问题的求解复杂度,单凭工作人员的经验难以有效对其进行科学优化。鉴于此,如何对考虑区域熟悉度与共同配送的2E-DSVRPTW求解是本章需要解决的难题。

基于前文分析可知,国内外学者就2E-VRP展开了部分研究并取得了一定的成果,包括穆罕默德(Mohammed)等[201]提出了两阶段遗传算法,第一阶段为寻找满足车辆行驶距离最小化的一条路径,第二阶段为在最短路径的基础上,按照车辆容量约束限制对路径进行拆分;余斌等[202]从信息素积累更新策略的角度,对蚁群算法进行了改进,并提出了用于求解车辆路径问题的改进蚁群算法。但是,当前研究仍然存在三个方面的不足:一是现有研究成果较少系统地将共享经济理念融入两阶段车辆路径中,忽略了共享车辆对共同配送的影响,进一步制约了通过共享车辆参与降低共同配送成本的可能性;二是物流从业人员入职门槛低、流动性大,工作人员难以对全区域都完全熟悉,现有文献较少考虑这一因素;三是消费者的需求存在着动态变化特征,现有车辆路径优化方法难以满足消费者的动态需求。针对上述不足,本章提出对考虑区域熟悉度与共享车辆参与的 2E-DSVRPTW 问题展开研究。

2E-DSVRPTW 属于 IoT 场景下车辆路径问题的重要应用场景。例如,当消费者通过网络向商家下单之后,物流企业通过采用两阶段共同配送的方式实现消费者产品的动态交付,而在整个过程中,消费者的动态需求会通过网络传导给商家,进而导致商家发货的动态性。其中的两阶段物流过程为:在第一阶段,由小型共享车辆沿着城市内部道路依次访问具有动态发货需求的商家,并将消费者所需的原材料、半成品、产成品等从各个商家所在地运输至指定的中转站;在第二阶段,由大型自有车辆沿着城市主干道路依次访问各个中转站,将消费者所需的原材料、半成品、产成品等由中转站运输至分拨中心。在共享车辆参与物流企业的运输过程中,难点在于如何协调各个参与主体并保证运输质量,而降低多个参与主体的总体成本是提升系统整体利润的关键所在,提高利润期望又是协调调动各个参与主体积极参与共享配送及提升服务质量的关键所在。基于前文对 2E-DVRPTW 问题的研究可知,中转站是两阶段动态车辆路径优化过程中重要的可变更参数,而中转站的数量以及位置选择对于本章所研究的共享车辆参与的共同配送成本及效率具有较大的影响。

基于此,本章将中转站选址方法及消费者动态需求融入 2E-DSVRPTW 问题中,设计求解 2E-DSVRPTW 问题的方法。首先,采用 K-means 聚类方法对商家进行分类,并确定出最佳中转站位置与数量的初始解;其次,将动态度、消费者动态需求、时间切片及 K-means 融入 2E-DSVRPTW 问题中,构建以两阶段中不同类型车辆总的行驶距离成本最小化为目标的数学模型;再次,采用公用算例对所设计的方法进行分析与实验,并与其他文献求解结果进行对比分析与讨论;最后,结合实际应用案例,对所提出的 2E-DSVRPTW 方法进行验证,结果表明,本章所提出的 2E-DSVRPTW 方法能够较好地解决 IoT 场景下两阶段动态车辆路径问题,能够为物流企业提供较好的方法与技术支撑。

6.2　问题描述及数学模型

6.2.1　问题描述

由第 2 章所描述的第四个应用场景可知,所求解的 2E-DSVRPTW 问题中,中转站的数量及位置是可变的,均由商家发货量及发货位置决定,在整个车辆运输过程中,采用不同类型车辆实现产品由商家至分拨中心的转移,消费者所需产品从商家向中转站转移的过程中,采用规格较小的共享车辆;消费者所需产品从中转站向分拨中心转移过程中,采用规格较大的自有车辆。在 2E-DSVRPTW 优化问题中,任意静态时间切片内均包括大型自有车辆和小型共享车辆所服务的两个网络的两阶段优化,第一个阶段为小型共享车辆由中转站出发遍历各个动态商家的路径优化问题,第二个阶段为大型车辆由分拨中心出发遍历中转站的路径优化问题。车辆在执行任务的过程中,会伴随消费者动态订单的产生,而产生商家发货订单。要求解的问题是如何选定合适的中转站数量及位置,对由小型共享车辆与大型货车共同配送的车辆路径进行求解与优化,使得在满足消费者动态需求的条件下实现总的各类车辆行驶距离成本和使用数量成本最小化。所解决的2E-DSVRPTW问题的概念模型如图6-1所示。

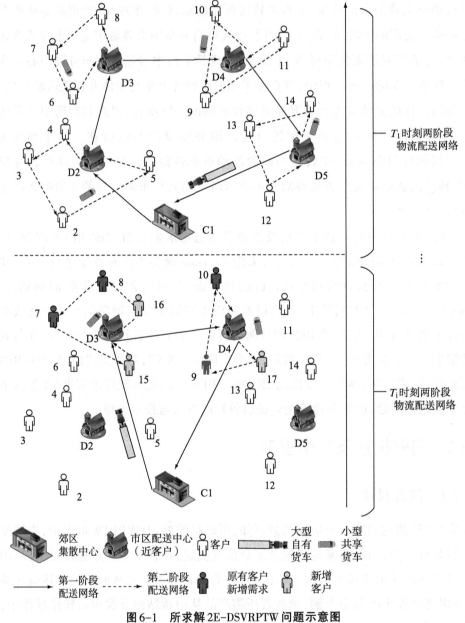

图6-1　所求解2E-DSVRPTW问题示意图

2E-DSVRPTW 问题可被描述为在最佳中转站选址基础上，以中转站为两个相关无向连通网络图 $G_s = (V_s, E_s)$ 的分界点，对车辆沿着可行边依次访问各个商家的顺序进行优化排序的问题。基于实际考虑，车辆访问商家的时间必须在商家指定的最晚服务时间 LT_{s_i} 之内，如果车辆在第 s 阶段到达商家 s_i 的时间早于商家指定的最早时间窗 ET_{s_j}，车辆需要在第 s 阶段的商家 s_i 处等待，直到在商家指定的时间窗内为其提供服务。在第二阶段配送网络中，车辆到达中转站的时间应该满足第一阶段配送网络中商家的要求。在第一阶段网络中存在动态商家与静态商家。其中，静态商家是指在 $[T_i, T_{i+1}]$ 周期内发货量保持不变的商家，动态商家包括在配送过程中由新增的消费者和原有消费者新增需求衍生的新消费者，进而出现的新的发货商家。本章使用到的符号及含义说明如表6-1所示。

表6-1　本章使用到的符号及含义说明

符号	描述
V_s	第 s 阶段网络图的节点
$V_{s\_c} = \{2,3,4,\cdots,N\}$	第 s 阶段商家集合
$V_{s\_d} = \{1\}$	第 s 阶段中转站/分拨中心集合
$E_s = \left\{(i,j)\,\middle|\,i,j \in V_s, i \neq j\right\}$	配送网络图的边
m_s	配送中心拥有车辆数
$Q_{s\_k}(k \in K)$	车辆的额定装载量
$q_{s\_i}(i \in V_{s\_c})$	商家发货量
$\left[ET_{s\_[i]}\right], LT_{s\_[i]}$	商家发货服务时间窗
$a_{s\_[0]}$	第 s 阶段中转站/分拨中心的最早开放时间窗
$b_{s\_[n+1]}$	第 s 阶段中转站/分拨中心的最晚关闭时间窗
$s_{s\_[i]}$	第 s 阶段服务消费者的时间
$w_{s\_[i][k]}$	第 s 阶段车辆到达节点的时间
AT_{s_i}	车辆到达商家 i 的时间
DS_{s_i}	车辆离开消费者 i 的时间
$y_{s\_is\_k}(j \in V_{s\_c}, k_s \in K_s)$	车辆 s_k 开始服务商家 s_j 的时间
$d_{s\_[i][j]}$	第 s 阶段商家之间的欧式空间距离
$t_{s\_[i][j][k]}$	第 s 阶段车辆 s_k 在两个商家之间的行驶时间
$v_{s\_[i][j][k]}$	第 s 阶段车辆 k 在两个商家之间的行驶速度
N_c^d	动态商家数量
N_c^s	静态商家数量
$x_{s\_[i][j][k]}$	商家间是否存在车辆的 $(0,1)$ 决策变量

符号	描述
$c_{k\_[i][j][k]}$	两商家是否属于同一聚类簇 k 的 $(0,1)$ 决策变量

6.2.2 模型构建

①基于 K-means 的中转站选址策略。

首先，根据各个商家之间的欧式距离，将由 n 个商家组成的集合 $\{x_i, i=1,2,\cdots,n\}$ 随机聚类为 K 个不同的类别。采用 D 维向量 $\boldsymbol{x}_i = \left(x_{i1},x_{i2},\cdots,x_{iD}\right)^{\mathrm{T}}$ 表示每个商家的信息。其中，对于参数 $i=1,2,\cdots,n$ 和 $k=1,2,\cdots,K$ 的基本定义如公式（6-1）所示。

$$w_{ik} = \begin{cases} 1, & \text{如果第}i\text{个商家属于第}k\text{类} \\ 0, & \text{如果第}i\text{个商家不属于第}k\text{类} \end{cases} \tag{6-1}$$

对有发货需求的商家进行聚类时，要求每个商家刚好属于一个类别，并且每个类别中至少包含一个商家，以保证每个商家属于工作人员所熟悉的唯一区域。用 $\boldsymbol{W} = \left[w_{ik}\right]$ 表示对商家聚类时的标记矩阵，所对应聚类标记矩阵的约束如公式（6-2）~公式（6-3）。

$$\sum_{k=1}^{K} w_{ik} = 1, i=1,2,\cdots,n \tag{6-2}$$

$$1 \leqslant \sum_{i=1}^{n} w_{ik} = n, k=1,2,\cdots,K \tag{6-3}$$

根据聚类结果确定中转站位置，将同一簇内商家对应的聚类中心确定为对应的中转站，其中，第 k 类的聚类中心 $\boldsymbol{c}_k = \left(c_{k1},c_{k2},\cdots,c_{kD}\right)^{\mathrm{T}}$ 的计算公式如（6-4）所示。

$$c_k = \sum_{i=1}^{n} w_{ik} X_i / \sum_{i=1}^{n} w_{ik} \tag{6-4}$$

不同商家之间的距离采用欧式距离进行表示，其中，两个 D 维向量之间的欧式距离计算公式如（6-5）所示。

$$\|y-z\| = \left(\sum_{i=1}^{D}\left|y_i - z_i\right|^2\right)^{1/2} \tag{6-5}$$

在确定中转站所在位置时，以所有商家距离对应的中转站之间的欧式距离之和最小化作为优化目标，旨在实现所有商家到中转站距离之和最小化，以尽可能地降低车辆访问商家时所付出的行驶距离成本。其中，在确定中转站所在位置时的优化目标函数如公式（6-6）所示。

$$\text{Objective function} = \min\sum\|c_k - w_{ik}\| = \min\left(\sum_{i=1}^{D}\left|c_k - w_{ik}\right|^2\right)^{1/2} \tag{6-6}$$

采用聚类的方式确定中转站位置时，既能够满足所有商家与中转站距离之和的最小化,又能够满足在同一片区内的商家被划分为一类,进而实现车辆驾驶人员对区域熟悉度的最大化。然而,基于这一策略所得到的中转站并不能够满足两阶段网络所有商家到中转站距离最小化的目的,为此,将初始聚类数量设定为变量,将两阶段网络中所有商家与中转站距离之和作为优化目标,构建最佳的中转站数量及选址优化模型,其中目标函数如公式(6-7)所示。

$$\min \left\{ \sum \left\| c_k - v_{1\_i} \right\| + \sum \left\| c_k - v_{2\_i} \right\| \right\}, 1 \leqslant k \leqslant v_{1\_i} \tag{6-7}$$

式中,目标函数为两阶段网络中所有商家与聚类中心的距离之和,变量为聚类中心个数设置,取值范围不超过第一阶段网络中商家数量。

②基于动态度的配送策略。

2E-DSVRPTW 问题中的动态度指在某一时间区间内动态商家数量与所有商家数量比值,是制定满足消费者动态需求策略的重要依据,动态度计算公式见(6-8)。

$$\mathrm{Dyn} = \frac{N_c^d}{N_c^d + N_c^s} \tag{6-8}$$

由于消费者的动态需求对配送网络的敏捷性响应提出了较高要求,为提升配送网络优化的稳定性,基于动态度高低制定了两种满足动态需求的配送策略。当动态度水平较低时,在 $\left[T_i, \left(T_i + T_{i+1} \right)/2 \right]$ 配送周期内,采用对配送网络局部修复策略,以尽可能地降低对现有配送网络的破坏;当动态度较高时,则在 $\left(T_i + T_{i+1} \right)/2$ 时刻启动全局更新策略,以满足新增商家以及原有商家新增发货需求。其中,动态度高低的阈值取决于是否需要启动新的车辆执行配送任务。当原有车辆装载量能够满足新增动态需求时,定义动态度为较低水平,采用局部修复策略;当原有车辆的装载量不能够满足新增动态需求时,定义动态度为较高水平,采用全局更新策略。

③两阶段时间窗约束准则。

第二阶段所服务的中转站的时间窗与第一阶段所服务商家的时间窗之间存在相关性。因此,基于中转站所服务的商家群的最小最早开始时间与最大最晚开始时间,确定中转站的时间窗约束,各中转站的时间窗约束计算公式如(6-9)。

$$\left(\mathrm{ET}_{1\_i}, \mathrm{LT}_{1\_i} \right) = \begin{cases} \mathrm{ET}_{1\_i} = \min \left\{ \mathrm{ET}_{2\_i1}, \mathrm{ET}_{2\_i2}, \cdots, \mathrm{ET}_{2\_iJ} \right\} - \Delta T \\ \mathrm{LT}_{1\_i} = \max \left\{ \mathrm{LT}_{2\_i1}, \mathrm{LT}_{2\_i2}, \cdots, \mathrm{LT}_{2\_iJ} \right\} - \Delta T \end{cases} \tag{6-9}$$

式中,$\left(\mathrm{ET}_{1\_i}, \mathrm{LT}_{1\_i} \right)$ 为中转站 i 的时间窗;ET_{2_iJ} 为在中转站 i 所服务的商家群的最早开始时间窗;LT_{2_iJ} 为中转站 i 所服务的商家群的最晚开始时间窗;ΔT 为第一阶段时间窗与第二阶段时间窗缓冲约束,实际意义表示可连续的过渡性缓冲时间,用于保障车辆有足够的时间在中转站中转原材料、半成品、产成品等。

④数学模型。

考虑到车辆行驶成本、配送时间均与车辆行驶距离存在着正相关的关系,以及与其他文献求解结果的可比较性,本章参照基础 VRPTW 问题的优化模型,基于上一时间切片内部分路径生效前提下,对下一时间切片内未生效车辆路径进行动态优化的思想,构建以一、二阶段配送网络中车辆行驶距离成本最小化为优化目标的数学模型,其中,所构建的目标函数如公式(6-10)所示。

$$\min F\left(y_{[s+1]}\middle| y_{[s]}\right), s = 1,2,\cdots,t_{ns} + 1$$

$$y_{[s]} = \min\left\{\sum\sum\sum d_{1\_[i][j]} \cdot x_{1\_[i][j][k]} \cdot c_{k\_[i][j][k]} + \sum\sum\sum d_{2\_[i][j]} \cdot x_{2\_[i][j][k]}\right\} \tag{6-10}$$

式中,车辆实际行驶距离由任意两点之间的距离与两点之间是否存在车辆通过,以及两商家是否属于同一聚类类别的{0,1}决策变量所决定。当任意两点之间存在车辆通过时,且两个商家均属于同一聚类中心时,则这两点之间的欧式距离将被计入目标函数,否则将不会被计入目标函数中。考虑到在实际问题中,车辆在为商家提供服务的过程中,实际装载量不能够超过车辆的额定容量,每位商家只能被唯一车次提供一次服务,以及车辆在访问过程中不能形成子环等限制,本书所构建的约束条件函数如公式(6-11)~公式(6-23)所示。

$$\sum_{k \in K}\sum_{j \in \Delta^*(i)} x_{s\_[i][j][k]} = 1 \quad \forall i \in N \tag{6-11}$$

$$\sum_{j \in \Delta^+(0)} x_{s\_[0][j][k]} = 1 \quad \forall k \in K \tag{6-12}$$

$$\sum_{i \in \Delta^-(j)} x_{s\_[i][j][k]} - \sum_{i \in \Delta^+(j)} x_{s\_[i][j][k]} = 0 \quad \forall k \in K, \forall j \in J \tag{6-13}$$

$$\sum_{i \in \Delta^-(n+1)} x_{s\_[i][n+1][k]} = 1 \quad \forall k \in K \tag{6-14}$$

$$w_{s\_[i][k]} + s_{s\_[i]} + t_{s\_[i][j][k]} - w_{s\_[j][k]} \leq \left(1 - x_{s\_[i][j][k]}\right)M \tag{6-15}$$

$$\mathrm{ET}_{s\_[i]}\sum_{j \in \Delta^+(i)} x_{s\_[i][j][k]} \leq w_{s\_[i][k]} \leq \mathrm{LT}_{s\_[i]}\sum_{j \in \Delta^+(i)} x_{s\_[i][j][k]} \quad \forall i \in N, k \in K \tag{6-16}$$

$$E \leq w_{s\_[i][k]} \leq L \quad \forall k \in K, i \in \{0, n+1\} \tag{6-17}$$

$$\sum_{i \in N} d_{s\_[i]}\sum_{j \in \Delta^+(i)} x_{s\_[i][j][k]} \leq C \quad \forall k \in K \tag{6-18}$$

$$\min\left\{b_{s\_[i]} - t_{s\_[0][i]}\right\} \geq E = a_{s\_[0]} \tag{6-19}$$

$$\max\left\{a_{s\_[i]} + s_{s\_[i]} - t_{s\_[i][0]}\right\} \leq L = b_{s\_[n+1]} \tag{6-20}$$

$$a_{s\_[i]} + s_{s\_[i]} + t_{s\_[i][j]} < a_{s\_[j]} \tag{6-21}$$

$$w_{s\_[i][k]} \geq 0 \tag{6-22}$$

$$x_{s\_[i][j][k]} \in \{0,1\} \tag{6-23}$$

其中,公式(6-11)表示每个商家节点仅允许被唯一的车辆提供一次揽收服务约束;公式(6-12)表示所有车辆必须遵循从起点出发的约束;公式(6-13)表示所有车辆服务完一个商家之后均必须从该商家所在地离开的约束;公式(6-14)表示所有车辆为其所分配的商家服务完之后必须返回至用 $n+1$ 表示的原有出发点约束;公式(6-15)表示车辆达到时间的先后顺序约束,其约束原理如图6-2所示;公式(6-16)表示车辆达到商家的时间正好落在指定的时间窗内的约束;公式(6-17)表示车辆达到各级配送网络中车辆出发地的时间满足车辆出发地的时间窗约束要求;公式(6-18)表示车辆的装载量不能超过额定装载容量约束;公式(6-19)~公式(6-20)表示所有路径均需满足各级网络中车辆出发与返回地的要求约束;公式(6-21)表示路径需满足弧的要求;公式(6-22)~公式(6-23)表示控制及决策变量的取值约束。

图6-2展示了车辆服务顺序约束的原理,图中 $w_{s\_[i][k]}$ 表示车辆到达商家 i 的时间, $s_{s\_[i]}$ 表示车辆为商家 i 提供服务所需时间, $t_{s\_[i][j][k]}$ 表示车辆 k 从商家 i 到商家 j 行驶所需时间, M 表示一个无穷大的数。约束原理为:当商家 i 与 j 之间存在车辆通过时,即 $x_{s\_[i][j][k]} = 1$,此时公式(3-11)退化为 $w_{s\_[i][k]} + s_{s\_[i]} + t_{s\_[i][j][k]} \le w_{s\_[j][k]}$,即表示车辆从商家 i 出发到达商家 j 的时间大于等于车辆到达商家 i 的时间、为商家 i 提供服务所耗时间以及从商家 i 到商家 j 的行驶时间之和,这以约束满足实际情况;同样,当商家 i 到商家 j 之间没有车辆通过时,即 $x_{s\_[i][j][k]} = 0$,此时公式(3-11)则退化为 $w_{s\_[i][k]} + s_{s\_[i]} + t_{s\_[i][j][k]} \le w_{s\_[j][k]} + M$,同样,满足车辆服务商家先后顺序的实际要求。

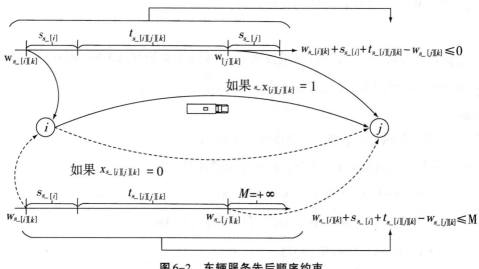

图6-2　车辆服务先后顺序约束

在基于最佳中转站选址策略的2E-DSVRPTW中,一旦中转站确定,该中转站所服务的商家也随之确定。因此,求解连续两阶段车辆路径问题可转化为求解若干个相互独立的一阶段车辆路径问题,包括第一阶段中由商家与中转站所组成的若干路径问题及第二阶段由中转站与分拨中心组成的路径问题。

6.3　求解2E-DSVRPTW问题的算法设计

TS算法作为一种随机启发式搜索算法,最早由格洛弗(Glover)于1986年提出[172]。TS算法的核心思想为:通过在当前解邻域内进行局部搜索产生新的可行解,并模拟人脑思考这一过程,在进化过程中引入一张记录局部最优解或邻域操作规则的禁忌表,对局部最优解在一定期限内予以保留,进而避免在搜索过程中重复搜索已知的局部最优解,以尽可能地在空间范围内实现对可行解搜索广度的扩展,以在空间内尽可能地寻得全局最优解[203,204]。

在采用TS算法对优化问题进行求解的过程中,涉及的主要关键要素包括邻域(Neighborhood)、禁忌表(Tabu List)、禁忌长度(Tabu Length)、藐视准则(Aspirationcriterion),而TS算法性能取决于初始解的构造、禁忌长度的设置、非可行解的处理和邻域结构[205,206]。藐视规则指的是在禁忌搜索过程中,可能会出现候选解全部被禁忌的情况,在此情况下,为了释放禁忌表的存储空间而获得更多优质解时,常采用藐视准则解禁禁忌表中的禁忌对象,以实现更加高效的搜索。常见的藐视准则包括基于适配值的准则、基于搜索方向的准则、基于最小错误准则和基于影响力的准则。其中,本章所设计的用于求解任意时间切片内2E-DSVRPTW优化解的TS算法伪代码如下。

给定初始可行解为 x^*,对应目标函数值为 $y = y(x^*)$,初始禁忌表 Tabulist$(x) = \varnothing$,候选可行解为 Openlist(x),While 未达到算法终止条件 Do

Begin

$1 \to \{$ 基于邻域变换准则产生领域解集合 $N(x) \}$

$2 \to$ 选择一定数量满足约束条件的解作为候选解

Openlist$(x) =$ Selection function$(N(x))$　$\}$

$3 \to \{$　While Openlist$(x) \notin \varnothing$ and 没有找到最优解 Do

$1) \to x = \min \{ y(\text{Openlist}(x)) \}$

$2) \to$ If $x \in$ Tabulist(x) then

$$Openlist(x) = Openlist(x) - \{x\}$$

　　　　Else if $y(x) > y(x*)$ then

　　　　　　$x* = x$

　　　　End if

　　End if

End while

4 → Updata Tabulist(x)

If 找到局部最优解x then

　　将x插入到 Tabulist(x)中

End if

End

End while

　　上述伪代码,其外层循环的终止条件可以设定为找到最优解为止,或者是达到最大的迭代次数为止。而内层循环为所有候选解均被访问并成为空集为止。接下来,将重点介绍 TS 中的初始解与自适应函数、邻域搜索策略以及禁忌表与禁忌长度三个方面的内容。

6.3.1　初始解与自适应函数的设计

　　现有文献表明 TS 算法对初始解的生成质量有着较大的依赖性[207,208],较好的初始解生成规则有助于加快 TS 算法在空间范围内的收敛速度。在构造初始解的过程中,李国明等[209]给出了基于时间因素与距离因素的优先插入规则,具体规则为商家的时间窗宽度越窄,距离已分配商家距离越远,越优先被插入当前队列,以形成初始的可行解。其中,基于该规则的优先插入度函数如公式(6-24)所示。

$$SC = A \cdot (L_j - E_j) - D_{ij} \tag{6-24}$$

　　式中,A 为权重系数;$(L_j - E_j)$ 为待插入商家的时间窗宽度;D_{ij} 为待插入商家与已在队列商家 i 之间的距离。而庞燕等[210]则采用了随机方式生成可行解的方法,将表示商家的所有节点 $\{2,3,4,\cdots,I\}$ 进行随机排序,并以各个节点的发货量累计求和是否超过车辆的额定装载量作为判定条件,将一个完整的顺序链拆分为若干个子链,并将各个链条中表示商家的节点植入以起点与终点均为分拨中心或中转站的可行路径 $\{1,[\cdots\cdots], 1\}$ 中,最终形成多个车辆的可行路径初始解。其初始解的构造过程如公式(6-25)所示。

$$\text{Random}\begin{cases} \text{节点}\{2,5,8,3,4,\cdots,I\} \\ \text{序号}\{2,3,4,5,\cdots,i,n\} \end{cases}$$

$$\text{If} \quad \sum_{i=2}^{i}q_i \leqslant Q \quad \text{and} \quad \sum_{i=2}^{i+1}q_{i+1} > 0 \qquad (6-25)$$

$$\text{Route}[1] = \begin{cases} \text{节点}\{1,2,5,8,3,\cdots,1\} \\ \text{序号}\{1,2,3,4,5,\cdots,i,1\} \end{cases}$$

$$\text{Then continue Route}[2]\cdots$$

式中,Random 中上半部分为将商家进行随机排序的结果,下半部分为对商家随机排序后从2开始的递增标记编号。按照递增顺序依次计算各个商家的发货量之和,每当满足一辆车的装载容量约束时,则重新启动新的车辆,为后续商家提供服务。本书沿用庞燕等[210]所给出的随机思想构造初始解,其构造过程为:生成若干个开放的以分拨中心或中转站为起点和终点的路径链;随机选取一个商家插入路径链中,直到被插入的点的需求量之和超过车辆额定装载容量时,关闭该路径链;直至所有商家均被插入完而生成车辆路径的初始解为止。本书所设计的初始解构造过程如公式(6-26)所示

$$\text{Route}[k] = \begin{cases} \text{Route}[1,\text{Continuous add random}\{i\},1], \text{if} \sum \text{Random}\{i\} \leqslant Q \\ \text{Route}[1,\text{Continuous add random}\{i\},1], \text{if} \ Q < \sum \text{Random}\{i\} \leqslant 2Q \\ \qquad\qquad \cdots\cdots \\ \text{Route}[1,\text{Continuous add random}\{i\},1], \text{if}(k-1)Q < \sum \text{Random}\{i\} \leqslant kQ \end{cases}$$

$$(6-26)$$

式中,Continuous add random $\{i\}$ 表示随机选取非重复商家的连续插入函数,更换插入路径的判定条件为是否超过车辆的额定装载量,若在连续插入过程中,已插入商家的发货量之和超过了车辆的额定装载量,则终止向该路径插入商家,同时开放第二条未插入商家的路径,直至在满足各条路径车辆容量约束的条件下,将所有的商家插完为止,进而完成整个初始解的构造。

TS算法的适配值类似于遗传算法的适应度函数,其主要作用是对进化过程中解的质量进行评价。现有文献多将目标函数或目标函数的各种变形作为TS搜索算法的适配值,当目标函数的计算过程较为复杂时,为降低算法的复杂度,现有文献则通常采用能够反映目标函数的特征值作为适配值。在借鉴现有文献成果的基础上,本书设计了基于路径容量超载与车辆行驶距离之和的动态自适应函数,其自适应函数如公式(6-27)所示。

$$\text{Fit value function} = \sum D_{ij} + \alpha * \Delta Q$$

$$st. \qquad\qquad\qquad\qquad\qquad (6-27)$$

$$\alpha = \begin{cases} \alpha/(1+\theta), \text{if} \ \Delta Q = 0 \ \text{and} \ \alpha \geqslant 0.001 \\ \alpha \cdot (1+\theta), \text{if} \ \Delta Q \neq 0 \ \text{and} \ \alpha \leqslant 2000 \end{cases}$$

式中,ΔQ表示路径中商家的发货量与车辆额定装载量的差值,在参数θ的控制下,当新增路径满足容量约束时,适配值随着惩罚系数的减小而减小;当新增路径偏离容量约束时,适配值随着惩罚系数的增大而增大。在自适应函数的调节下,能够最大化地利用非可行解找到全局的最优解。

6.3.2　邻域搜索策略

在TS算法中,邻域是指通过设定一系列的移动规则,使待进化路径上的商家按照既定的移动规则进行变化的过程,从而产生一系列基于待进化解变化而来的新解,这些新解称为邻域。邻域结构的设计关系到TS算法的局部搜索能力,成为影响算法性能的关键性指标之一。现有文献针对TS算法中邻域方法,通常包括2-opt邻域、2-opt邻域和Replace邻域等[211]。按照涉及路径的条数,可分为单条路径内部邻域搜索(含Or-opt和2-opt)和两条路径间的邻域搜索(含2-opt*和Swap/shift)四种扰动策略,本书融合四种邻域规则,根据不同的规则对当前解S_1进行扰动所产生新的解S_2的生成过程如公式(6-28)所示。

$$S_1 \rightarrow \text{Selection function} \begin{pmatrix} \text{Or} - \text{opt} \\ 2 - \text{opt} \\ 2 - \text{opt*} \\ \text{Swap/shift} \end{pmatrix} \rightarrow S_2 \qquad (6-28)$$

在进化过程中,根据距离目的解的距离确定是否保留进化后产生的新解,在此规则下,优质量的解将被保留。同时,为了避免非优质解过度被淘汰而导致的搜索广度不足问题,本书构建了保留非优质解规则,而解的进化保留规则如公式(6-29)所示。

$$\begin{aligned} &\text{如果} df = f(S_2) - f(S_1) < 0 \\ &\qquad\qquad S_1 = S_2 \\ &\text{else if} \quad \exp(-df/T) > \text{Rand}(\;) \\ &\qquad\qquad S_1 = S_2 \end{aligned} \qquad (6-29)$$

设定算法的终止条件,不断地重复上述迭代过程,直至达到设定的终止条件为止,输出终止时刻所寻找到的最好解,即为运行一次所得到的车辆路径方案可行解。其中,基于2-opt邻域结构变化示意图如图6-3所示。

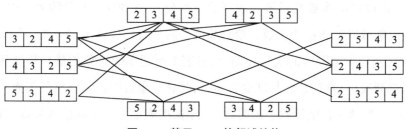

图6-3　基于2-opt的邻域结构

在图6-3中,{2,3,4,5}表示一个基本的可行解,经过基于任意两商家交换的2-opt操作之后,共可产生{3,2,4,5}、{4,3,2,5}等六种邻域结构。针对2E-DSVRPTW问题,在借鉴2-opt的基本思想上,引入随机增加商家与删除商家函数,即随机选取一条路径上的一个商家作为删除商家,使用删除商家函数将该商家从相应路径中移动至缓冲池,并更新该条路径的容量等参数;在满足路径容量约束的条件下,随机选定一条路径上的插入位置,采用随机增加商家函数将缓冲池中的商家插入至对应的位置;直至缓冲池中的商家数量为零时,完成一次邻域变换。

6.3.3 禁忌表及禁忌长度

禁忌表属于具有一定长度且遵循先进先出(First in first out)规则的一个具有存储功能的队列,主要作用是避免算法因重复搜索某一局部最优解而陷入局部搜索过程。当算法陷入局部重复搜索时会造成算法效能的浪费。以由可行解 $S_1 = \{0,1,2,3,4,5,6,7,8\}$ 进行邻域操作产生 S_2 的过程为例,在进化过程中,解的进化或保留规则与SA算法类似,不同区别在于增加了一张禁忌表用于记录任意时刻的局部最优解,其中,针对这一过程的禁忌搜索表示例如公式(6-30)所示。

$$
\begin{array}{c|ccccccccc}
 & 0 & 1 & 2 & 3 & 4 & 5 & 6 & 7 & 8 \\
\hline
0 & * & * & * & * & * & * & * & * & * \\
1 & * & * &   &   &   & 5 &   &   &   \\
2 & * &   & * & 1 &   &   & 4 &   &   \\
3 & * &   & 3 & * &   &   &   &   &   \\
4 & * &   & 1 &   & * &   & 3 &   &   \\
5 & * & 2 &   &   & 1 & * &   & 2 &   \\
6 & * &   & 1 &   & 2 &   & * &   &   \\
7 & * &   &   &   &   & 1 &   & * &   \\
8 & * &   &   &   &   &   &   &   & * \\
\end{array}
\tag{6-30}
$$

在禁忌表中,左下角的元素表示被禁对象的禁忌次数,而右上角元素则表示当前禁忌对象的任期。在禁忌搜索过程中,当禁忌对象的任期达到所设定的禁忌最大值时,则被禁忌的对象将被释放。在公式(6-30)右上角元素中,3 → 1被标记为5,表示为3与1进行了一次互换位置的邻域操作为当前的局部最优解,而5则表示该邻域操作的任期为5,当任期满时,该局部最优解将被禁忌搜索表释放。在公式(6-30)左下角的元素中,任意一个数字表示对应邻域操作的被禁次数。禁忌长度指的是禁忌表已被记录的局部最优解或邻域操作的在禁忌表中被保留的最长任期,禁忌表中所记录的对象的禁忌长度随着迭代次数的增加而逐渐减小,直至禁忌长度变为零时,禁忌对象将因达到设定任期而被禁忌表所释放。在TS中,当禁忌长度设置过短时,TS易于因搜索范围变小而陷入局部搜索;当禁忌长度设置过长时,则易于因搜索范围变大而耗费过量时间。李国明等[209]指出禁忌长度的取值范围一般为 $4\sqrt{n} \sim 10\sqrt{n}$,其中,$n$ 表示所求解问题中商家的数量。

6.4 算法性能测试

6.4.1 数据采集及实验环境

鉴于第3章已采用过solomon数据对算法进行测试,本章以1995—2020年研究学者公布的较为权威VRP数据为基础,补充工作日长度的时间窗,将其改造成以工作日时间长度为时间窗约束的VRPTW数据,并用于对2E-DSVRPTW中单个时间切片内的算法进行测试验证,具体数据下载网址为:http://vrp.atd-lab.inf.puc-rio.br/index.php/en/。被文献引用最多的是1995年奥格拉特(Augerat)公布的A、B和P系列的三个基准测试实例集[212-214],Augerat数据共包括73个相互独立的实例。以 Set A 中的A-n32-k5为例,A表示该实例为Set A,n32表示该实例共包括32个节点,k5表示已知最好解中共需要5辆车;此外,阿诺德(Arnold)、根德劳(Gendreau)和索伦森(Sörensen)基于安特卫普(Antwerp)、布普塞尔(Brussels)、佛兰德斯(Flanders)、根特(Ghent)和鲁汶(Leuven)五个城市,给出了10个用于测试VRP问题的实例。现有文献公布的12个基准测试案例中,所包含的实例个数、节点数量、车辆数量以及车辆的额定装载量等具体特点如表6-2所示。

表6-2 较为权威的12个测试算例及其特点

B	INS	NI	NN	K	Q	公布时间	学者
Set A	A-n32-k5	27	31~79	5~10	100	1995年	奥格拉特(Augerat)
Set B	B-n31-k5	23	30~77	5~10	100	1995年	奥格拉特(Augerat)
Set E	E-n13-k4	13	12~100	4~14	100~6000	1969年	克里斯托菲德斯和艾隆(Christofides and Eilon)
Set F	F-n45-k4	3	44~134	4~7	2010~30000	1994年	费舍尔(Fisher)
Set M	M-n101-k10	5	100~199	7~17	820~1275	1979年	克里斯托菲德斯,明戈齐和托斯(Christofides, Mingozzi and Toth)
Set P	P-n16-k8	23	15~100	2~15	35~3000	1995年	奥格拉特(Augerat)

续表

B	INS	NI	NN	K	Q	公布时间	学者
Set 1	CMT1	14	50~199	5~18	140~200	1979年	克里斯托菲德斯，明戈齐和托斯（Christofides，Mingozzi and Toth）
Set 2	tai75a	13	75~385	9~46	65~2043	1995年	罗沙和泰拉尔（Rochat and Taillard）
Set 3	Golden_1	20	200~480	5~38	200~1000	1998年	戈尔登等（Golden et al.）
Set 4	Li_21	12	560~1200	10~20	900~2500	2005年	李等（Li et al.）
Set 5	X-n101-k25	100	100~1000	6~207	3~1816	2014年	乌肖阿等（Uchoa et al.）
Set 6	Antwerp1	10	3000~30000	—	25~200	2017年	阿诺德，金德罗和索伦森（Arnold，Gendreau and Sörensen）

注：B表示基准测试案例（Benchmark）；INS表示实例的命名规则（Instance），标准选取实例中的第一个实例名称作为代表；NI表示基准测试案例中所包含的实例数量（Number of instances）；NN表示实例中节点的数量（Number of nodes）的范围；K表示实例中车辆数量的范围；Q表示实例中车辆的额定装载量范围。

表6-2中展示的12个基准测试案例共包括263不同规模的实例。由于奥格拉特（Augerat）于1995年给出的A、B和P三个系列最为权威，并且已被大量的学者所引用[212,215]，因此，在对单个时间切片内的算法性能进行测试时，选取A、B和P系列的数据作为算法性能测试的基础数据。在测试过程中，实验所处的环境参数为MacBook Air 13.3 Core i5，1.8GHz CPU双核，8G内存，512G SSD；Windows 10 64 bit；编译环境变量为Java JDK-8u251，编程语言为Java。

6.4.2　实验结果与分析

①实验1。

对2E-DSVRPTW问题中单个时间切片内求解VRPTW问题的不同算法的性能进行对比测试实验。选择奥格拉特（1995）所给出的Set A中的27个实例，及Set B中的23个实例作为测试对象，对所设计的TS算法性能进行测试。其中，针对Set A系列的测试实例而言，采用本书所设计的TS算法所得到的结果，与现有文献给出的已知最好解的比较结果如表6-3所示。

表6-3 TS算法所得结果与已知最好解比较(针对 Set A 系列)

实例	BKS		TS		GAP		OR	
	DC	VC	DC	VC	DC	VC	DC	VC
A-n32-k5	784*	5*	787.81	5	-3.81	0	-0.49%	0.00%
A-n33-k5	661*	5*	662.11	5	-1.11	0	-0.17%	0.00%
A-n33-k6	742*	6*	742.69	6	-0.69	0	-0.09%	0.00%
A-n34-k5	778*	5*	782.38	5	-4.38	0	-0.56%	0.00%
A-n36-k5	799*	5*	802.13	5	-3.13	0	-0.39%	0.00%
A-n37-k5	669*	5*	672.47	5	-3.47	0	-0.52%	0.00%
A-n37-k6	949*	6*	950.85	6	-1.85	0	-0.20%	0.00%
A-n38-k5	730*	5*	736.73	5	-6.73	0	-0.92%	0.00%
A-n39-k5	822*	5*	828.99	5	-6.99	0	-0.85%	0.00%
A-n39-k6	831*	6*	834.75	6	-3.75	0	-0.45%	0.00%
A-n44-k6	937*	6*	945.43	6	-8.43	0	-0.90%	0.00%
A-n45-k6	944*	6*	944.88	6	-0.88	0	-0.09%	0.00%
A-n45-k7	1146*	7*	1148.85	7	-2.85	0	-0.25%	0.00%
A-n46-k7	914*	7*	918.13	7	-4.13	0	-0.45%	0.00%
A-n48-k7	1073*	7*	1085.67	7	-12.67	0	-1.18%	0.00%
A-n53-k7	1010*	7*	1013.63	7	-3.63	0	-0.36%	0.00%
A-n54-k7	1167*	7*	1178.05	7	-11.05	0	-0.95%	0.00%
A-n55-k9	1073*	9*	1081.47	9	-8.47	0	-0.79%	0.00%
A-n60-k9	1408*	9*	1377.49	9	30.51	0	2.17%	0.00%
A-n61-k9	1035*	9*	1042.96	9	-7.96	0	-0.77%	0.00%
A-n62-k8	1290*	8*	1301.08	8	-11.08	0	-0.86%	0.00%
A-n63-k9	1634*	9*	1666.21	9	-32.20	0	-1.97%	0.00%
A-n63-k10	1315*	10*	1328.39	10	-13.39	0	-1.02%	0.00%
A-n64-k9	1402*	9*	1438.88	9	-36.88	0	-2.63%	0.00%
A-n65-k9	1177*	9*	1208.50	9	-31.49	0	-2.68%	0.00%
A-n69-k9	1168*	9*	1186.04	9	-18.04	0	-1.54%	0.00%
A-n80-k10	1764*	10*	1804.00	10	-40.00	0	-2.27%	0.00%

注:BKS表示已知最好解(Known best solution);DC表示车辆行驶距离成本(Distance cost);VC表示车辆使用数量成本(Vehicle cost);GAP表示TS算法与已知最好解的差距(Gap);OR表示相比已知最好解的优化率(Optimization rate),负数表示所得到的结果劣于已知最好解,正数表示所得到的结果优于已知最好解。

表6-3结果表明,在求解 Set A 问题时,采用TS算法所得的最好解与已知最好解均较

为接近。就车辆使用数量成本指标而言,TS算法所得的结果与已知最好解相同,偏差为0.00%,这表明所设计的TS算法在降低车辆使用数量成本方面具有一定的实践指导价值,主要原因为,对于物流公司而言,车辆的购买成本在整个物流成本中占据较高的比例,而尽可能地降低车辆的使用数量对于降低物流成本具有重要的作用。就车辆行驶距离成本而言,在测试的27个实例中,TS所得的最差解相比已知最好解的最大偏差为−2.63%(为A−n65−k9,已知最好解为1177,TS算法所得的优好解为1208),最大偏差小于可被接受的5.00%范围内。而最优解相比已知最好解的最大优化率为2.20%(为A−n60−k9,已知最好解为1408,TS算法所得优化解为1377),这说明TS算法能够较好地适用于求解2E−DSVRPTW中任一时间切片内的车辆路径问题。其中,以A−n33−k6与A−n60−k9为例,所得的车辆路径优化结果图如图6−4所示。

就实例A−n33−k6而言,优化结果中的车辆行驶距离成本为742.693,车辆使用数量成本为6,这一结果与已知最好解相同。在整个配送过程中共需6辆车执行配送任务,其中,车辆1的行驶路径为1−32−24−25−27−23−1;车辆2的行驶路径为1−33−26−17−31−28−29−1;车辆3的行驶路径为1−22−13−11−1;车辆4的行驶路径为1−5−9−4−10−16−21−3−6−1;车辆5的行驶路径为1−14−7−19−2−15−1;车辆6的行驶路径为1−18−12−30−20−8−1。而实例A−n60−k9的车辆行驶距离成本优化解为1377.49,车辆使用数量成本为9。在车辆行驶距离成本方面,要优于文献所给出的已知最好解;在车辆使用数量成本方面,与已知最好解相同。就求解速度这一指标而言,所设计的TS算法在10s之内均能找到对应的可行解,这说明所设计TS算法能够在较短的时间内求解出较为理想的解。

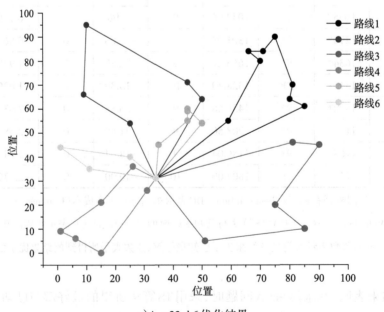

a)A−n33−k6优化结果

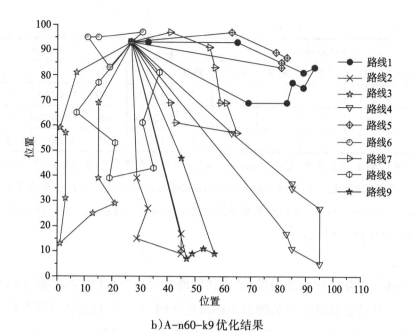

b)A-n60-k9优化结果

图6-4　车辆路径优化结果

表6-4展示了不同实例中,车辆在执行物流配送任务过程中的装载率与贡献比。本书所求的结果中,就实例A-n33-k6而言,车辆容量的实际利用率最大为99.00%,对应行驶距离为171.80,共服务8个商家,服务贡献比为25.00%,且服务贡献比与车辆装载率的最大值对应于同一条路径;车辆容量的实际利用率最小为67.00%,对应行驶距离为167.12,共服务5个商家,服务贡献比为15.63%。就实例A-n60-k9而言,车辆容量的实际利用率最大为100%,对应车辆行驶距离成本分别为125.22和138.44,对应服务贡献比分别为13.56%和11.86%;车辆容量利用率最小为51.00%,对应车辆行驶距离为53.01,服务贡献比为6.78%。上述两实例车辆的实时装载率变化规律如图6-5所示。

表6-4　不同实例中车辆的装载率及贡献比

路线	A-n33-k6					路线	A-n60-k9				
	DC	TD	LR	NCS	SCR		DC	TD	LR	NCS	SCR
1	171.80	99	99.00%	8	25.00%	1	153.34	99	99.00%	8	13.56%
2	161.43	97	97.00%	5	15.63%	2	182.53	95	95.00%	6	10.17%
3	167.12	67	67.00%	5	15.63%	3	187.48	95	95.00%	9	15.25%
4	99.48	97	97.00%	6	18.75%	4	229.84	97	97.00%	7	11.86%
5	69.01	89	89.00%	5	15.63%	5	118.33	95	95.00%	5	8.47%
6	73.86	92	92.00%	3	9.38%	6	53.01	51	51.00%	4	6.78%

续表

| 路线 | A-n33-k6 | | | | | 路线 | A-n60-k9 | | | | |
	DC	TD	LR	NCS	SCR		DC	TD	LR	NCS	SCR
—	—	—	—	—	—	7	125.22	100	100.00%	8	13.56%
—	—	—	—	—	—	8	138.44	100	100.00%	7	11.86%
—	—	—	—	—	—	9	189.31	97	97.00%	5	8.47%

注：DC 表示车辆的行驶距离成本（Distance cost）；TD 表示车辆所服务商家的总发货量（Total demand）；LR 表示车辆返回（或出发）时的实际装载率（Loading rate）；NCS 表示对应车辆所服务商家的数量（Number of customers served）；SCR 表示车辆服务的贡献比（Service contribution ratio），由所服务商家数量与总的待服务商家数量的比值决定。

  图 6-5 展示了车辆由中转站出发，依次访问商家过程中车辆实际装载率的变化情况。在初始时刻，车辆的装载量均为 0，随着车辆依次访问商家，车辆的装载量不断地增加，对应的装载率也不断地增加，当访问完最后一个商家之后，车辆装载率趋于稳定。就装载率而言，所优化的结果中，多数车辆的装载率均达到了 90.00% 以上，最高达到了 100.00%，这一结果表明，本书所构建的模型及方法在提升车辆装载率方面具有积极的作用。此外，车辆利用率不高已经成当前物流配送成本居高不下的重要原因之一，因而，本书所提出的方法在降低物流成本方面具有一定的现实意义。接下来，针对 Set B 系列的测试实例，对采用 TS 算法所得到的结果与现有文献给出的已知最好解作比较，结果如表 6-5 所示。

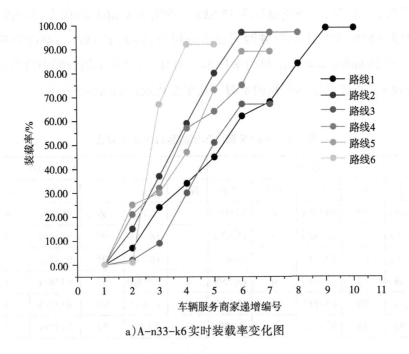

a）A-n33-k6 实时装载率变化图

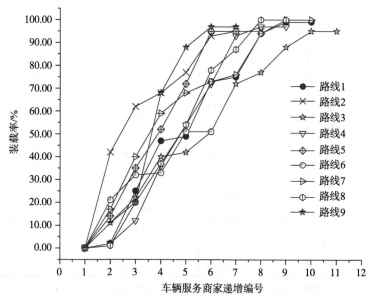

b) A-n60-k9实时装载率变化图

图 6-5　车辆实时装载率变化图

注：在横坐标上分拨中心或中转站的初始位置为1；车辆在最后两个点对应的装载率相同表明车辆由最后一个商家返回出发地的过程中，车辆的装载率保持不变。

表 6-5　TS算法求解结果与已知最好解比较（针对 Set B 系列）

实例	BKS		TS		GAP		OR	
	DC	VC	DC	VC	DC	VC	DC	VC
B-n31-k5	672	5	676.72	5	−4.72	0	−0.70%	0.00%
B-n34-k5	788	5	789.84	5	−1.84	0	−0.23%	0.00%
B-n35-k5	955	5	958.33	5	−3.33	0	−0.35%	0.00%
B-n38-k6	805	6	812.97	6	−7.97	0	−0.99%	0.00%
B-n39-k5	549	5	553.43	5	−4.43	0	−0.81%	0.00%
B-n41-k6	829	6	836.45	6	−7.45	0	−0.90%	0.00%
B-n43-k6	742	6	748.11	6	−6.11	0	−0.82%	0.00%
B-n44-k7	909	7	917.29	7	−8.29	0	−0.91%	0.00%
B-n45-k5	751	5	762.71	5	−11.71	0	−1.56%	0.00%
B-n45-k6	678	6	686.03	6	−8.03	0	−1.18%	0.00%
B-n50-k7	741	7	747.41	7	−6.40	0	−0.86%	0.00%
B-n50-k8	1313	8	1327.23	8	−14.23	0	−1.08%	0.00%
B-n51-k7	1032	7	1025.31	8	6.69	−1	0.65%	−14.29%
B-n52-k7	747	7	754.35	7	−7.35	0	−0.98%	0.00%

续表

实例	BKS		TS		GAP		OR	
	DC	VC	DC	VC	DC	VC	DC	VC
B-n56-k7	707	7	720.39	7	−13.39	0	−1.89%	0.00%
B-n57-k7	1153	7	1147.13	8	5.87	−1	0.51%	−14.29%
B-n57-k9	1598	9	1626.86	9	−28.86	0	−1.81%	0.00%
B-n63-k10	1537	10	1519.40	10	17.60	0	1.14%	0.00%
B-n64-k9	861	9	884.08	9	−23.08	0	−2.68%	0.00%
B-n66-k9	1374	9	1374.11	9	−0.11	0	−0.01%	0.00%
B-n67-k10	1033	10	1049.58	10	−16.58	0	−1.61%	0.00%
B-n68-k9	1304	9	1301.68	9	2.32	0	0.18%	0.00%
B-n78-k10	1266	10	1264.79	10	1.21	0	0.10%	0.00%

注:BKS表示已知最好解(Bestknown solution);DC表示车辆行驶距离成本(Distance cost);VC表示车辆使用数量成本(Vehicle cost);GAP表示TS算法与已知最好解的差距;OR表示相比已知最好解的优化率(Optimization rate),当值为负数时,表示所得到的结果劣于已知最好解,当值为正数时,表示所得到的结果优于已知最好解。

表6-5结果表明,TS算法在求解Set B中的问题时,同样具有一定的优势。就车辆使用数量成本指标而言,TS算法所求得结果基本与已知最好解相同;就车辆行驶距离成本指标而言,与已知最好解的最大偏差为−2.68%,该偏差在±5.00%这一可接受范围内,然而,TS算法所求得到的最好解要优于当前文献所给出的已知最好解,优化率达到了1.14%。此外,针对B-n51-k7、B-n78-k10等实例,采用TS算法所得优化结果相比已知最好解而言,均有了一定的改进,这进一步验证了本书所设计的模型及算法具有一定的优越性。

②实验2。

a. 采用显著性假设检验方法以及控制变量法,来研究TS算法中不同迭代长度 I_{max} 以及禁忌步长 T_{sl} 对优化结果是否存在显著性的差异。具体实验设计规则为:设置A与B、A与C互为对照的两组对比实验,其中,A组与B组的 I_{max} 参数不同(分别为2000与5000),而 T_{sl} 参数相同(均为20);A组与C组则设置相同的 I_{max} 参数(均为2000), T_{sl} 参数设置不同(分别为20与100)。随机从案例库中选取一个实例A-n45-k6,每组实验均运行10次,所得到的迭代长度因素对优化结果的显著性分析结果如表6-6所示。

表6-6 迭代长度对优化结果的显著性分析结果

	I_{max}	T_{sl}	N	均值	SD	SEM	中位数
A组	2000	20	20	1011.71	70.63	15.79	988.20
B组	5000	20	20	1024.66	65.47	14.64	1003.23
方差			20	−12.95		21.54	−9.73
总体			40	1018.18	67.54	10.68	993.69
				t统计值	DF	概率$>$|t|	
假定方差齐				−0.6015	38	0.55	
假定方差不齐(welch校正)				−0.6015	37.78	0.55	

注:A、B两组实验除了最大迭代长度这一参数设置不同外,其他参数均保持相同,且分别独立运行20次。

由表6-6双样本t假设检验结果可知,在0.05的置信水平下,不论假定方差齐与不齐,A、B两组实验结果均不存在显著的不同。这一结果表明,在T_{sl}一定的情况下,I_{max}在一定范围内变化对算法所求结果无显著性影响。此外,随着I_{max}的增大,求解所耗费时间也随之增大,结合I_{max}在一定范围内变化对优化结果无显著影响这一结论,说明TS算法能够在较短的时间内在空间范围内找到可行解,在时间性能方面具有一定的优势。而在I_{max}为2000,T_{sl}为20的参数设置下,算法平均耗时为1.5秒。其中,T_{sl}对优化结果的显著性分析结果如表6-7所示。

由表6-7中的双样本t假设检验结果可知,在0.05的置信水平下,不论假定方差齐与不齐,A、C两组实验结果均不存在显著性差异。即表明,在I_{max}一定的情况下,T_{sl}的大小不会对优化结果造成显著性的影响。通过I_{max}与T_{sl}这两个因素对优化结果的显著性分析可知,这两个因素在一定的区间范围内均不会对2E-DSVRPTW中任意时间切片内的路径优化结果产生显著性的影响,这表明TS算法在求解车辆路径问题时具有较好的稳定性。

表6-7 禁忌步长对优化结果的显著性分析结果

	I_{max}	T_{sl}	N	均值	SD	SEM	中位数
A组	2000	20	20	1011.71	70.63	15.79	988.19
C组	2000	100	20	1030.07	61.02	13.64	1002.19
方差			20	−18.37		20.87	−17.53
总体			40	1020.88	65.81	10.41	993.68
				t统计值	DF	概率$>$|t|	
假定方差齐				−0.8799	38	0.3844	
假定方差不齐(welch校正)				−0.8799	27.2146	0.3845	

注:A、C两组实验除了禁忌步长这一参数设置不同外,其他参数均保持相同,且分别独立运行20次。

b. 采用与上述相同方法分析 α、β、θ 三个因素是否对优化结果存在显著性的影响。首先,设置 D、E 两个互成对照的实验组,为避免参数设置因差异化小而导致的结果相近问题,在设置 α、β 两个参数时,两个实验组参数跨度差值分别设为 $\alpha = 0.2$、$\beta = 0.1$ 与 $\alpha = 1.0$、$\beta = 0.9$。对 α、β 进行双样本 t 假设检验结果如表6-8所示。

表6-8 对 α、β 进行双样本 t 假设检验结果

	α	β	N	均值	SD	SEM	中位数
D组	0.2	0.1	20	1037.09	65.89	14.73	1028.37
E组	1.0	0.9	20	1034.08	79.95	17.88	1011.64
方差			20	3.01		23.17	16.53
总体			40	1035.59	72.33	11.44	1020.93
			t统计值	DF		概率>$|t|$	
假定方差齐			0.1301	38.00		0.8972	
假定方差不齐(welch校正)			0.1301	36.66		0.8972	

注:D、E两组实验除了 α、β 这两个因素的初始值设置不同外,其他参数均保持相同,且分别独立运行20次。

由表6-8可知,在梯度变化较大的规则下,α、β 初始参数值如何设置,均不会对优化结果产生显著性的影响。从统计角度来看,在0.05的置信水平下,不论假定方差齐与不齐,不同参数设置下所得到的优化结果均不存在显著性差异。接下来,保持 α、β 的初始参数设置一致,设置 E、F 两个实验组,对 θ 因素优化结果的显著性进行分析,结果如表6-9所示。

表6-9 对 θ 因素优化结果的显著性分析统计

	α	β	θ	N	均值	SD	SEM	中位数
E组	1.0	0.9	0.8	20	1034.08	79.95	17.88	1011.64
F组	1.0	0.9	0.1	20	1015.55	75.41	16.86	983.31
方差				20	18.53		24.57	2.74
总体				40	1024.81	77.28	12.22	992.86
				t统计值	DF		概率>$|t|$	
假定方差齐				0.754	38.00		0.46	
假定方差不齐(welch校正)				0.754	37.87		0.46	

由表6-9结果可知,不论假设方差齐与不齐,在0.05的置信水平下,θ 这一因素对优化结果均无显著的影响。通过 A、B、C、D、E 与 F 六个实验组的设计与对比分析可知,TS算法

在求解2E-DSVRPTW中单个时间切片内的车辆路径问题时具有较好的稳定性,在不同的参数设置下,所得到的优化结果均无显著性的差异。且在20次测试过程中,找到了接近已知最好解的解,即车辆行驶距离成本为944.8763,车辆使用数量成本为6。此外,算法每次运行时间均保持在2秒之内,这说明了TS算法在时间性能方面具有一定的优势。

综上可知,所设计TS算法具有较好的稳定性,当参数在一定范围内变动时,优化结果在统计学范畴内无显著性差异性,而算法的求解时间与I_{max}以及T_{sl}存在着正相关的关系,因此,设置较小的I_{max}及T_{sl}对于提升求解效率具有积极的作用。

③实验3。

使用t检验中的双样本分析方法来检验TS、I-PSA、ALNS三种算法否存在着显著的差异性。原假设为任意两个对比的算法之间没有显著性的差异,即$H_0:\mu=\mu_0$,对立的备择假设为两个对比算法间具有显著性的差异,即$H_A:\mu\neq\mu_0$,假设检验属于双尾假设检验,设定假设检验的显著性水平为0.05,平均差为0。随机选取B-n63-k10,作为验证算法性能的实例。使用Excel统计实验测试结果,并将统计数据导入到Origin中,并使用Origin中的统计分析功能对数据进行分析。其中,三种算法分别测试10次,统计所得结果如表6-10所示。

表6-10 三种不同算法结果统计

测试	I-PSA			ALNS			TS		
	DC	QC	TC	DC	QC	TC	DC	QC	TC
T1	1679.22	10	73.00	1707.03	10	17.94	1540.52	10	4.79
T2	1698.58	10	82.00	1698.16	10	16.94	1593.02	10	5.00
T3	1778.71	10	62.00	1719.69	10	19.19	1559.41	10	5.63
T4	1716.42	10	67.00	1708.19	10	17.40	1569.05	10	7.21
T5	1697.26	10	63.00	1880.13	10	17.90	1541.12	10	5.66
T6	1712.45	10	69.00	1708.36	10	17.01	1737.76	10	5.97
T7	1745.58	10	53.00	1712.62	10	16.95	1573.68	10	6.15
T8	1752.62	10	56.00	1702.50	10	18.24	1584.52	10	5.73
T9	1672.52	10	65.00	1724.49	10	16.64	1519.40	10	4.85
T10	1720.12	10	57.00	1703.97	10	14.53	1666.66	10	6.14
AVG	1717.35	10	64.70	1726.51	10	17.27	1588.51	10	5.71
MAX	1778.71	10	82.00	1880.13	10	19.19	1737.76	10	7.21
MIN	1672.52	10	53.00	1698.16	10	14.53	1519.40	10	4.79

注:DC表示行驶距离成本(Distance cost),QC表示车辆使用数量成本(Quantity cost),TC表示求解时间成本(Time cost),AVG表示平均值(Average value)。I-PSA参数设置为:thread=6,tau=10,sigma=1.0, gamma=1.0,beta=0.7,delta=1.8;ALNS参数设置为:最大迭代次数=100000,更新算子选择概率间隔迭代次数=500;TS参数设置为:最大迭代步长=5000,禁忌步长=50,Alpha=1.0,Beta=0.9,Sita=0.1。

由表6-10统计结果可知,就车辆使用数量成本指标而言,SA、ALNS与TS三种算法并无显著性差异,所求的车辆使用数量均为10;就车辆行驶距离成本指标而言,性能最好的是TS(最小值为1519.40),其次是SA和ALNS(最小值分别为1672.52和1698.16);就算法耗时成本指标而言,性能最好的是TS,其次是ALNS和SA。接下来,采用双样本t检验方法,对三种算法之间的显著性进行检验,三种算法成对双样本检验结果如表6-11所示。

表6-11　成对双样本t检验

描述统计	总体	均值	SD	SEM	中位数
I-PSA	10	1717.348	33.42994	10.57148	1714.435
ALNS	10	1726.514	54.54397	17.24832	1708.275
差分	10	−9.166		20.23019	6.16
总体	20	1721.931	44.27993	9.90129	1710.405
t检验统计			t统计值	DF	概率>|t|
假定方差齐			−0.45309	18	0.6559
假定方差不齐(Welch校正)			−0.45309	14.92547	0.657
描述统计	总体	均值	SD	SEM	中位数
I-PSA	10	1717.348	33.42994	10.57148	1714.435
TS	10	1588.51245	65.98695	20.86691	1571.363
差分	10	128.83555		23.39196	150.2437
总体	20	1652.93022	83.42647	18.65473	1675.87
t检验统计			t统计值	DF	概率>|t|
假定方差齐			5.50768	18	3.13649E-5
假定方差不齐(Welch校正)			5.50768	13.33433	9.19921E-5
描述统计	总体	均值	SD	SEM	中位数
I-PSA	10	1717.348	33.42994	10.57148	1714.435
ALNS	10	1726.514	54.54397	17.24832	1708.275
差分	10	−9.166		20.23019	6.16
总体	20	1721.931	44.27993	9.90129	1710.405
t检验统计			t统计值	DF	概率>|t|
假定方差齐			5.50768	18	3.13649E-5
假定方差不齐(Welch校正)			5.50768	13.33433	9.19921E-5

描述统计	总体	均值	SD	SEM	中位数
ALNS	10	1726.514	54.54397	17.24832	1708.275
TS	10	1588.51245	65.98695	20.86691	1571.363
差分	10	138.00155		27.07272	139.042
总体	20	1657.51322	92.10579	20.59548	1700.33
t检验统计			t统计值	DF	概率>|t|
假定方差齐			5.09744	18	7.52247E-5
假定方差不齐(Welch校正)			5.09744	17.38439	8.35535E-5

由表6-11检验结果可知,在0.05的水平下,不论假定方差齐与不齐,I-PSA与ALNS之间均不存在显著性不同,I-PSA与TS存在着显著性不同,ALNS与TS亦存在着显著性的不同。结合I-PSA的均值为1717.348,ALNS的均值为1726.514,TS的均值为1588.512这一指标可知,性能最好的为TS。而TS所求的最好解为1519.40,这一结果要优于已知最好解,这进一步验证了TS相比I-PSA及ALNS,在求解2E-DSVRPTW中单个时间切片内的车辆路径问题时具有一定的优越性。

6.5　案例应用

同样,以第4章中各类电子产品网络销售环节的车辆路径调度过程为例加以应用,来验证本章考虑熟悉度与共同配送的2E-DSVRPTW优化方法。选取在重庆市区的数据作为案例数据。经调研得知,重庆市作为电子产品生产基地,生产多种类型的产品,在重庆市内分布着大量的电子产品销售商家,商家或生产企业将各类产品销往全国各地有需求的销售商、消费者。当销售商、消费者等消费端通过互联网平台向商家下单之后,先采用小型共享货车将消费者所需的各类电子产品由商家所在位置运输至中转站,再采用大型货车将消费者所需的各类电子产品由中转站运输至分拨中心。受各种不确定因素影响,消费者在网络上下单的时间以及需求量存在着动态不确定性,进而导致商家发货亦存在着动态性。经调研得知,重庆市某企业在一天内所服务的200个商家经纬度坐标值分布如图6-6所示,不同类型商家发货量如图6-7所示。

采用皮拉克(Pillac)等[98]给出的满足动态商家的方法,将完整的一个配送周期划分为两部分,在1/2周期时刻启动满足商家动态发货需求的配送策略,以满足在前半周期内新增商家以及新增发货量,在$\left[T_{[i]}, (T_i + T_{i+1})/2\right]$时期内新增动态商家数据见表6-12。

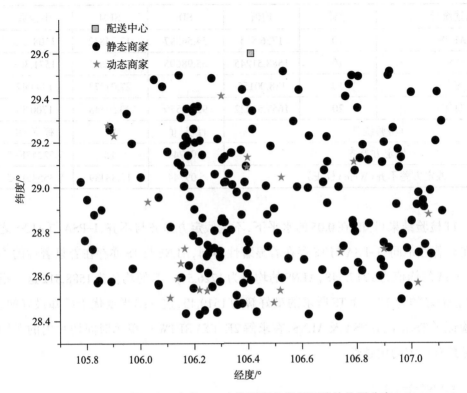

图6-6　企业一天内接受商家发货订单的位置分布

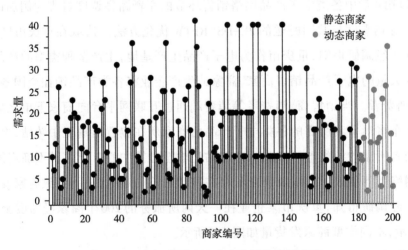

图6-7　企业所服务200个商家的发货量分布

表6-12 新增动态商家信息

N	JD	WD	D	LT	RT	ST	N	JD	WD	D	LT	RT	ST
181	106.24	29.12	10	78	123	10	191	105.83	28.68	13	89	217	10
182	106.07	29.42	9	14	140	10	192	106.16	28.83	14	14	177	10
183	106.46	29.29	14	19	172	10	193	106.79	28.79	3	50	208	10
184	106.69	29.11	18	73	148	10	194	106.08	29.39	23	76	143	10
185	106.45	28.61	2	59	144	10	195	106.63	28.92	6	20	159	10
186	106.29	28.61	28	63	140	10	196	106.22	29.05	26	105	188	10
187	106.38	28.91	13	91	118	10	197	106.59	28.70	35	104	165	10
188	106.20	28.60	19	27	136	10	198	106.33	29.49	9	14	136	10
189	105.99	28.94	25	52	177	10	199	106.27	29.02	15	42	141	10
190	106.44	28.58	6	53	148	10	200	106.77	28.63	3	43	210	10

注:N表示商家编号;JD表示经度;WD表示维度;D表示发货量;LT、RT表示左右时间窗约束;ST表示服务时间。

6.5.1 基于2E-DSVRPTW优化结果

采用万能坐标转换9.8版软件将所服务商家的经纬度坐标值转换为大地坐标值,在不影响优化结果的情况下,将转换之后的大地坐标统一缩小1000倍。在matlab平台下,使用本章所设计的方法,基于欧式距离对180个静态商家进行K-means聚类,在不同聚类数量参数的设置下,所得到的各中转站与仓库距离成本之和,以及各个商家与所对应中转站距离成本之和的变化规律如图6-8所示。

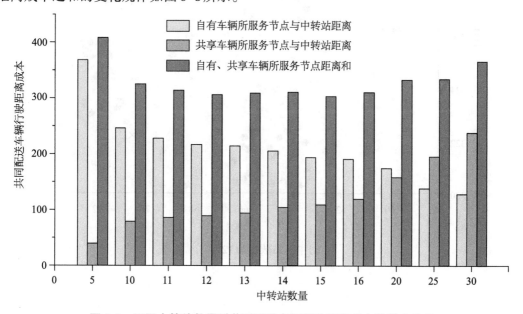

图6-8 不同中转站数量对共同配送车辆行驶距离成本的影响关系

由图6-8可知,当中转站数量设置为15时,能够实现所有自有车辆所服务分拨中心与中转站之间的距离,以及所有共享车辆所服务商家与中转站距离之和最小化(为302.93),此时,自有车辆所服务分拨中心与中转站的距离和为194.06,共享车辆所服务商家与中转站的距离和为108.86,其次为中转站数量设定为12时。此外,随着中转站数量的增加,总的行驶距离成本呈现出了先减少后增加的趋势,这表明适当的中转站的数量设置能够有效降低车辆的行驶距离成本。当中转站数量设置为0时,表明所有商家均有自有车辆为其提供服务,当中转站数量设置为180时,表明所有商家均有共享车辆为其提供服务。其中,基于K-means的中转站数量分别设定为12与15时所对应的聚类结果如图6-9所示。

由图6-9可知,在中转站数量设置为15时,基本实现了按照区域熟悉度对商家的区域划分,能够尽可能地满足工作人员在所熟悉的区域内执行任务,其主要原因在于K-means聚类算法是基于空间欧式距离对商家进行的分类划分,这与实际情况相一致。其中,基于K-means的最佳中转站选择结果如表6-13所示。

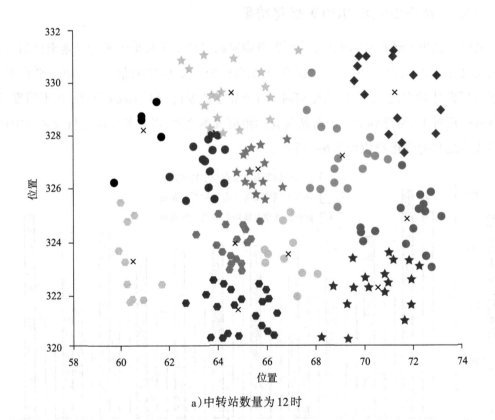

a)中转站数量为12时

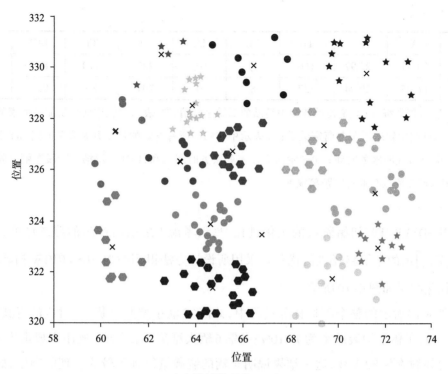

b) 中转站数量为15时

图6-9 不同聚类参数下中转站的选择结果

注：图中表示聚类分布，所有的点均表示商家，同一种图例的点为同一类，X表示聚类中心。

表6-13 基于K-means的最佳中转站选择结果

C	X	Y	TD	NC	LT	RT	TT	DC1	DC2
1	60.66	327.38	92	5	0	204	50	7.25	7.14
2	63.37	326.32	131	8	0	197	80	6.40	6.30
3	71.56	325.07	212	13	0	205	130	16.14	8.80
4	64.78	321.40	338	23	0	210	230	27.10	10.66
5	66.82	323.47	193	10	30	210	100	10.16	8.54
6	69.42	326.88	203	15	9	198	150	18.76	6.07
7	64.66	323.86	271	19	0	202	190	15.55	8.25
8	63.90	328.42	260	16	0	205	160	12.43	4.19
9	65.59	326.65	265	15	0	198	150	12.41	5.36
10	69.73	321.77	190	10	0	216	100	12.14	10.84
11	71.17	329.72	215	14	0	208	140	22.85	5.54
12	60.53	322.96	138	9	0	197	90	10.76	10.62
13	62.59	330.40	80	4	0	202	40	3.28	3.86

续表

C	X	Y	TD	NC	LT	RT	TT	DC1	DC2
14	71.71	322.97	166	11	0	222	110	8.95	10.61
15	66.45	329.94	137	8	0	204	80	9.88	2.08

注:C表示聚类编号;X、Y表示各个中转站的二维坐标值;TD表示对应中转站所服务商家的总发货量;NC表示对应中转站所服务商家数量;LT表示中转站内所有商家的最早开始服务时间;RT表示中转站内所有商家最晚的服务时间;TT表示所有商家处服务时间总和;DC1表示第一阶段车辆行驶距离成本;DC2表示第二阶段车辆行驶距离成本。

在2E-DSVRPTW初始阶段的优化过程中,仅考虑T_i之前所产生的静态订单,对时间切片$[T_i,T_{i+1}]$内的车辆路径进行优化。采用所设计方法得到的2E-DSVRPTW初始阶段车辆路径优化结果如图6-10所示。

在图6-10所示的整个配送任务过程中,共需37辆小型共享货车,对应的行驶距离成本为175.10,车辆平均装载率为79.10%;共需6辆大型货车,对应行驶距离成本为105.55,车辆平均装载率为80.31%,这一结果说明车辆的装载量得到了较为合理的利用,此外,预留一定的装载量能够较好地满足响应商家的动态发货需求。为尽可能地降低车辆的行驶距离成本、提升工作人员执行任务的效率,以动态商家与中转站的距离最小化作为匹配目标,对动态商家与中转站进行匹配,动态商家与中转所构成的可达网络如图6-11所示。

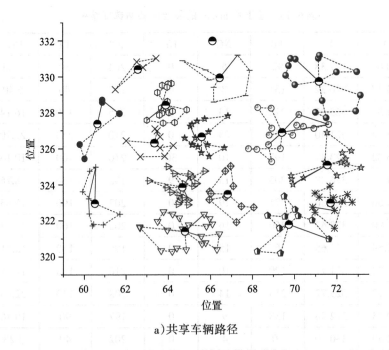

a)共享车辆路径

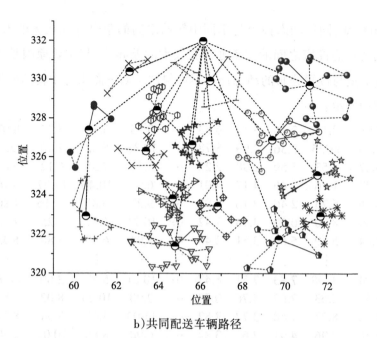

b）共同配送车辆路径

图6-10 在T_i时刻2E-DSVRPTW车辆路径优化结果

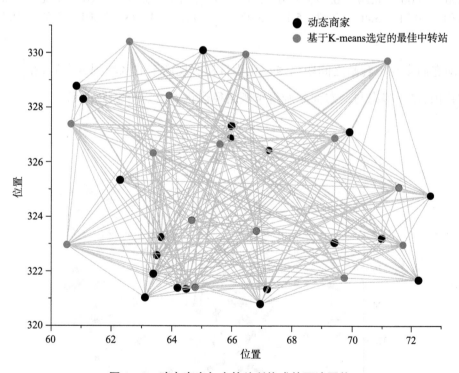

图6-11 动态商家与中转站所构成的可达网络

注：线段为可达商家之间的距离。

图6-11展示了20个动态商家与基于K-means选定的15个中转站所构成的可达网络

图。由图6-10可知,同一动态商家与不同中转站之间的距离存在较大的差异性,而同一中转站与不同的动态商家之间的距离亦存在较大的差异性,其主要原因是消费者动态需求造成商家发货量与位置分布的动态性与不均匀性。动态商家与中转站所构成的距离矩阵如公式(6-31)所示。

$$\begin{bmatrix} 5.11 & 3.09 & 8.13 & 2.16 & 3.19 & 6.83 & \cdots & 9.93 & 3.13 & 7.24 & 8.07 & 7.26 \\ 1.40 & 3.53 & 11.35 & 8.36 & 7.99 & 8.78 & \cdots & 10.38 & 5.82 & 2.40 & 12.32 & 5.74 \\ 6.65 & 3.87 & 4.53 & 5.59 & 2.98 & 2.22 & \cdots & 5.13 & 7.55 & 6.12 & 5.65 & 3.60 \\ 11.14 & 8.23 & 1.96 & 6.46 & 4.17 & 4.01 & \cdots & 6.52 & 10.46 & 11.07 & 0.76 & 8.12 \\ 8.89 & 6.26 & 5.75 & 2.40 & 2.16 & 5.97 & \cdots & 9.27 & 6.85 & 10.16 & 4.80 & 8.62 \\ 7.14 & 5.09 & 8.00 & 0.30 & 3.16 & 7.42 & \cdots & 10.71 & 4.27 & 9.25 & 7.40 & 8.81 \\ 5.32 & 2.64 & 5.89 & 5.60 & 3.51 & 3.46 & \cdots & 5.94 & 6.69 & 4.88 & 6.95 & 3.10 \\ \vdots & \vdots & \vdots & \vdots & \vdots & \vdots & \ddots & \vdots & \vdots & \vdots & \vdots & \vdots \\ 1.00 & 3.04 & 10.98 & 7.83 & 7.51 & 8.47 & \cdots & 10.21 & 5.37 & 2.60 & 11.90 & 5.63 \\ 9.24 & 6.57 & 2.63 & 7.67 & 4.76 & 0.53 & \cdots & 2.90 & 10.25 & 8.02 & 4.52 & 4.46 \\ 6.13 & 4.42 & 8.77 & 1.48 & 3.78 & 7.82 & \cdots & 11.03 & 3.05 & 8.54 & 8.39 & 8.60 \\ 9.76 & 6.86 & 2.96 & 4.91 & 2.62 & 3.84 & \cdots & 6.90 & 8.88 & 10.03 & 2.30 & 7.50 \\ 5.14 & 4.12 & 8.24 & 8.69 & 6.86 & 5.43 & \cdots & 6.15 & 8.43 & 2.46 & 9.77 & 1.43 \\ 6.96 & 5.00 & 8.24 & 0.59 & 3.36 & 7.59 & \cdots & 10.87 & 3.99 & 9.16 & 7.68 & 8.85 \\ 12.91 & 10.01 & 3.46 & 7.47 & 5.71 & 5.92 & \cdots & 8.11 & 11.78 & 13.01 & 1.39 & 10.08 \end{bmatrix} \tag{6-31}$$

以动态商家与中转站之间距离最小化为目标实现商家的区域划分之后,在$[T_{i+1}, T_{i+2}]$时间切片内,考虑静态与动态商家所得车辆路径优化方案如图6-12所示。

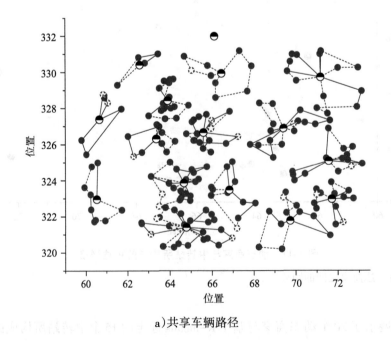

a)共享车辆路径

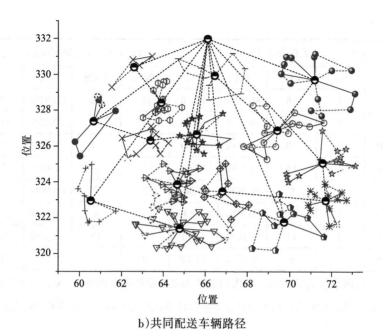

b)共同配送车辆路径

图6-12　在 T_{i+1} 时刻2E-DSVRPTW车辆路径优化结果

动态商家,在 T_{i+1} 时刻车辆使用数量成本为42,车辆行驶距离成本为304.95。表6-14展示了在2E-DSVRPTW配送模式下不同时段的装载率、服务商家数量及路径成本。在设定一、二阶段配送网络车辆额定装载量不变的情况下,由于动态商家的影响关系,使得 $\left(T_i+T_{i+1}\right)/2$ 时刻满足动态商家的车辆装载率明显低于 T_i 时刻满足静态商家车辆的装载率,这在一定程度上造成了车载浪费的情况。因此,在实际应用场景中,针对满足动态商家发货需求过程中,可考虑采用多车型灵活配送的模式以减少车辆装载的浪费。

表6-14　不同时刻的车辆路径优化结果

DN	VN	T_i 时刻配送方案				$\left(T_i+T_{i+1}\right)/2$ 时刻配送方案				TC
		NV	N.CS	LR	PC	NV	N.CS	LR	PC	
1	1_1	6	15	80.31%	105.55	6	15	88.39%	118.04	
2	2_1	1	5	92.00%	7.91	2	7	62.00%	9.43	
	2_2	2	8	65.50%	7.10	2	9	72.50%	7.93	
	2_3	3	13	70.67%	12.98	3	14	71.67%	12.93	
	2_4	4	23	84.50%	17.97	5	28	86.40%	21.93	304.95
	2_5	2	10	96.50%	9.80	2	11	97.50%	10.77	
	2_6	3	15	67.67%	15.60	3	16	69.67%	15.62	
	2_7	3	19	90.33%	13.28	4	21	73.50%	14.83	

续表

DN	VN	T_i 时刻配送方案				$(T_i + T_{i+1})/2$ 时刻配送方案				TC
		NV	N.CS	LR	PC	NV	N.CS	LR	PC	
2	2_8	3	16	86.67%	10.28	3	16	86.67%	10.28	304.95
	2_9	3	15	88.33%	11.80	4	18	79.25%	14.76	
	2_10	2	10	95.00%	14.89	3	11	75.00%	14.67	
	2_11	3	14	71.67%	17.60	3	14	71.67%	17.60	
	2_12	2	9	69.00%	9.30	2	9	69.00%	9.30	
	2_13	1	4	80.00%	5.38	1	4	80.00%	5.38	
	2_14	2	11	83.00%	10.11	3	13	62.33%	10.21	
	2_15	3	8	45.67%	11.12	2	9	73.00%	11.28	

注：DN表示配送网络（1为第一阶段配送网络，2为第二阶段配送网络）；VN表示车辆编号；N.CS表示服务商家的数量；LR表示车辆的装载率；PC表示路径成本；CC表示各子项成本和；TC表示总成本。

6.5.2 不同方案的对比及敏感性分析

在不考虑共享车辆参与情景下，企业采用额定装载量为100的小型货车为180个静态商家以及20个动态商家提供揽货服务。在一个配送周期$[T_i, T_{i+1}]$的初始节点，企业以车辆使用数量及行驶距离成本最小化为优目标，调用35辆车分别为180个商家提供服务，在整个过程中车辆的行驶距离成本为613.74。在$(T_i + T_{i+1})/2$时刻调用6辆车为20个动态商家提供服务，其车辆行驶距离成本为121.79。其中，在不考虑共享车辆参与场景下的路径优化结果如图6-13所示。

表6-15展示了在不考虑共享情景下，各个阶段车辆的装载率及路径成本等数据。就所有车辆行驶距离成本而言，考虑共同配送情境下的车辆行驶距离成本为304.95，而不考虑共同配送情景下的车辆行驶距离成本为735.53，考虑共同配送情景要优于不考虑共同配送的情景，这说明所设计的共同配送方案具有一定的优越性。在不考虑共同配送情境下车辆的装载率与2E-DSVRPTW模式下的装载率基本保持一致，这是因为在为相同商家服务过程中，所使用车辆的规格相同；而部分装载率出现不一致的情景，这说明车辆从不同的位置出发为相同商家提供服务时，由于商家时间窗的约束关系可能会导致车辆使用数量成本出现不一致。

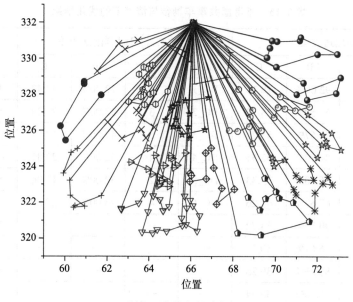

a）第一阶段配送路径

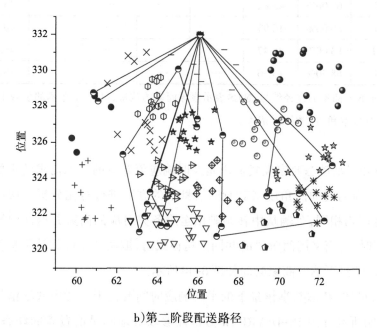

b）第二阶段配送路径

图6-13　在不考虑共享车辆参与情景下的路径图

表 6-15　不考虑共享车辆参与情境下的优化结果

T_i 时刻配送方案				$\left(T_i + T_{i+1}\right)/2$ 时刻配送方案				CC	TC
CGN	N.CS	LR	C	CGN	N.CS	LR	C		
JC_1	5	92.00%	18.71	DC_1	4	72.00%	23.42	42.14	
JC_2	8	65.50%	28.32	DC_2	3	53.00%	22.22	50.54	
JC_3	13	70.67%	58.21	DC_3	3	47.00%	10.64	68.85	
JC_4	23	84.50%	92.55	DC_4	4	62.00%	23.85	116.40	
JC_5	10	96.50%	39.33	DC_5	2	32.00%	12.96	52.29	
JC_6	15	67.67%	41.26	DC_6	4	25.00%	28.69	69.95	
JC_7	19	90.33%	54.72	—	—	—	—	54.72	
JC_8	16	86.67%	30.20	—	—	—	—	30.20	735.53
JC_9	15	88.33%	39.25	—	—	—	—	39.25	
JC_10	10	95.00%	50.44	—	—	—	—	50.44	
JC_11	14	71.67%	41.91	—	—	—	—	41.91	
JC_12	9	69.00%	45.82	—	—	—	—	45.82	
JC_13	4	80.00%	10.99	—	—	—	—	10.99	
JC_14	11	83.00%	46.47	—	—	—	—	46.47	
JC_15	8	68.50%	15.56	—	—	—	—	15.56	

注：CNG 表示服务商家的路径编号；N.CS 表示服务商家的数量；LR 表示车辆的装载率；C 表示子项成本；CC 表示各子项成本和；TC 表示总成本。

及时响应并满足动态商家发货需求是及时响应消费者的动态需求的重要保证。接下来，从响应商家所需时间的角度来对不同情景下的方案进行对比分析。假设两种方案中车辆的行驶速度均相同，车辆从中转站驶出至服务完对应的商家并返回中转站记为一个响应满足商家时间，当采用两阶段的共同配送模式时，取两个阶段累计平均值作为响应商家的时间，不同情景下响应商家时间如图 6-14 所示。

由图 6-14 可知，考虑共享情景下的平均响应时间要优于不考虑共享情景下的平均响应时间，这说明所设计的 2E-DSVRPTW 方法能够较好地满足消费者的动态需求。此外，2E-DSVRPTW 情景下的响应时间波动程度要优于不考虑共享情景下的响应时间，这说明所提出 2E-DSVRPTW 方法具有较好的稳定性。接下来，将分析动态度对车辆行驶距离及使用数量成本之间的影响关系，初始化静态商家设置为 100，将动态商家数量设置为由 0 开始，每次增加 5 个动态商家直到 100 结束的 20 个梯度，每个梯度下运行 10 次取最优的车辆行驶距离与使用数量成本作为最终的成本，得到的车辆行驶距离及使用数量成本随动态度的变化规律见图 6-15。

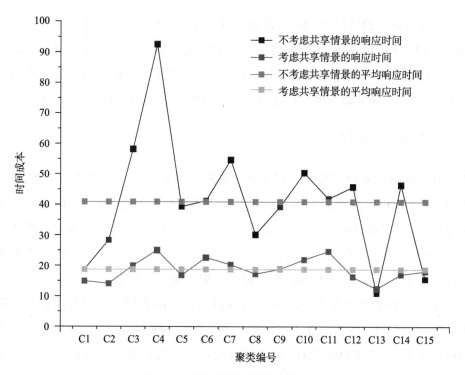

图6-14 不同情境下响应商家时间

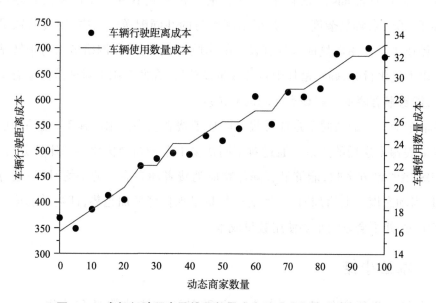

图6-15 车辆行驶距离及使用数量成本随动态度的变化规律图

图6-15显示,车辆使用数量成本及行驶距离成本总体而言随着动态度的增加而增加,主要原因是当商家数量以及发货量增加时,企业需要安排更多的车辆为商家的动态发货需求提供服务,这一现象与实际情况也相符合。而车辆使用数量成本随着动态度的增

加而呈现出梯度增加的特征,例如:动态商家数量在25~30之间的车辆使用数量成本均为22,而在35~40之间的车辆使用数量成本均为24。这是因为动态商家新增的发货量累计求和量在超过启动下一辆车之前的一定区间内,原有固定数量的车辆有能力为所有商家提供服务。因此,在局部动态度变化过程中,动态度与车辆使用数量成本无关。

6.6 分析与讨论

针对2E-DSVRPTW问题构建了以车辆行驶距离最小化为目标的优化模型,设计了用于求解2E-SDVRPTTW问题的TS算法,以奥格斯特数据为基准,以已知最好解及文献结果为对标指标,对所设计的TS算法性能进行了测试,采用双样本统计假设检验法对不同算法的差异性进行了检验。最后,以案例应用的方式对本章所设计的求解2E-SDVRPTTW的方法进行了应用验证,所取得的主要研究成果如下。

①所设计的TS算法在提升解的质量方面具有积极的作用。通过与已知最好解对比的方式发现,所设计的TS算法在求解单个时间切片内的车辆路径时,所得到的大部分解与已知最好解相同,在某些实例中,所求的解要优于已知最好解,这进一步表明,所设计的算法在求解质量方面具有一定的优越性。

②引入基于K-means的最佳中转站数量及位置选择策略,能够较好地降低2E-DSVRPTW问题的求解复杂度。在共享车辆参与的共同配送模式中,中转站数量及位置对车辆路径成本及使用数量成本具有较大的影响,而以两阶段网络节点与中转站之间的距离最小化为优化目标,确定最佳中转站数量及位置,在此基础上对两阶段动态车辆路径进行优化,能够显著降低求解该类问题的复杂度。

③共享车辆参与的共同配送能够提升响应消费者动态需求的速度,且动态度与共同配送成本呈现梯度递增的关系。通过对不同情境下车辆路径优化结果比较分析可知,当采用2E-DSVRPTW方案时,能够显著降低响应消费者动态需求的平均时间;通过敏感性分析可知,当动态度不断增加时,车辆使用数量呈现梯度增加趋势,即当动态度在局部区间发生变化时,并不会影响车辆使用数量成本。

6.7 本章小结

本章在第5章研究的基础上,进一步研究了中转站数量和位置可变更的2E-DSVRPTW问题,通过分析中转站数量及位置变更对2E-DSVRPTW成本的影响关系,得出了最佳的中转站数量及选址策略;在此基础上,设计自有车辆与共享车辆共同参与的2E-DSVRPTW问题优化方法。在优化过程中,考虑了区域熟悉度对任务执行效率的影响,同时考虑了消费者动态需求对两阶段车辆路径的影响关系,解决了由共享车辆参与的两阶段车辆动态响应消费者需求难的问题,从系统的角度给出了如何确定较优的中转站数量及位置、如何给出较优的2E-DSVRPTW配送方案、如何快速低成本地响应消费者的动态需求,为面向消费者动态需求的2E-DSVRPTW问题提供了理论支撑。

第7章 结论与展望

7.1 研究结论

在物流运输过程中,企业响应消费者动态需求不及时易导致运输效率低下、消费者体验差等问题,为解决这一问题,需对原有车辆路径进行动态优化,而基于现有车辆路径优化方法难以对消费者动态需求作出快速响应及科学决策。因此,如何面向消费者动态需求构建一套系统的车辆路径优化方法体系已成为学术界的难点问题,也是企业提升核心竞争力的关键。基于此,本书以物流前端、中端、末端应用场景为载体,系统地对面向物联网消费者需求的末端物流配送路径优化问题展开了研究。针对末端环节研究了基于主从并行思想及 I-PSA 的 VRPTW 问题;针对前端环节研究了响应消费者动态需求的 DVRPTW 问题;针对前端、中端物流研究了考虑区域熟悉度及负载均衡的 2E-DVRPTW 优化方法,提出了考虑共享车辆参与的 2E-DSVRPTW 建模及求解方法。期望以上研究能够为企业快速、准确地响应消费者动态需求提供科学理论指导和技术支撑。

综上所述,本书主要研究内容及结论总结如下。

①基于主从并行思想及马尔科夫同步策略,设计了基于主、次优化目标建模及 I-PSA 算法的 VRPTW 求解方法。首先,以车辆使用数量成本及行驶距离成本最小化为主、次目标构建了数学优化模型。其次,将 Or-opt、2-opt、2-opt*、Swap/shift 四种邻域操作策略融合到 PSA 算法中,基于并行计算对 PSA 进行改进,设计了 I-PSA 算法。然后,采用 Solomon 数据对所构建的模型及设计的 I-PSA 算法进行了验证;采用文献对比法及双样本假设检验法,对所设计的方法与其他方法之间的差异性进行了分析;采用控制变量法,对参数对优化结果的敏感性进行了分析。研究结果表明:所提方法能够找到相比已知最好解更优的解,对 R101 的优化率达到了 1.31%;VRPTW 初始解的生成仅与初始解的构造规则有关,与并行线程数量设置无关,而算法收敛趋于稳定的速度与并行线程数量有关;所设计 I-PSA 算法的性能优于 PSO、ACO-Tabu 以及 Tabu 算法的性能;I-PSA、ALNS 及 TS 算法间存在着不同的显著性差异,且 I-PSA 算法的性能较优。

②基于贝叶斯条件原理,提出了响应消费者动态需求的 DVRPTW 求解方法。首先,借鉴贝叶斯条件概率思想,提出了在上一时间切片内部分路径生效前提下,对下一时间切片内未生效路径进行优化的 DVRPTW 求解策略。其次,将时间窗等价转化及消费者虚拟化规则融入 TS 中,设计了改进 TS 算法用于对连续时间切片内动态车辆路径的求解。最

后，以公开测试数据对所设计的模型及算法进行了验证分析，并以某企业为例对所提出的方法进行了初步应用。研究结果表明：引入时间切片、消费者时间窗等价转换以及消费者虚拟化策略能够有效降低动态路径问题求解的复杂度；所提方法能够较好地满足车辆路径对消费者动态需求的及时与准确响应；所设计算法在3~5秒之内即可找到相对较优解，以RC102为例，相比已知最好解的优化率达到了4.25%；动态度即消费者动态需求在一定的区间范围内波动只会影响车辆的行驶距离成本，而不会影响车辆的使用数量成本。

③将K-means与区域熟悉度划分有效融合，提出了考虑区域熟悉度与中转站负载均衡的2E-DVRPTW求解方法。首先，将区域熟悉度与负载均衡策略、消费者动态需求融合到2E-DVRPTW建模中，并设计了用于求解该模型的算法。其次，以Perboli数据对是否考虑熟悉度和负载均衡进行了数值仿真测试与对比。数值仿真结果表明：所提方法能够提升任务执行效率、车辆利用率及降低车辆使用数量成本；在不考虑区域熟悉度的情境下，优化率最大的是实例Instance50-s2-13，相比已知最好解的优化率达到了15.76%。最后，以某企业为例对所提方法进行了初步应用验证。结果表明：K-means熟悉度划分及中转站负载均衡策略能够提升车辆的实际装载率和使用效率；引入时间切片划分机制及贝叶斯条件准则能够较好地提升响应消费者动态需求的敏捷性；当时间切片划分粒度较小时，动态迭代次数及求解成本将增加，及时响应动态消费者的时间将减少；当划分粒度较大时，动态迭代次数及求解成本将减小，及时响应消费者的时间将增加。

④融合最佳中转站数量及位置选址策略，提出了共享车辆参与的考虑区域熟悉度及共同配送的2E-DSVRPTW求解策略。首先，将最佳中转站数量及位置选址策略融入2E-DVRPTW中，考虑工作人员对区域的熟悉度及消费者动态需求，设计了2E-DSVRPTW模型及求解算法。其次，基于Augerat数据对所设计模型及算法进行了测试；采用文献对比法及双样本假设检验法，对所设计的模型算法与其他模型算法之间的差异性进行了对比分析；采用控制变量实验法，对参数设计对优化结果的敏感性进行了分析。最后，以某企业作为案例，对所提方法进行了初步应用验证，研究结果表明，中转站数量及位置变化对于车辆的行驶距离成本及使用数量成本均有较大的影响，随着中转站数量的增加，共同配送成本呈现出现递减后递增的特征，而所提出的基于K-means的最佳中转数量及位置选择策略能够较好地降低共同配送成本、提升共同配送过程中自有与共享车辆的装载率。

综上所述，本书的研究成果致力于丰富面向物联网消费者需求的末端物流配送路径优化问题的优化方法体系，为企业快速响应消费者动态需求提供理论指导与技术支撑。

7.2 创新之处

本书针对面向物联网消费者需求的末端物流配送路径优化问题提出了适应于物流配

送网络前、中、末端的多种优化模型与求解方法,并采用数值仿真与案例应用相结合的方式为企业实际运营提供了相关启示。相比于传统主要研究静态车辆路径优化的模型,动态车辆路径优化建模及求解方法能够更好地应用于实际线上线下相结合的物流场景中,更好地支撑未来基于IoT的智慧物流运作,本书创新之处总结如下。

①为解决VRPTW问题求解质量不高问题,基于主从并行机理设计了以车辆使用数量成本和行驶距离成本为主、次优化目标的数学模型,并融合Or-opt、2-opt、2-opt*、Swap/shift四种邻域操作策略到PSA中,对PSA进行了改进,达到了快速、高质量求解VRPTW问题的效果,对R101的优化率达到了1.31%,为末端派送环节考虑消费者需求固定的一阶段车辆路径优化提供了方法支撑。

②针对现有车辆路径优化方法难以响应消费者动态需求的问题,受贝叶斯条件理论启发,提出了在上一时间切片内部分路径生效前提下,对下一时间切片内未生效路径进行动态优化的学术思想,实现了车辆执行任务时对消费者动态需求的及时准确响应,降低了车辆执行动态任务时的行驶距离及使用数量成本,为前端揽收环节一阶段车辆路径响应消费者动态需求提供了理论支持。

③针对现有车辆路径研究未深度集成考虑区域熟悉、负载均衡及消费者动态需求的问题,提出了基于K-means区域熟悉度划分及负载均衡策略的2E-DVRPTW建模方法,并用贪婪准则及路径的破坏与修复策略相结合的方法对2E-DVRPTW进行求解,达到提升揽收效率、车辆满载率及快速响应消费者的效果,为前端、中端揽收环节两阶段车辆路径响应消费者动态需求提供了方法支持。

④针对现有研究未系统融合共享车辆、区域熟悉度及消费者动态需求的问题,提出了基于K-means最佳中转站数量及选址策略的两阶段车辆路径再优化方法,设计了用于求解2E-DSVRPTW的模型及算法,案例应用证明所提方法能够较好地满足消费者的动态需求,达到了降低两阶段物流运输成本的效果,为前端、中端揽收环节共享车辆参与的两阶段车辆路径响应消费者动态需求提供了方法支撑。

7.3 未来展望

虽然本书对面向物联网消费者需求的末端物流配送路径优化问题进行了系统的研究,即面向物流前端、中端、末端不同的应用场景,在考虑消费者需求固定情景下研究了VRPTW问题,在响应消费者动态需求情景下,依次研究了DVRPTW、2E-DVRPTW、2E-DSVRPTW问题,但仍有一些问题需要进一步研究与解决,主要包括以下两点:

①消费者与车辆的双向动态响应优化方法。由于技术水平导致的现有物流配送体系智慧化程度不高,而消费者与车辆的双向智能交互是提升IoT架构下智慧物流的关键所

在,即不仅考虑车辆响应消费者的动态需求,还考虑消费者响应车辆的动态位置变更。因此,如何从人因工程的角度对人与车辆共同参与的智慧动态车辆路径优化是未来研究的重点方向之一。

②响应消费者动态需求的车辆路径问题系统设计与开发。动态车辆路径优化系统开发是一项较为复杂的工程,所涉及的理论、方法较多,而设计开发支持多源端口接入的动态车辆路径实时优化交互系统是提升智慧物流运营效率的关键,因此,响应消费者动态需求的车辆路径优化系统设计与开发是接下来所研究的重点方向之一。

参考文献

[1]王小明.中国汽车产业变革升级发展审视[J].重庆社会科学,2020(04):84-95.

[2]吕钊凤.李骏院士:智能汽车科技创新上升为国家工程[J].智能网联汽车,2020(5):28-29.

[3]胡云峰,曲婷,刘俊,等.智能汽车人机协同控制的研究现状与展望[J].自动化学报,2019,45(7):1261-1280.

[4]LIN J,YU W,YANG X Y,et al. An Edge Computing Based Public Vehicle System for Smart Transportation[J]. Ieee Transactions on Vehicular Technology,2020,69(11):12635-12651.

[5]LUO C W,LI D Y,DING X J,et al. Delivery Route Optimization with automated vehicle in smart urban environment[J]. Theoretical Computer Science,2020,836:42-52.

[6]WANG X P,WU C Z,XUE J,et al. A Method of Personalized Driving Decision for Smart Car Based on Deep Reinforcement Learning[J]. Information,2020,11(6):16.

[7]HJALMARSSON-JORDANIUS A,EDVARDSSON M,ROMELL M,et al. Autonomous Transport:Transforming Logistics through Driverless Intelligent Transportation[J]. Transportation Research Record,2018,2672(7):24-33.

[8]HUANG S C,CHEN B H,CHOU S K,et al. Smart Car[J]. Ieee Computational Intelligence Magazine,2016,11(4):46-58.

[9]LIU S C,ZHANG Y F,LIU Y,et al. An 'Internet of Things' enabled dynamic optimization method for smart vehicles and logistics tasks[J]. Journal of Cleaner Production,2019,215:806-820.

[10]TU M R,LIM M K,YANG M F IoT-based production logistics and supply chain system - Part 1 Modeling IoT-based manufacturing IoT supply chain[J]. Industrial Management & Data Systems,2018,118(1):65-95.

[11]TU M R,LIM M K,YANG M F. IoT-based production logistics and supply chain system - Part 2 IoT-based cyber-physical system: a framework and evaluation[J]. Industrial Management & Data Systems,2018,118(1):96-125.

[12]DANTZIG G B,RAMSER J H. The truck dispatching problem[J]. Management Science,1959,6(1):80-91.

[13]范厚明,李荡,孔靓,等.模糊需求下时间依赖型车辆路径优化[J].控制理论与应用,

2020,37(5):950-960.

[14]GE X L,ZHU Z Q,JIN Y Z Electric Vehicle Routing Problems with Stochastic Demands and Dynamic Remedial Measures[J]. Mathematical Problems in Engineering,2020,2020:15.

[15]XU W,LI J J A Fissile Ripple Spreading Algorithm to Solve Time-Dependent Vehicle Routing Problem via Coevolutionary Path Optimization[J]. Journal of Advanced Transportation,2020,2020:13.

[16]WANG Y,WANG L,CHEN G C,et al. An Improved Ant Colony Optimization algorithm to the Periodic Vehicle Routing Problem with Time Window and Service Choice[J]. Swarm and Evolutionary Computation,2020,55:15.

[17]BRAEKERS K,RAMAEKERS K,VAN NIEUWENHUYSE I. The vehicle routing problem: State of the art classification and review[J]. Computers & Industrial Engineering,2016,99:300-313.

[18]庞燕,罗华丽,邢立宁,等. 车辆路径优化问题及求解方法研究综述[J]. 控制理论与应用,2019,36(10):1573-1584.

[19]ZHU N,LIU Y,MA S F,et al. Mobile Traffic Sensor Routing in Dynamic Transportation Systems[J]. Ieee Transactions on Intelligent Transportation Systems,2014,15(5):2273-2285.

[20]盛虎宜,鲁若愚. 生鲜电商物流配送的车辆路径问题研究[D]. 成都:电子科技大学,2019.

[21]YAO B Z,YU B,HU P,et al. An improved particle swarm optimization for carton heterogeneous vehicle routing problem with a collection depot[J]. Annals of Operations Research,2016,242(2):303-320.

[22]YANG W H,MATHUR K,BALLOU R H. Stochastic vehicle routing problem with restocking[J]. Transportation Science,2000,34(1):99-112.

[23]LI X Y,TIAN P,LEUNG S C H. Vehicle routing problems with time windows and stochastic travel and service times: Models and algorithm[J]. International Journal of Production Economics,2010,125(1):137-145.

[24]张丽萍,柴跃廷,曹瑞. 有时间窗车辆路径问题的改进遗传算法[J]. 计算机集成制造系统-CIMS,2002(6):451-454.

[25]FIGLIOZZI M A. The time dependent vehicle routing problem with time windows: Benchmark problems,an efficient solution algorithm,and solution characteristics[J]. Transportation Research Part E-Logistics and Transportation Review,2012,48(3):616-636.

[26]DU J M,LI X,YU L A,et al. Multi-depot vehicle routing problem for hazardous materials

transportation:A fuzzy bilevel programming[J]. Information Sciences,2017,399:201−218.

[27]WANG C,MU D,ZHAO F,et al. A parallel simulated annealing method for the vehicle routing problem with simultaneous pickup−delivery and time windows[J]. Computers & Industrial Engineering,2015,83:111−122.

[28]HEMMELMAYR V C,CORDEAU J F,CRAINIC T G. An adaptive large neighborhood search heuristic for Two−Echelon Vehicle Routing Problems arising in city logistics[J]. Computers & Operations Research,2012,39(12):3215−3228.

[29]ANDELMIN J,BARTOLINI E. An Exact Algorithm for the Green Vehicle Routing Problem [J]. Transportation Science,2017,51(4):1288−1303.

[30]OYOLA J,ARNTZEN H,WOODRUFF D L. The stochastic vehicle routing problem,a literature review,Part Ⅱ: solution methods [J]. Euro Journal on Transportation and Logistics, 2017,6(4):349−388.

[31]FU Y,BANERJEE A. Heuristic/meta−heuristic methods for restricted bin packing problem [J]. Journal of Heuristics,2020,26(5):637−662.

[32]YANG S,SHAO Y F,ZHANG K. An effective method for solving multiple travelling salesman problem based on NSGA−Ⅱ[J]. Systems Science & Control Engineering,2019,7(2): 121−129.

[33]TOTH P,VIGO D. The granular tabu search and its application to the vehicle−routing problem[J]. Informs Journal on Computing,2003,15(4):333−346.

[34]祝崇隽,刘民,吴澄. 供应链中车辆路径问题的研究进展及前景[J]. 计算机集成制造系统−CIMS,2001(11):1-6.

[35]KIM G,ONG Y S,HENG C K,et al. City Vehicle Routing Problem（City VRP）:A Review [J]. Ieee Transactions on Intelligent Transportation Systems,2015,16(4):1654−1666.

[36]AZI N,GENDREAU M,POTVIN J Y. An exact algorithm for a vehicle routing problem with time windows and multiple use of vehicles[J]. European Journal of Operational Research, 2010,202(3):756−763.

[37]揭婉晨,杨珺,杨超. 多车型电动汽车车辆路径问题的分支定价算法研究[J]. 系统工程理论与实践,2016,36(7):1795−1805.

[38]BALDACCI R,HADJICONSTANTINOU E,MINGOZZI A. An exact algorithm for the capacitated vehicle routing problem based on a two−commodity network flow formulation[J]. Operations Research,2004,52(5):723−738.

[39]BALDACCI R,MINGOZZI A. A unified exact method for solving different classes of vehicle

routing problems[J]. Mathematical Programming,2009,120(2):347−380.

[40] DABIA S, ROPKE S, VAN WOENSEL T, et al. Branch and Price for the Time−Dependent Vehicle Routing Problem with Time Windows [J]. Transportation Science, 2013, 47 (3): 380−396.

[41] LI J L, QIN H, BALDACCI R, et al. Branch−and−price−and−cut for the synchronized vehicle routing problem with split delivery, proportional service time and multiple time windows [J]. Transportation Research Part E−Logistics and Transportation Review,2020,140:22.

[42] RUIZ E R Y, GARCIA−CALVILLO I, NUCAMENDI−GUILLEN S. Open vehicle routing problem with split deliveries: mathematical formulations and a cutting−plane method[J]. Operational Research,2020:21.

[43] 张媛媛,李建斌. 动态车队组合优化模型及精确算法[J]. 系统工程理论与实践,2007(2):83−91.

[44] LEUNG S C H, ZHANG Z Z, ZHANG D F, et al. A meta−heuristic algorithm for heterogeneous fleet vehicle routing problems with two−dimensional loading constraints [J]. European Journal of Operational Research,2013,225(2):199−210.

[45] MINH HOANG HA, TAT DAT NGUYEN, THINH NGUYEN DUY, et al. A new constraint programming model and a linear programming−based adaptive large neighborhood search for the vehicle routing problem with synchronization constraints[J]. Computers & Operations Research,2020:124.

[46] GOODARZI A H, TAVAKKOLI−MOGHADDAM R, ALIREZA A. A new bi−objective vehicle routing−scheduling problem with cross−docking: Mathematical model and algorithms [J]. Computers & Industrial Engineering,2020:149.

[47] YU W, LIU Z H, BAO X H. Distance constrained vehicle routing problem to minimize the total cost: algorithms and complexity[J]. Journal of Combinatorial Optimization,2020.

[48] SHI Y, ZHOU Y J, BOUDOUH T, et al. A lexicographic−based two−stage algorithm for vehicle routing problem with simultaneous pickup−delivery and time window[J]. Engineering Applications of Artificial Intelligence,2020:95.

[49] YANG F, DAI Y, MA Z J. A cooperative rich vehicle routing problem in the last−mile logistics industry in rural areas[J]. Transportation Research Part E−Logistics and Transportation Review,2020:141.

[50] RINCON−GARCIA N, WATERSON B, CHERRETT T J, et al. A metaheuristic for the time−dependent vehicle routing problem considering driving hours regulations − An application in

city logistics[J]. Transportation Research Part a–Policy and Practice, 2020, 137:429–446.

[51]刘云飞,赵磊,朱道立. 出口汽车零部件集货运输问题的双层遗传算法[J]. 计算机集成制造系统,2016,22(9):2227–2234.

[52]KONSTANTAKOPOULOS Grigorios D, GAYIALIS Sotiris P, KECHAGIAS Evripidis P. Vehicle routing problem and related algorithms for logistics distribution: a literature review and classification[J]. Operational Research, 2020.

[53]TANG J F, ZHANG J, PAN Z D. A scatter search algorithm for solving vehicle routing problem with loading cost[J]. Expert Systems with Applications, 2010, 37(6):4073–4083.

[54]CHEN M Z, ZHANG S, ZHANG W Y, et al. Collaborative vehicle routing problem with rough location using extended ant colony optimization algorithm[J]. Journal of Intelligent & Fuzzy Systems, 2019, 37(2):2385–2402.

[55]HUANG Y X, ZHAO L, VAN WOENSEL T, et al. Time–dependent vehicle routing problem with path flexibility[J]. Transportation Research Part B–Methodological, 2017, 95:169–195.

[56]ZHANG J H, ZHAO Y X, XUE W L, et al. Vehicle routing problem with fuel consumption and carbon emission[J]. International Journal of Production Economics, 2015, 170:234–242.

[57]李琳,刘士新,唐加福. 改进的蚁群算法求解带时间窗的车辆路径问题[J]. 控制与决策, 2010,25(9):1379–1383.

[58]鲁建厦,周鲜成,周开军,等. 物流配送中的绿色车辆路径模型与求解算法研究综述[J]. 浙江大学学报(工学版),2021,41(1):213–230.

[59]张景玲,刘金龙,赵燕伟,等. 时间依赖型同时取送货 VRP 及超启发式算法[J]. 计算机集成制造系统,2020,26(7):1905–1917.

[60]李顺勇,但斌,葛显龙. 多通路网络下多车型低碳城市配送问题[J]. 计算机集成制造系统,2019,25(11):2973–2982.

[61]GENDREAU M, LAPORTE G, SEGUIN R. Stochastic vehicle routing[J]. European Journal of Operational Research, 1996, 88(1):3–12.

[62]FLORIO A M, HARTL R F, MINNER S. Optimal a priori tour and restocking policy for the single–vehicle routing problem with stochastic demands[J]. European Journal of Operational Research, 2020, 285(1):172–182.

[63]FENG Y L, ZHANG R Q, JIA G Z. Vehicle Routing Problems with Fuel Consumption and Stochastic Travel Speeds[J]. Mathematical Problems in Engineering, 2017, 2017:16.

[64]李阳,范厚明. 需求不确定的车辆路径问题模型与算法研究[D]. 大连:大连海事大学, 2018.

[65]雷洪涛,郭波. 随机与动态物流网络优化问题研究[D]. 长沙:中国人民解放军国防科学技术大学,2011.

[66]RITZINGER U,PUCHINGER J,HARTL R F. A survey on dynamic and stochastic vehicle routing problems[J]. International Journal of Production Research,2016,54(1):215-231.

[67]LEI H T,LAPORTE G,GUO B. The Vehicle Routing Problem with Stochastic Demands and Split Deliveries[J]. Infor,2012,50(2):59-71.

[68]ZHONG S P,CHENG R,JIANG Y,et al. Risk-averse optimization of disaster relief facility location and vehicle routing under stochastic demand[J]. Transportation Research Part E-Logistics and Transportation Review,2020,141:19.

[69]HE Y D,QI M Y,ZHOU F L,et al. An effective metaheuristic for the last mile delivery with roaming delivery locations and stochastic travel times[J]. Computers & Industrial Engineering,2020,145:10.

[70]ULMER M W,GOODSON J C,MATTFELD D C,et al. On modeling stochastic dynamic vehicle routing problems[J]. Euro Journal on Transportation and Logistics,2020,9(2):14.

[71]MEHRJERDI Y Z. A multiple objective stochastic approach to vehicle routing problem[J]. International Journal of Advanced Manufacturing Technology,2014,74(5-8):1149-1158.

[72]DOULABI H H,PESANT G,ROUSSEAU L M. Vehicle Routing Problems with Synchronized Visits and Stochastic Travel and Service Times:Applications in Healthcare[J]. Transportation Science,2020,54(4):1053-1072.

[73]LI X R,KAN H X,HUA X D,et al. Simulation-Based Electric Vehicle Sustainable Routing with Time-Dependent Stochastic Information[J]. Sustainability,2020,12(6):16.

[74]GOEL R,MAINI R,BANSAL S. Vehicle routing problem with time windows having stochastic customers demands and stochastic service times:Modelling and solution[J]. Journal of Computational Science,2019,34:1-10.

[75]ZHANG J L,LAM W H K,CHEN B Y. On-time delivery probabilistic models for the vehicle routing problem with stochastic demands and time windows[J]. European Journal of Operational Research,2016,249(1):144-154.

[76]WANG Z,LIN L. A Simulation-Based Algorithm for the Capacitated Vehicle Routing Problem with Stochastic Travel Times[J]. Journal of Applied Mathematics,2013:10.

[77]KILBY Philip,PROSSER Patrick,SHAW Paul. Dynamic VRPs:A Study of Scenarios[J]. Report APES-06-1998,2002:1-11.

[78]谢秉磊,郭耀煌,郭强. 动态车辆路径问题:现状与展望[J]. 系统工程理论方法应用,

2002(2):116–120.

[79] PSARAFTIS H N, WEN M, KONTOVAS C A. Dynamic Vehicle Routing Problems: Three Decades and Counting[J]. Networks,2016,67(1):3–31.

[80] ABDIRAD M, KRISHNAN K, GUPTA D. A two-stage metaheuristic algorithm for the dynamic vehicle routing problem in Industry 4.0 approach[J]. Journal of Management Analytics,2021,8(1):69–83.

[81] CHEN S F, CHEN R, GAO J. A Monarch Butterfly Optimization for the Dynamic Vehicle Routing Problem[J]. Algorithms,2017,10(3):19.

[82] MA J H, SUN G H. Mutation Ant Colony Algorithm of Milk-Run Vehicle Routing Problem with Fastest Completion Time Based on Dynamic Optimization[J]. Discrete Dynamics in Nature and Society,2013,2013:6.

[83] KHOUADJIA M R, SARASOLA B, ALBA E, et al. A comparative study between dynamic adapted PSO and VNS for the vehicle routing problem with dynamic requests[J]. Applied Soft Computing,2012,12(4):1426–1439.

[84] MAVROVOUNIOTIS M, YANG S X. Ant algorithms with immigrants schemes for the dynamic vehicle routing problem[J]. Information Sciences,2015,294:456–477.

[85] FERRUCCI F, BOCK S, GENDREAU M. A pro-active real-time control approach for dynamic vehicle routing problems dealing with the delivery of urgent goods[J]. European Journal of Operational Research,2013,225(1):130–141.

[86] ABDALLAH Amfm, ESSAM D L, SARKER R A. On solving periodic re-optimization dynamic vehicle routing problems[J]. Applied Soft Computing,2017,55:1–12.

[87] PILLAC V, GUERET C, MEDAGLIA A L. An event-driven optimization framework for dynamic vehicle routing[J]. Decision Support Systems,2012,54(1):414–423.

[88] KUO R J, WIBOWO B S, ZULVIA F E. Application of a fuzzy ant colony system to solve the dynamic vehicle routing problem with uncertain service time[J]. Applied Mathematical Modelling,2016,40(23–24):9990–10001.

[89] 李兵,郑四发,曹剑东,等. 求解消费者需求动态变化的车辆路径规划方法[J]. 交通运输工程学报,2007(1):106–110.

[90] 张文博,苏秦,程光路. 基于动态需求的带时间窗的车辆路径问题[J]. 工业工程与管理,2016,21(6):68–74.

[91] OUADDI K, MHADA F Z, BENADADA Y. Memetic algorithm for multi-tours dynamic vehicle routing problem with overtime (MDVRPOT)[J]. International Journal of Industrial En-

gineering Computations,2020,11(4):643-662.

[92]VAN LON Rinde R S,FERRANTE Eliseo,TURGUT Ali E,et al. Measures of dynamism and urgency in logistics[J]. European Journal of Operational Research,2016,253(3):614-624.

[93]XIANG X S,QIU J F,XIAO J H,et al. Demand coverage diversity based ant colony optimization for dynamic vehicle routing problems[J]. Engineering Applications of Artificial Intelligence,2020,91:11.

[94]Pankratz G. Dynamic vehicle routing by means of a genetic algorithm[J]. International Journal of Physical Distribution & Logistics Management,2005,35(5):362-383.

[95]ZHANG P. Dynamic Vehicle Routing Problem with Stochastic Requirements Based on Quantum Ant Colony Algorithm[J]. Indian Journal of Pharmaceutical Sciences,2019,81(1):S71-S72.

[96]刘志硕,申金升,柴跃廷. 基于自适应蚁群算法的车辆路径问题研究[J]. 控制与决策,2005(5):562-566.

[97]ILIN V,SIMIC D,TEPIC J,et al. A Survey of Hybrid Artificial Intelligence Algorithms for Dynamic Vehicle Routing Problem[R]. Hybrid Artificial Intelligent Systems,International Conference on2015:644-655.

[98]PILLAC V,GENDREAU M,GUERET C,et al. A review of dynamic vehicle routing problems [J]. European Journal of Operational Research,2013,225(1):1-11.

[99]WANG J F,LV J,WANG C,et al. Dynamic Route Choice Prediction Model Based on Connected Vehicle Guidance Characteristics[J]. Journal of Advanced Transportation,2017:1-8.

[100]PSARAFTIS H N. A dynamic-programming solution to the single vehicle many-to-many immediate request dial-a-ride problem[J]. Transportation Science,1980,14(2):130-154.

[101]CHEN Z L,XU H. Dynamic column generation for dynamic vehicle routing with time windows[J]. Transportation Science,2006,40(1):74-88.

[102]GRID M,DJEDI N,BITAM S. GPU-based distributed bee swarm optimisation for dynamic vehicle routing problem[J]. International Journal of Ad Hoc and Ubiquitous Computing,2019,31(3):155-177.

[103]YANG J,JAILLET P,MAHMASSANI H. Real-time multivehicle truckload pickup and delivery problems[J]. Transportation Science,2004,38(2):135-148.

[104]HE Y D,WANG X,ZHOU F L,et al. Dynamic vehicle routing problem considering simultaneous dual services in the last mile delivery[J]. Kybernetes,2020,49(4):1267-1284.

[105]DA SILVA JUNIOR Orivalde Soares,LEAL Jose Eugenio,REIMANN Marc. A multiple

ant colony system with random variable neighborhood descent for the dynamic vehicle routing problem with time windows[J]. Soft Computing, 2020.

[106] HE P F, LI J. The two-echelon multi-trip vehicle routing problem with dynamic satellites for crop harvesting and transportation[J]. Applied Soft Computing, 2019, 77: 387-398.

[107] HU Z H, SHEU J B, ZHAO L, et al. A dynamic closed-loop vehicle routing problem with uncertainty and incompatible goods[J]. Transportation Research Part C-Emerging Technologies, 2015, 55: 273-297.

[108] 冉伦, 吴东来, 焦子豪, 等. 不确定需求下基于分布式鲁棒机会约束的车辆调度问题研究[J]. 系统工程理论与实践, 2018, 38(7): 1792-1801.

[109] LIM M K, JONES C. Resource efficiency and sustainability in logistics and supply chain management[J]. International Journal of Logistics-Research and Applications, 2017, 20 (1): 20-21.

[110] DUES C M, TAN K H, LIM M. Green as the new Lean: how to use Lean practices as a catalyst to greening your supply chain[J]. Journal of Cleaner Production, 2013, 40: 93-100.

[111] 王旭, 田帅辉, 王振锋. 面向物流任务的跨组织边界物流资源优化配置[J]. 计算机集成制造系统, 2012, 18(2): 389-395.

[112] WANG C, ZHAO F, MU D, et al. Simulated Annealing for a Vehicle Routing Problem with Simultaneous Pickup-Delivery and Time Windows, in Advances in Production Management Systems, Apms 2013, Pt Ii[D]. V. Prabhu, M. Taisch, and D. Kiritsis, Editors. 2013: 170-177.

[113] 霍艳芳, 王涵, 齐二石. 打造智慧物流与供应链, 助力智能制造——《智慧物流与智慧供应链》导读[J]. 中国机械工程, 2020, 31(23): 2891-2897.

[114] GHADIMI P, WANG C, LIM M K. Sustainable supply chain modeling and analysis: Past debate, present problems and future challenges[J]. Resources Conservation and Recycling, 2019, 140: 72-84.

[115] WU K J, LIAO C J, TSENG M L, et al. Toward sustainability: using big data to explore the decisive attributes of supply chain risks and uncertainties[J]. Journal of Cleaner Production, 2017, 142: 663-676.

[116] GUBBI J, BUYYA R, MARUSIC S, et al. Internet of Things (IoT): A vision, architectural elements, and future directions[J]. Future Generation Computer Systems-the International Journal of Escience, 2013, 29(7): 1645-1660.

［117］AL-FUQAHA A，GUIZANI M，MOHAMMADI M，et al. Internet of Things：A Survey on Enabling Technologies，Protocols，and Applications［J］. Ieee Communications Surveys and Tutorials，2015，17（4）：2347-2376.

［118］LIM Ming K，BAHR Witold，LEUNG Stephen C. H. RFID in the warehouse：A literature analysis（1995—2010）of its applications，benefits，challenges and future trends［J］. International Journal of Production Economics，2013，145（1）：409-430.

［119］WANG J X，LIM M K，WANG C，et al. The evolution of the Internet of Things（IoT）over the past 20 years［J］. Computers & Industrial Engineering，2021，155：107174.

［120］TANG X L. Research on Smart Logistics Model Based on Internet of Things Technology ［J］. Ieee Access，2020，8：151150-151159.

［121］屈挺，张凯，罗浩，等. 物联网驱动的"生产-物流"动态联动机制、系统及案例［J］. 机械工程学报，2015，51（20）：36-44.

［122］LI S C，XU L D，ZHAO S S. The internet of things：a survey［J］. Information Systems Frontiers，2015，17（2）：243-259.

［123］LIM M K，WANG J X，WANG C，et al. A novel method for green delivery mode considering shared vehicles in the IoT environment［J］. Industrial Management & Data Systems，2020，120（9）：1733-1757.

［124］ZHOU H，WANG Z W. Measurement and analysis of vibration levels for express logistics transportation in South China［J］. Packaging Technology and Science，2018，31（10）：665-678.

［125］GAO K，SHAO X X. A Comparative Study on the Construction of Transportation and Logistics System in Central China［J］. Journal of Coastal Research，2019：665-667.

［126］HAN J，LEE C，PARK S. A Robust Scenario Approach for the Vehicle Routing Problem with Uncertain Travel Times［J］. Transportation Science，2014，48（3）：373-390.

［127］鲁建厦，徐林燕，赵林斌，等. 基于文献计量法的 RFID 研究现状分析［J］. 计算机集成制造系统，2017，23（11）：2518-2532.

［128］牛风平. 控制变量法在科学对比实验中的运用［J］. 基础教育研究，2016（4）：68.

［129］MISHRA P，PANDEY C M，SINGH U，et al. Selection of Appropriate Statistical Methods for Data Analysis［J］. Annals of Cardiac Anaesthesia，2019，22（3）：297-301.

［130］HEIN F，ALMEDER C. Quantitative insights into the integrated supply vehicle routing and production planning problem［J］. International Journal of Production Economics，2016，177：66-76.

[131] METROPOLIS N, ROSENBLUTH A W, ROSENBLUTH M N, et al. Equation of state calculations by fast computing machines [J]. Journal of Chemical Physics, 1953, 21 (6): 1087-1092.

[132] KIRKPATRICK S, GELATT C D, VECCHI M P. Optimization by simulated annealing [J]. Science, 1983, 220 (4598): 671-680.

[133] 季琳琳,王清威,周豪,等. 考虑顾客满意度的冷链水果路径优化 [J]. 浙江大学学报(工学版), 2021: 1-11.

[134] 邓爱民,毛超,周彦霆. 带软时间窗的集配货一体化 VRP 改进模拟退火算法优化研究 [J]. 系统工程理论与实践, 2009, 29(5): 186-192.

[135] SANTE I, RIVERA F F, CRECENTE R, et al. A simulated annealing algorithm for zoning in planning using parallel computing [J]. Computers Environment and Urban Systems, 2016, 59: 95-106.

[136] XU H T, PU P, DUAN F. A Hybrid Ant Colony Optimization for Dynamic Multidepot Vehicle Routing Problem [J]. Discrete Dynamics in Nature and Society, 2018. 2018: 10.

[137] ZHENG J J, GU Z Y. Research on Express Delivery Vehicle Route Planning Method for Stochastic Customer Demand. Proceedings of 2017 Ieee 2nd Information Technology, Networking, Electronic and Automation Control Conference [M], ed. B. Xu. 2017, New York: Ieee. 783-787.

[138] QI M Y, XIONG W Q, ZHOU Q T, et al. Robust Periodic Vehicle Routing Problem with Service Time Uncertainty, in 2018 Ieee International Conference on Industrial Engineering and Engineering Management [D]. 2018, Ieee: New York. 1431-1435.

[139] XU H T, PU P, DUAN F. Dynamic Vehicle Routing Problems with Enhanced Ant Colony Optimization [J]. Discrete Dynamics in Nature and Society, 2018. 2018: 13.

[140] MANDZIUK J, ZYCHOWSKI A. A memetic approach to vehicle routing problem with dynamic requests [J]. Applied Soft Computing, 2016, 48: 522-534.

[141] HUANG Z H, GENG K F, IEEE. Local search for Dynamic Vehicle Routing Problem with Time Windows. 2013 2nd International Symposium on Instrumentation and Measurement, Sensor Network and Automation [M]. 2013, New York: Ieee. 841-844.

[142] 春花,吴微. 基于群智能算法的 K-均值聚类研究 [D]. 大连: 大连理工大学, 2019.

[143] HINTSCH Timo, IRNICH Stefan. Large multiple neighborhood search for the clustered vehicle-routing problem [J]. European Journal of Operational Research, 2018, 270 (1): 118-131.

［144］DU Z H，WANG Y W，JI Z. PK-means：A new algorithm for gene clustering［J］. Computational Biology and Chemistry，2008，32（4）：243-247.

［145］XIE X L L，BENI G. A validity measure for fuzzy clustering［J］. Ieee Transactions on Pattern Analysis and Machine Intelligence，1991，13（8）：841-847.

［146］LIN N，SHI Y J，ZHANG T L，et al. An Effective Order-Aware Hybrid Genetic Algorithm for Capacitated Vehicle Routing Problems in Internet of Things［J］. Ieee Access，2019，7：86102-86114.

［147］LI W L，LI K P，KUMAR P N R，et al. Simultaneous product and service delivery vehicle routing problem with time windows and order release dates［J］. Applied Mathematical Modelling，2021，89：669-687.

［148］WANG J H，REN W B，ZHANG Z Z，et al. A Hybrid Multiobjective Memetic Algorithm for Multiobjective Periodic Vehicle Routing Problem With Time Windows［J］. Ieee Transactions on Systems Man Cybernetics-Systems，2020，50（11）：4732-4745.

［149］WU Y，ZHENG B，ZHOU X L. A Disruption Recovery Model for Time-Dependent Vehicle Routing Problem With Time Windows in Delivering Perishable Goods［J］. Ieee Access，2020，8：189614-189631.

［150］IQBAL S，KAYKOBAD M，RAHMAN M S. Solving the multi-objective Vehicle Routing Problem with Soft Time Windows with the help of bees［J］. Swarm and Evolutionary Computation，2015，24：50-64.

［151］TAS D，GENDREAU M，DELLAERT N，et al. Vehicle routing with soft time windows and stochastic travel times：A column generation and branch-and-price solution approach［J］. European Journal of Operational Research，2014，236（3）：789-799.

［152］穆东，王超，王胜春，等. 基于并行模拟退火算法求解时间依赖型车辆路径问题［J］. 计算机集成制造系统，2015，21（6）：1626-1636.

［153］SOLOMON M M. Algorithms for the vehicle-routing and scheduling problems with time window constraints［J］. Operations Research，1987，35（2）：254-265.

［154］MEN J K，JIANG P，XU H，et al. Robust multi-objective vehicle routing problem with time windows for hazardous materials transportation［J］. Iet Intelligent Transport Systems，2020，14（3）：154-163.

［155］JIANG P，MEN J，XU H，et al. A Variable Neighborhood Search-Based Hybrid Multiobjective Evolutionary Algorithm for HazMat Heterogeneous Vehicle Routing Problem With Time Windows［J］. Ieee Systems Journal，2020，14（3）：4344-4355.

［156］CZARNAS ZJ Czech,P. Parallel simulated annealing for the vehicle routing problem with time windows［J］. Proceedings 10th Euromicro Workshop on Parallel,Distributed and Network-based Processing,2002:376-383.

［157］王超,高扬,刘超,等. 基于回溯搜索优化算法求解带时间窗和同时送取货的车辆路径问题［J］.计算机集成制造系统,2019(9):2237-2247.

［158］穆东,王超,王胜春,等.基于并行模拟退火算法求解时间依赖型车辆路径问题［J］.计算机集成制造系统,2015(6):1626-1636.

［159］MCNABB M E,WEIR J D,HILL R R,et al. Testing local search move operators on the vehicle routing problem with split deliveries and time windows［J］. Computers & Operations Research,2015,56:93-109.

［160］CROES G A. A Method for Solving Traveling-salesman Problems［J］. Operations Research,1958,6(6):791-812.

［161］HASHIMOTO H, YAGIURA M, IBARAKI T. An iterated local search algorithm for the time-dependent vehicle routing problem with time windows［J］. Discrete Optimization, 2008,5(2):434-456.

［162］WANG C L,LI S W. Hybrid fruit fly optimization algorithm for solving multi-compartment vehicle routing problem in intelligent logistics［J］. Advances in Production Engineering & Management,2018,13(4):466-478.

［163］ILHAN I. A population based simulated annealing algorithm for capacitated vehicle routing problem［J］. Turkish Journal of Electrical Engineering and Computer Sciences,2020,28 (3):1217-1235.

［164］MU D, WANG C, ZHAO F, et al. Solving vehicle routing problem with simultaneous pickup and delivery using parallel simulated annealing algorithm［J］. International Journal of Shipping and Transport Logistics,2016,8(1):81-106.

［165］CHANG Y L, CHEN K S, HUANG B, et al. A Parallel Simulated Annealing Approach to Band Selection for High-Dimensional Remote Sensing Images［J］. Ieee Journal of Selected Topics in Applied Earth Observations and Remote Sensing,2011,4(3):579-590.

［166］李国明,李军华. 带软时间窗的随机需求车辆路径问题的算法研究［J］.计算机集成制造系统,2019:1-20.

［167］YU B, YANG Z Z, YAO B Z. A hybrid algorithm for vehicle routing problem with time windows［J］. Expert Systems with Applications,2011,38(1):435-441.

［168］BELFIORE P, YOSHIZAKI H T Y. Heuristic methods for the fleet size and mix vehicle routing problem with time windows and split deliveries[J]. Computers & Industrial Engineering, 2013, 64(2): 589-601.

[169] URSANI Z, ESSAM D, CORNFORTH D, et al. Localized genetic algorithm for vehicle routing problem with time windows[J]. Applied Soft Computing, 2011, 11(8): 5375-5390.

[170] 葛显龙, 薛桂琴. 基于场景动态度的两级配送路径问题[J]. 控制与决策, 2019, 34(4): 1195-1202.

[171] OKULEWICZ M, MANDZIUK J. A metaheuristic approach to solve Dynamic Vehicle Routing Problem in continuous search space[J]. Swarm and Evolutionary Computation, 2019, 48: 44-61.

[172] GLOVER F. Tabu search - a tutorial[J]. Interfaces, 1990, 20(4): 74-94.

[173] LI G M, LI J H. An Improved Tabu Search Algorithm for the Stochastic Vehicle Routing Problem With Soft Time Windows[J]. Ieee Access, 2020, 8: 158115-158124.

[174] ZACHARIADIS E E, KIRANOUDIS C T. An effective local search approach for the Vehicle Routing Problem with Backhauls[J]. Expert Systems with Applications, 2012, 39(3): 3174-3184.

[175] 陈世峰. 动态车辆路径问题建模与优化算法研究[D]. 大连: 大连海事大学, 2018.

[176] XIA Y K, FU Z Improved tabu search algorithm for the open vehicle routing problem with soft time windows and satisfaction rate[J]. Cluster Computing-the Journal of Networks Software Tools and Applications, 2019, 22: S8725-S8733.

[177] NGUYEN P K, CRAINIC T G, TOULOUSE M. A tabu search for Time-dependent Multi-zone Multi-trip Vehicle Routing Problem with Time Windows[J]. European Journal of Operational Research, 2013, 231(1): 43-56.

[178] Creput J-C, Hajjam A, Koukam A, et al. Dynamic Vehicle Routing Problem for Medical Emergency Management[J]. Self Organizing Maps - Applications and Novel Algorithm Design, 2011.

[179] RAMACHANDRANPILLAI R, AROCK M. Spiking neural firefly optimization scheme for the capacitated dynamic vehicle routing problem with time windows[J]. Neural Computing &Applications, 2021, 33(1): 409-432.

[180] MESSAOUD E, BOUKACHOUR J, ELHILALI ALAOUI A. Solving the Dynamic Vehicle Routing Problem using Genetic Algorithms[C]//Proceedings of 2014 2nd Ieee International Conference on Logistics and Operations Management, 2014: 62-69.

[181] Montemanni R, Gambardella M L, Rizzoli E A, et al. A new algorithm for a Dynamic Ve-

hicle Routing Problem based on Ant Colony System[J]. Handbook of Systemic Autoimmune Diseases, 2003:27-30.

[182] CHEN H K, HSUEH C F, CHANG M S. The real-time time-dependent vehicle routing problem[J]. Transportation Research Part E-Logistics and Transportation Review, 2006, 42(5):383-408.

[183] DONDO R, CERDA J. An MILP framework for dynamic vehicle routing problems with time windows[J]. Latin American Applied Research, 2006, 36(4):255-261.

[184] JACOBSEN S K, MADSEN O B G. A comparative study of heuristics for a two-level routing location problem[J]. European Journal of Operational Research, 1980, 5(6):378-387.

[185] PERBOLI G, TADEI R, VIGO D. The Two-Echelon Capacitated Vehicle Routing Problem: Models and Math-Based Heuristics[J]. Transportation Science, 2011, 45(3): 364-380.

[186] LIU D, DENG Z H, MAO X H, et al. Two-Echelon Vehicle-Routing Problem: Optimization of Autonomous Delivery Vehicle-Assisted E-Grocery Distribution[J]. Ieee Access, 2020, 8:108705-108719.

[187] BELHAOUARI S B, AHMED S, MANSOUR S. Optimized K-Means Algorithm[J]. Mathematical Problems in Engineering, 2014.

[188] LIU C L, HSAI W H, CHANG T H. Locality Sensitive K-means Clustering[J]. Journal of Information Science and Engineering, 2018, 34(1):289-305.

[189] FERRANDEZ S M, HARBISON T, WEBER T, et al. Optimization of a Truck-drone in Tandem Delivery Network Using K-means and Genetic Algorithm[J]. Journal of Industrial Engineering and Management-Jiem, 2016, 9(2):374-388.

[190] 胡蓉,李洋,钱斌,等. 结合聚类分解的增强蚁群算法求解复杂绿色车辆路径问题[J]. 自动化学报, 2020:1-16.

[191] HE R H, XU W B, SUN J X, et al. Balanced K-Means Algorithm for Partitioning Areas in Large-Scale Vehicle Routing Problem[C]//2009 Third International Symposium on Intelligent Information Technology Application, Vol 3, Proceedings, IEEE, 2009.

[192] WANG K Z, SHAO Y M, ZHOU W H. Matheuristic for a two-echelon capacitated vehicle routing problem with environmental considerations in city logistics service[J]. Transportation Research Part D-Transport and Environment, 2017, 57:262-276.

[193] KARABOGA D, BASTURK B. A powerful and efficient algorithm for numerical function optimization: artificial bee colony (ABC) algorithm[J]. Journal of Global Optimization,

2007,39(3):459–471.

[194] KARABOGA D,GORKEMLI B,OZTURK C,et al. A comprehensive survey: artificial bee colony (ABC) algorithm and applications[J]. Artificial Intelligence Review,2014,42(1): 21–57.

[195] ZHANG S Z,LEE C K M,CHOY K L,et al. Design and development of a hybrid artificial bee colony algorithm for the environmental vehicle routing problem[J]. Transportation Research Part D–Transport and Environment,2014,31:85–99.

[196] YAO B Z,YAN Q Q,ZHANG M J,et al. Improved artificial bee colony algorithm for vehicle routing problem with time windows[J]. Plos One,2017,12(9):18.

[197] 林镇泽. 求解双层车辆路径问题的改进人工蜂群算法[M]. 广州:华南理工大学, 2014.

[198] 揭婉晨. 面向物流配送系统的电动汽车路径优化问题研究[D]. 武汉:华中科技大学,2017.

[199] MUHLBAUER F,FONTAINE P. A parallelised large neighbourhood search heuristic for the asymmetric two–echelon vehicle routing problem with swap containers for cargo-bicycles[J]. European Journal of Operational Research,2021,289(2):742–757.

[200] YU B,MA N,CAI W J,et al. Improved ant colony optimisation for the dynamic multi-depot vehicle routing problem[J]. International Journal of Logistics–Research and Applications,2013,16(2):144–157.

[201] MOHAMMED M A,ABD GHANI M K,HAMED R I,et al. Solving vehicle routing problem by using improved genetic algorithm for optimal solution[J]. Journal of Computational Science,2017,21:255–262.

[202] YU B,YANG Z Z,YAO B Z. An improved ant colony optimization for vehicle routing problem[J]. European Journal of Operational Research,2009,196(1):171–176.

[203] GE J H,LIU X L,LIANG Guo. Research on Vehicle Routing Problem with Soft Time Windows Based on Hybrid Tabu Search and Scatter Search Algorithm[J]. Cmc–Computers Materials & Continua,2020,64(3):1945–1958.

[204] SILVESTRIN P V,RITT M. An iterated tabu search for the multi–compartment vehicle routing problem[J]. Computers & Operations Research,2017,81:192–202.

[205] 夏扬坤,邓永东,庞燕,等. 带消费者分级和需求可拆分的生鲜车辆路径问题[J]. 计算机集成制造系统,2021:1–19.

[206] DABIA S,ROPKE S,VAN WOENSEL T. Cover Inequalities for a Vehicle Routing Prob-

lem with Time Windows and Shifts[J]. Transportation Science, 2019, 53(5):1354-1371.

[207]ZHANG D Z, XU W, JI B, et al. An adaptive tabu search algorithm embedded with iterated local search and route elimination for the bike repositioning and recycling problem [J]. Computers & Operations Research, 2020, 123:17.

[208]QIU M, FU Z, EGLESE R, et al. A Tabu Search algorithm for the vehicle routing problem with discrete split deliveries and pickups [J]. Computers & Operations Research, 2018, 100:102-116.

[209]李国明,李军华. 基于混合禁忌搜索算法的随机车辆路径问题研究[J]. 控制与决策, 2020:1-10.

[210]庞燕,罗华丽,夏扬坤. 基于禁忌搜索算法的废弃家具回收车辆路径优化[J]. 计算机集成制造系统, 2020, 26(5):1425-1433.

[211]王旭坪,詹红鑫,孙自来,等. 基于蚁群禁忌混合算法的成品油多舱配送路径优化研究[J]. 系统工程理论与实践, 2017, 37(12):3215-3226.

[212]ALSSAGER M, OTHMAN Z A, AYOB M, et al. Hybrid Cuckoo Search for the Capacitated Vehicle Routing Problem[J]. Symmetry-Basel, 2020, 12(12):28.

[213]FAULIN J, DEL VALLE A G. Solving the capacitated vehicle routing problem using the ALGELECT electrostatic algorithm[J]. Journal of the Operational Research Society, 2008, 59(12):1685-1695.

[214]MOR A, SPERANZA M G. Vehicle routing problems over time: a survey[J]. 4or-a Quarterly Journal of Operations Research, 2020, 18(2):129-149.

[215]TEOH B E, PONNAMBALAM S G, KANAGARAJ G. Differential evolution algorithm with local search for capacitated vehicle routing problem [J]. International Journal of Bio-Inspired Computation, 2015, 7(5):321-342.

后 记

本书涉及部分研究工作是我在重庆大学硕/博六年求学期间完成的。蓦然回首,毕业将过三载,今后我将继续以饱满的热情在工作岗位上坚守科研梦想、潜心钻研学术,为国家做出应有的贡献。今借此专著出版之时,谨向在科研道路上给过我帮助、指导、鼓励的所有老师、同学和亲人表示衷心的感谢。

由衷地感谢我的恩师林明锦教授、杨育教授,感谢两位教授六年来对我学业上悉心的指导以及生活上无微不至的关心。两位导师凭借深厚渊博的专业知识、认真严谨的教学态度、高屋建瓴的学术思维深刻地影响着我,不仅给了我参与国家、重庆市、企业等不同层面的纵横向项目的机会,而且在学术方面给了我莫大的帮助与指导,在此,我衷心地向两位恩师表示深深的谢意。

由衷地感谢北京工业大学王超副教授/博士生导师,亦师亦友,王超老师凭借在VRP领域深厚的学术造诣、独到的学术见解、严谨的学术素养,不仅在博士毕业上给了我莫大的帮助与指导,还在已发表的小论文上给了我全方位的指点与帮助,祝王老师身体健康、工作顺利、阖家幸福。

由衷地感谢中国矿业大学张娜老师,张老师系求学期间同门师姐,不仅在参与达电、映电等项目期间给予了我悉心的引导,还在博士毕业论文上给予了我莫大的帮助,在此,祝张老师事业有成、家庭幸福美满。

由衷地感谢陈晓慧教授、杨育教授、陈友玲教授、嫣萍教授、李聪波教授、林明锦(Lim Ming Kim)教授六位教授在预答辩会议上对本书所提出的建设性意见,祝六位教授工作顺利、身体健康、阖家幸福。

由衷地感谢王旭教授、易树平教授、陈晓慧教授、陈友玲教授、尹小庆副教授、刘胜副教授、廖雯竹副教授、陶凤鸣副教授、段鹰副教授、林云副教授和温沛涵副教授在我求学期间为我授业解惑,祝愿老师们工作顺利、家庭幸福。

由衷地感谢实验室张娜、苏加福、郑玉洁、焦垚、李保东等博士,王胜、李岩、熊维清、梁志超等博士生在生活及科研中的悉心关照;感谢项目组的钟健、连小圆等博士生,贾敏、王娇等硕士,陈森鹏、陈燕丹、陈檬宇、吴腾、赖明等硕士生在一起攻关项目中给予的关照,祝师兄师姐、师弟师妹们生活愉快,工作及科研顺利。

特别地感谢我的家人,感谢家人对我在经济与精神上的支持,愿家人身体健康;亦特别感谢国家对我的培养,在读书期间给予我的助学贷款。

　　最后,向能够在百忙之中抽出时间对本书进行评审的各位专家,以及指导本书的各位专家老师表示衷心的感谢,祝愿专家们身体健康。

王建新

2024 年 3 月于太原